从他者到自我：
波伏瓦他者理论研究

From the Other to the Self:
A Theory of the Other of Simone de Beauvoir

成红舞　著

中国社会科学出版社

图书在版编目（CIP）数据

从他者到自我：波伏瓦他者理论研究／成红舞著.—北京：中国社会科学出版社，2016.6

ISBN 978-7-5161-6942-1

Ⅰ.①从… Ⅱ.①成… Ⅲ.①波伏瓦，S.D.（1908~1986）—哲学思想—思想评论 Ⅳ.①B565.59

中国版本图书馆 CIP 数据核字（2015）第 232255 号

出 版 人	赵剑英
责任编辑	赵　丽
责任校对	闫　萃
责任印制	李寡寡

出　　版	中国社会科学出版社
社　　址	北京鼓楼西大街甲 158 号
邮　　编	100720
网　　址	http://www.csspw.cn
发 行 部	010-84083685
门 市 部	010-84029450
经　　销	新华书店及其他书店
印　　刷	北京君升印刷有限公司
装　　订	廊坊市广阳区广增装订厂
版　　次	2016 年 6 月第 1 版
印　　次	2016 年 6 月第 1 次印刷
开　　本	710×1000　1/16
印　　张	14
插　　页	2
字　　数	256 千字
定　　价	49.00 元

凡购买中国社会科学出版社图书，如有质量问题请与本社营销中心联系调换
电话：010-84083683
版权所有　侵权必究

国家社科基金后期资助项目
出版说明

后期资助项目是国家社科基金设立的一类重要项目，旨在鼓励广大社科研究者潜心治学，支持基础研究多出优秀成果。它是经过严格评审，从接近完成的科研成果中遴选立项的。为扩大后期资助项目的影响，更好地推动学术发展，促进成果转化，全国哲学社会科学规划办公室按照"统一设计、统一标识、统一版式、形成系列"的总体要求，组织出版国家社科基金后期资助项目成果。

全国哲学社会科学规划办公室

目　录

导论 ……………………………………………………………… (1)
　　第一节　关于波伏瓦 ………………………………………… (1)
　　第二节　关于他者 …………………………………………… (12)

第一章　他者与自我 …………………………………………… (18)
　　第一节　他者与自我的对立 ………………………………… (18)
　　第二节　他者与自我的联系 ………………………………… (23)
　　第三节　他者对自我的超越 ………………………………… (31)

第二章　《第二性》与作为他者的女性 ……………………… (40)
　　第一节　他者的身体 ………………………………………… (40)
　　第二节　波伏瓦之前的女性观 ……………………………… (47)
　　第三节　他者的存在论 ……………………………………… (54)

第三章　与传统理论的对话 …………………………………… (64)
　　第一节　善与对他者的责任 ………………………………… (64)
　　第二节　恶与惩罚 …………………………………………… (69)
　　第三节　奥古斯丁与波伏瓦的回忆录 ……………………… (73)

第四章　与现代理论的对话 …………………………………… (78)
　　第一节　对黑格尔他者观的辩证发展 ……………………… (78)
　　第二节　与海德格尔他者观的比较 ………………………… (85)
　　第三节　与萨特他者观的不同 ……………………………… (91)
　　第四节　与莫里斯·梅洛-庞蒂他者观的比较 …………… (99)

第五章 与后现代理论的对话 ……………………………… (112)
  第一节 与列维纳斯他者观的比较 ……………………… (112)
  第二节 与德里达他者观的比较 ………………………… (117)
  第三节 与拉康他者观的比较 …………………………… (120)
  第四节 与伊利格瑞他者观的比较 ……………………… (124)
  第五节 与朱迪斯·巴特勒他者观的比较 ……………… (131)

第六章 他者与性别理论 …………………………………… (145)
  第一节 关系范畴 ………………………………………… (146)
  第二节 差异范畴 ………………………………………… (150)
  第三节 政治范畴 ………………………………………… (155)

第七章 他者与伦理 ………………………………………… (160)
  第一节 自我的他者性 …………………………………… (161)
  第二节 维护他者性伦理的一种方式 …………………… (168)
  第三节 他者性与差异性 ………………………………… (176)

第八章 他者与他者文化 …………………………………… (180)
  第一节 国际文化政治与他者视角 ……………………… (181)
  第二节 《长征》中的红色中国形象 …………………… (185)
  第三节 《长征》的跨文化视域 ………………………… (191)

结语 …………………………………………………………… (198)

参考文献 ……………………………………………………… (202)

附录一 波伏瓦一生的作品 ………………………………… (211)

附录二 波伏瓦著作的汉译本 ……………………………… (214)

后记 …………………………………………………………… (218)

导　　论

第一节　关于波伏瓦

西蒙娜·德·波伏瓦（Simone de Beauvoir）于 1908 年 1 月 9 日出生在巴黎一栋圆形临街建筑内的一间朝阳的大房间内，她的出生给她的大家族带来了欢乐。她逝世于 1986 年 4 月 14 日，她的辞世给世人留下了思索。出生、离世，一个生命必经的历程，她因在这一历程中所实现的富有价值的思想而为后世永远纪念与追悼。

不仅如此，她的生命连接着另一个生命——让－保罗·萨特（Jean-Paul Sartre）。萨特比她早三年诞生，早六年辞世。她与他的生命堪比双子星座，互相见证了近一个世纪的风雨沧桑；他们也因积极参与诸多国际和国内大事及思考诸多个人与社会的根本问题而与 20 世纪永远联系在一起，共同被铭刻进历史的纪念碑。

一　生平与创作

波伏瓦出生在法国一个没落的贵族家庭，她的祖父辈家族是贵族，拥有大片土地并在政府内任职。她的外祖父曾是富有的资产阶级，曾许诺给她的母亲一笔丰厚的嫁妆。但很不幸，她的外祖父在晚年由于经营不善而导致家庭经济破产，这一诺言最终也付诸东流。波伏瓦的父亲在一战前是一名律师，战后失业，潦倒落魄，于二战期间离世。父亲死后几乎没有给母亲留下什么遗产，母亲便与波伏瓦生活在一起并在经济上完全依靠她。父亲是宗教怀疑主义者，而母亲却是虔诚的天主教徒，波伏瓦在童年和少女时代虔信上帝，而父亲和母亲就是她心中现世的上帝。那时的她是一个循规蹈矩的孩子，她毫不怀疑自己就是为了上帝而存在的，她的理想是做一名虔诚的修女，永侍上帝。当她把自己的这个理想以坚定的口气告诉父亲时，父亲告诉她让她等到成人后再说此话。果然，当她越来越深刻地认识到在她周围那些侍奉上帝的人们是多么虚伪时，当她祈祷上帝能显灵而失败时，当她感觉到自己内心最热烈的渴望正在被压制而不得实现时，当她的初恋——表兄雅克和闺中好友扎扎都在家族势力的影响下不得不屈服甚至早逝时，她觉醒了，她抛弃了她的出身、她的信仰。她接受了高等教育，并随时准备好自食其力。她立下了一生的志向：写作。回顾她的一生，她时常感谢自己当时的远见，写作成就了她的一生，带给她荣耀、名誉和有尊严的生活，更重要的是，写作让她发现和认识了自我与他人的关系，以及自我、他人与这个世界的关系。总之，写作让她摆脱了那个虔诚的、循规蹈矩的、蒙昧的上帝子民的角色，而成就了一个独一无二的西蒙娜·德·波伏瓦。

由于她与萨特独特新颖的契约式关系，也由于她与萨特战后的大介入，她与萨特一起赢得了世界性声誉。由于她与萨特的朋友圈里名人、政要居多，也由于她与萨特同情工人阶级和下层民众，支持正义、自由的事业，并保护年轻人为舆论自由而战斗得来的成果，鼓舞青年学生的社会运动等，这一切不仅让她与萨特赢得了声誉，更让他们的著作广为传颂。尤其波伏瓦的回忆录，不厌其详地记录了她、萨特与朋友们的日常交往、思想碰撞，还有世界大事发生的原因、经过及舆论的喧哗，这使得她的回忆录在某种意义上更具有历史档案的价值。

波伏瓦一生著述甚丰，著作涉及的领域甚广，有时事评论、论文、小说、剧本、回忆录、游记、日记、书信等。其中论文和评论文主要有《碧吕斯与西涅阿斯》①（*Pyrrhus et Cinéas*，1944）、《模糊性的道德》（*Pour une Morale de L'ambigu üté*，1947）、《存在主义与民族智慧》（*La Phénoménologie de la Perception de Maurice Merleau-Ponty*，1948）、《第二性》（*Le Deuxième Sexe*，1949）、《要焚毁萨德吗？》（*Faut-il brûler Sade?* 1952）、《优势》（*Privilèges*，1955）、《贾米拉·布帕查》（*Djamila Boupacha*，1962）、《暮年》（*La Vieillesse*，1970）；游记有《美国纪行》（*L'Amérique au Jour le Jour*，1948）、《长征》（*La Lonque Marche*：*Essai sur la Chine*，1957）；六部回忆录《端方淑女》（*Mémoires d'une Jeune Fille Rangée*，1958）、《岁月的力量》（*La Fore de L'âge*，1960）、《事物的力量》（*La Force des Choses*，1963）、《安详辞世》（*Une Mort Très Douce*，1964）、

---

① 本书中出现的波伏瓦著作译名都是根据现已汉译出版的名字。对于那些还未汉译出版的著作名则由笔者译出。

《清算已毕》(*Tout Compte Fait*, 1972)、《永别的仪式》①(*La Cérémonie des Adieux, suivi de Entretiens avec Jean-Paul Sartre*, 1981);五部长篇小说是《女宾》(*L'Invitée*, 1943)、《他人的血》(*Le Sang des Autres*, 1945)、《人都是要死的》(*Tous les Homes Sont Mortels*, 1946)、《名士风流》(*Les Mandarins*, 1954)、《美丽的形象》(*Les Belles Images*, 1966);两部小说集《疲惫不堪的女人》(*La Femme Rompue*, 1968)和《精神至上》(*Quand Prime le Spirituel*, 1979);一部剧本《吃闲饭的嘴》(*Les Bouches Inutiles*, 1945)。此外还有波伏瓦在二战期间写的日记,波伏瓦与萨特、雅克-洛朗·博斯特(Jacques Laurent Babst)、纳尔逊·阿尔格雷(Nelson Algren)的通信集,也都在她逝世后得以陆续出版。波伏瓦生前还参与制作了电影剧本《西蒙娜·德·波伏瓦》,也接受了许多采访。

写作是波伏瓦用一生去追求的事业。然而正如英国女性主义者弗吉尼亚·伍尔夫(Virginia Woolf, 1882—1941)所认识到的,写作对于女性来说有两大障碍:一个是空间,另一个是金钱。依赖意味着被干涉,对一个女作家来说,只有同时拥有充足的空间和金钱,她才能真正地实现独立和自由,波伏瓦做到了这些。她进入索邦大学学习哲学,第一次参加全国哲学教师资格考试就以仅次于萨特的第二名的优异成绩顺利通过。她终于可以摆脱家庭寄生虫的角色自食其力了。她先后供职于蒙特格兰中学、卢昂的圣女贞德中学和巴黎莫里埃中学。从教是波伏瓦谋生的手段,而写作才是波伏瓦用生命捍卫的事业,写作也让波伏瓦真正获得了独立和自由。《名士风流》获得龚古尔文学奖,她用这笔奖金买了一个公寓,结束了寄居旅馆生涯,空间和金钱对战后声名鹊起的她来说都拥有了。但对波伏瓦来说,这只是接下来要做更大的事业的前提,一项与写作同等重要的事业也在召唤着她去参与。那项同样给她带来广泛声誉的事业就是介入政治。

波伏瓦与萨特介入政治的方式之一是创办刊物。1945年10月,她与萨特以及雷蒙·阿隆(Raymond Aron, 1905—1983)、米歇尔·莱里斯(Michel Leiris, 1901—1990)、莫里斯·梅洛-庞蒂(Maurece Merleau-Ponty, 1908—1961)等人合作创办了左翼刊物《现代》(*Les Temps mod-*

---

① 此书共分两部分,前半部分是波伏瓦从她1970年到1980年的日记中抽出的与萨特有关的部分集结而成的,后半部分是录音机录的内容。1974年夏,波伏瓦与萨特在罗马度假时,波伏瓦用录音机录下两人之间的对话,同年秋在巴黎完成对话。台湾赖建诚翻译的《告别式》是该书的前半部分,黄忠晶翻译的《萨特传》是该书的一个完整的汉译本,另外黄还翻译的《一个与他人相当的人》是该书的节选本。

ernes)。《现代》的先锋性很快吸引了许多优秀青年的加入,波伏瓦的情人雅克-洛朗·博斯特和克洛德·朗兹曼(Claude Lanzmann)也是《现代》的主要撰稿人。以《现代》为阵地,一批共产党人、共产党的同情者和左派思想的拥护者在战后复杂的国际关系中同国内的右翼势力、国际上的反共势力、殖民主义的鼓吹者展开思想上的较量。维护思想自由一直都是波伏瓦和萨特所致力的事业,萨特在《人民事业报》因受到右翼警察势力强行干预而面临破产时毅然接过该报,任该报主编,负责该报法律上的一切事务和责任。波伏瓦晚年还参与创办了《女性主义新问题》① 杂志,该杂志以敏锐的观察、深入的思考和切近现实问题的魄力为女性权益的保障和争取新的权益提供了言说平台。在萨特和波伏瓦的允诺和提倡下,《现代》曾专为女性问题辟出专栏,控诉性别歧视,这有力地支持了发生在法国20世纪70年代的女性主义运动。

　　介入政治更有效的途径是直接参与到政治当中去,波伏瓦和萨特在面对强权方面从来不吝惜自己的影响力。针对战后法国国内右翼势力继续占有和控制阿尔及利亚这一问题,波伏瓦同萨特一起表达了对国内法西斯势力的抗议。他们访问被西方资产阶级隔绝的社会主义国家,包括苏联、中国和古巴等。波伏瓦还访问过非洲,并计划写一本揭露殖民统治与剥削而导致的非洲赤贫的书,但终因各种原因使计划搁浅。但四十五天的中国之行后,波伏瓦只用了一年时间就写出了长篇巨著《长征》,揭露了旧中国的黑暗,描写了一个新诞生的红色中国所取得的成就,她把和平、公平与正义等乌托邦式的政治理想放置在中国这个刚刚诞生不久的国家上,她把对这个新生国家的友好情感展现在字里行间。访问苏联、中国和古巴等社会主义国家是波伏瓦和萨特对抗西方舆论的行动之一。在国内,他们参加示威游行:在法国1968年5月学生发起的打倒学术偶像、改革大学体制的运动中,波伏瓦和萨特站在学生一边,支持学生的行动,体现了作为社会体制批判者的思想家应有的良知。波伏瓦晚年积极参与女性主义运动:她支持成立于1970年的女性主义组织"妇女解放运动",在"343个妇女"(*Manifeste des 343*)的声明上签字,支持妇女享有堕胎权;1972年同

---

① 该杂志的法文名为:*Nouvelles Questions Féministes*,是一本激进的女性主义刊物,创刊于1977年,创刊伊始名为《女性主义问题》(*Questions Féministes*),后改为《女性主义新问题》。

意参加前一年成立的"选择"协会；在玛丽-克莱尔（Claire Marie）案①中做证，此案在争取妇女堕胎自由和合法化的运动中起到了关键性作用，此案的被告玛丽-克莱尔的获胜使得不久之后妇女堕胎权正式得到法律的认可；波伏瓦于1974年与安娜·泽兰斯基（Anna Zelanski）创办妇女权益联盟，并担任主席，直至去世。

波伏瓦是存在主义思想的主要构建者，她同萨特一道构建的存在主义思想体系是战后法国也是世界范围内思想大厦的重要组成部分。存在主义哲学思想中一个突出的论题是关于存在的，而存在的一个重要的论题是关于自我与他者关系的。存在分为自在的存在与自为的存在两种，自在的存在是无意识的、被动的存在，自为的存在是有意识的、主动的存在。在萨特那里，自我不是笛卡尔概念中的绝对主体意义上的自我，而是与主体有一定距离又与主体保持联系并有意识地成为主体的存在，萨特认为："自我事实上不能被把握为一个实在的存在者：主体不能是自我，因为我们已经看到与自我的重合会使自我消失。但它同样不能不是自我，因为自我指示了主体自身。因此，自我代表着主体内在性对其自身的一种理性距离，代表着一种不是其固有重合、在把主体设立为统一的过程中逃避统一性的方式，简言之，就是一种要在作为绝对一致的、毫无多样性痕迹的同一性与作为多样性综合的统一性之间不断保持不稳定平衡的方式。"② 由此可见，在萨特那里，自我不是本质意义上固定不变的，而是一种先于本质而在的动态的状态。在萨特哲学思想中，他者是自我的绝对对立面，他者的存在，否定了自我，消解了自我，因此萨特说他者是自我的"地狱"。

在自我与他者的关系方面，波伏瓦的观点与萨特的观点有一定的区别。波伏瓦的存在主义思想在她的小说、评论文章中体现得尤为明显，波伏瓦的自我是在思考与他者的关系中形成的。他者不是客体，正如自我并不就是主体，自我与他者是相互依赖的关系，并且这种关系建立在自由的基础上。

---

① 玛丽-克莱尔案是法国女性最终获得合法的堕胎权的一个转折点。这个案件发生在1972年的巴黎，一个年轻的女性在和男友分手后，在母亲的陪同下悄悄到医院流了产，她的男友把她告上了法庭，玛丽向律师吉杰米·哈里米（Gisèle Halimi）和波伏瓦求助。女性主义者组织了一起示威游行，遭到全副武装的警察暴力驱散。这起案件最终以玛丽-克莱尔和另外三个堕过胎的女性的无罪释放宣告结束。这起案件促使法国在1974年通过了允许女性享有自由堕胎权利的法案。
② [法]萨特：《存在与虚无》，陈宣良等译，生活·读书·新知三联书店2007年版，第111—112页。

波伏瓦的女性主义思想与她的存在主义思想紧密联系在一起。《第二性》的问题意识相比较英国女性主义者玛丽·沃斯通克拉夫特（Mary Wollstonecraft，1759—1797）的《女权辩护》来说并没有过激或新颖之处，它们的问题意识或出发点都是——女人为什么是低下的？用波伏瓦的话说就是女人为什么是第二性别？虽然问题意识相同，但认识问题的方法和角度却不同。玛丽·沃斯通克拉夫特的《女权辩护》从国民教育包括家庭教育的性别歧视出发探讨女性地位低下的原因，而波伏瓦认识问题的角度除了从教育方面入手之外，更主要的是从存在主义的个人主义立场上思考女性在选择上的惰性。"女人不是天生的，而是后天形成的"[①]一贯被认为是波伏瓦存在主义女性主义的重要标签之一，但此标签背后的关键点是"逐渐形成"。"逐渐形成"是怎样形成的？教育是原因之一，那么最重要的原因是什么？如果从整体上思考存在主义思想对个人自由选择并独自承担其后果的强调，那么不难发现，造成女性地位低下这一现状得以"逐渐形成"的力量正来自女性自己的选择。正是绝大多数女性自己的选择，不管这种选择是出于自愿还是被迫，女性选择了社会已经给女性预先就已摆好的位子而没有反抗才导致了女性地位长期以来作为第二性别的存在。第二性别意味着不会有与第一性别平等的任何可能性。那么一个潜在的解决问题的途径也随之昭示出来：女性只有有意识地去选择反抗既定的陈规，自觉地去选择一种与社会、家庭对女性的教育法则不同的生活方式，并自愿地去选择坚持一条与历史规约女性的不同的道路，女性的命运才有可能彻底改变。选择才是最重要的，选择意味着结果，比如选择做奴隶则意味着要承担选择做奴隶的后果。当女性认识到要去选择一条与以前不同的反抗道路时，女性改变第二性别处境的前景已经在未来有实现的可能性了。

除了关注作为他者的女性，随着年龄的增加，波伏瓦对他者的界定范围也在逐渐拓宽。继发现自己作为女性身份在社会中的困境之后，她又发现了孩子、老年人作为他者群体在社会中的边缘位置。波伏瓦晚年就老年人受歧视问题进行了斗争，她在亲身经历了自己母亲和病房中其他老年人的死亡后，揭露了社会对老年人处境漠视的现状，并为争取老年人的权利进行不懈努力。波伏瓦在回忆录《安详辞世》和评论文《暮年》中正式提出了老年人问题。直到今天，人们对老年人问题仍然重视得不够，波伏瓦的观点仍有研究价值。孩子作为家庭和社会未来的主体，其实在家庭的

---

① ［法］波伏瓦：《第二性Ⅱ》，郑克鲁译，上海译文出版社2011年版，第9页。

范围内，孩子的话语权一直没有受到足够的重视，孩子与父母的较量在很大程度上是以父母对孩子权利的漠视结束的。在《美丽的形象》中，波伏瓦提出了家庭中的两个问题：一个是女性的问题，一个是孩子的问题。小说中，母亲最终发现了自己对孩子的权力支配关系，从而开始反思自己的所作所为，并为改变与孩子之间的关系而积极寻找对策。波伏瓦提出的母与子的关系问题在西方教育史上即便不是最早的也是较为深刻的。继女性是他者的发现之后，波伏瓦发现了许多社会群体都可以被归入他者的一类。在西方传统哲学上，他者一直被作为主体的对立面存在，在波伏瓦看来，哲学上相对于主体而存在的他者同样也是主体，他们既是构成这个社会的无数主体之一，也构成了自我的处境，自我与他者在有限的自由面前相互关联。从《他人的血》开始，波伏瓦改变了《女宾》中的他者观念。

第二次世界大战后，波伏瓦与萨特在国内外声名鹊起，他们的思想在半个多世纪里被不断地阅读、批判、再阅读和再批判。半个世纪学术领域里风云变幻，各种主义此起彼伏、纵横交错，但以萨特和波伏瓦为代表的存在主义给了战后情绪普遍低落的法国民众一个莫大的激励。萨特和波伏瓦的行动是知识分子投身社会、干预时政的榜样，尤其在法国1968年"五月风暴"中，萨特和波伏瓦站在青年学生立场上，并通过报纸给青年学生一席发言之地，他们用实际行动表明知识分子的先锋立场就是不屈服于政治而自主地思考，他们的行动也深刻体现了存在主义思想中关于存在先于本质、自由选择、独立承担的观念，此观念也激励和影响了后来的知识分子在政治与知识的立场上的选择。

存在主义并没有因为受到后来席卷全球的后现代主义思潮的影响而落寞，虽然后现代主义思潮对存在主义有许多批评，但正如"存在主义"一词一开始是由别人给予的而萨特并不喜欢一样，一个用"主义"限定的哲学思想对萨特和波伏瓦的思想来说稍显单薄。走近他们思想，我们就会发现他们的思想不仅是继承传统的，同时也是十足先锋的。他们的一些思想影响了后来的哲学家，"存在先于本质"这一观点怀疑了本质至上论，个体在特殊境遇中的选择决定了此个体的本质，本质不是一成不变的，而正是由个体的自由选择决定了其变动不居的本质。此观念不但激励了战后法国民众燃起重建自信的希望之火，而且对于任何一个民族或一个个体来说，自由地选择，也激励他们去实现自己在这个世界上的存在价值。对每一时代的哲学家来说，自由仍然是他们发展哲学的内在动力。而波伏瓦的存在主义思想与女性主义运动的结合正迎合了女性对自由的热望，还有什么比主宰自己的命运更能让女性从中获益呢？

迄今为止，波伏瓦已辞世近三十年，人们对她独特的爱情经历，对她的深邃思想的关注和研究也已经延续了大半个世纪，而这种关注和研究仍在继续。从根本上说，波伏瓦的存在主义女性主义是女性主义思想史上的一座丰碑。就中国学术界来说，波伏瓦思想中丰富的宝藏尚未被充分挖掘，波伏瓦思想的影响远未体现出来。对于一个思想丰富的哲学家来说，我们用以开启她的钥匙还远未打磨好。远观她奇特的爱情契约，欣赏她敢于行动的勇气都还不够，我们重要的是先要考察她思想的各个侧面，这样才能深入了解在我们看来那具有无限吸引力的爱情契约以及在这契约的背后是怎样一个为独立、为自由而敢于选择和承担的大写的人。

二 西方研究概况

波伏瓦在西方的研究历程大致经过了以下三个阶段。

20世纪80年代以前，西方学界对波伏瓦的研究还处在她与萨特关系的讨论上，许多学者坚持认为波伏瓦的思想是萨特哲学思想的翻版，这个观点是与波伏瓦是萨特的情侣、陪衬的说法相关联的。这一时期对波伏瓦的定位主要在女性主义者和小说家上面，而且她的独特贡献也是在女性主义和小说方面，她的哲学成就被看作萨特的附庸而一律被抹杀。

20世纪90年代以来，西方学界对波伏瓦的定位开始发生变化，许多学者认为波伏瓦不但在情感上不以萨特为依靠，而且在哲学思想上，她同样有自己独立的见解，此时学者对她的界定是：她是一位在运用萨特存在主义哲学思想的基础上有着自己的独立阐释角度的思想家。这一时期的主要任务是把波伏瓦从萨特的影子中分离出来。这一时期的学术代表作主要有：索尼亚·克鲁克斯（Sonia Kruks）的《处境与人类存在：自由、主体性和社会》（*Situation and Human Existence*：*Freedom，Subjectivity and Society*，London：Unwin Hyman，1990）、凯特·福布鲁克和爱德华·福布鲁克（Kate Fullbrook and Edward Fullbrook）的《西蒙娜·德·波伏瓦：重造的二十世纪传奇》（*Simone de Beauvoir*：*The Remaking of a Twentieth Century Legend*，New York：Basic Books，1994）、伊娃·伦德格瑞－格斯林（Eva Lundgre－Gothlin）的《性与存在：西蒙娜·德·波伏瓦的〈第二性〉》（*Sex and Existence*：*Simone de Beauvoir's 'The Second Sex'*，trans. Linda Schenck，Hanover NH：Unversity Press of New England，1996）、凯伦·温蒂格（Karen Vintges）的《情感哲学：西蒙娜·德·波伏瓦研究》（*Philosophy as Passion*：*The Thinking of Simone de Beauvoir*，trans. Anne Lavelle，Bloomington，IN：Indiana University Press，1996）、德布拉·博格芬

(Debra Bergoffen)的《西蒙娜·德·波伏瓦哲学：性别现象学，欲望的宽容》(*The Philosophy of Simone de Beauvoir*: *Gendered Phenomenologies*, *Erotic Generosities*, Albany, NY: State University of New York Press, 1997)等。

21世纪以来，尤其最近几年，西方学界对波伏瓦的哲学思想研究更进了一步，这一时期学者们主张，波伏瓦的哲学思想与其说与萨特的思想更接近，不如说与一位和她从年轻时就结识并建立了友谊的现象学哲学家莫里斯·梅洛-庞蒂更接近，许多学者开始致力于波伏瓦与莫里斯·梅洛-庞蒂在哲学思想上联系的研究，同时，学者们也开始把波伏瓦的哲学思想纳入以胡塞尔和莫里斯·梅洛-庞蒂为代表的现象学哲学体系中，把波伏瓦他者观念与海德格尔早期存在主义哲学加以对比，并且认为波伏瓦关于主—奴关系的思考直接受到黑格尔的影响。而且，学者们发现在关于身体、他人、自由等方面，波伏瓦的思想与萨特的思想之间存在明显的分裂。这一时期的主要任务是清晰地还原波伏瓦哲学思想的来龙去脉，进一步确立波伏瓦哲学思想的独立性。学术代表作主要有：莎若·荷娜玛(Sara Heinamaa)的《朝向性差异的现象学：胡塞尔、梅洛-庞蒂和波伏瓦》(*Toward a Phenomenology of Sexual Difference*: *Husserl*, *Merleau-Ponty*, *Beauvoir*, Lanham, Md.: Rowman & Littlefield Publishers, 2003)、温蒂·欧布瑞恩与莱斯特·埃姆布雷(W. O'Brien and Lester Embree)编《西蒙娜·德·波伏瓦的存在主义现象学》(*The Existential Phenomenology of Simone de Beauvoir*, Dordrecht: Kluwer Academic Publishers, 2001)、弗雷德里克·史克斯(Fredrika Scarth)的《内在的他者：西蒙娜·德·波伏瓦的伦理、政治和身体》(*The Other Within*: *Ethics*, *Politics*, *and the Body in Simone de Beauvoir*, Lanham, Md.: Rowman & Littlefield, 2004)、玛格丽特·A. 西蒙(Margaret A. Simons)等编《西蒙娜·德·波伏瓦：一位哲学学生的日记：第一卷，1926—27》(*Simone de Beauvoir*: *Diary of A Philosophy Student*: *Volume* I, *1926 - 27*, eds. Barbara Klaw, Sylvie Le Bon de Beauvoir, and Margaret A. Simons, with Marybeth Timmermann, Urbana and Chicago: University of Illinois Press, 2004)、劳瑞·尤·玛瑟与佩蒂卡·毛娜格(Lori Jo Marso and Patricia Moynagh)编《西蒙娜·德·波伏瓦的政治思想》(*Simone de Beauvoir's Political Thinking*, Urbana, LLL: Unversity of Illinois Press, 2006)、托丽·莫娃(Toril Moi)的《西蒙娜·德·波伏瓦：一位女性知识分子的形成》(*Simone de Beauvoir*: *The Making of an Intellectual Woman*, Oxford: Oxford University Press, 2008)、佩娜罗佩·德斯彻(Penelope Deutscher)的《西蒙娜·德·波伏瓦的哲学：模

糊、对话与对抗》（*The Philosophy of Simone de Beauvoir: Ambiguity, Conversion, Resistance*, Cambridge: Cambridge University Press, 2008)、埃莲娜·勒克姆-塔博娜（Eliane Lecarme-Tabone）的《〈第二性〉：论西蒙娜·德·波伏瓦》（*Le Deuxième Sexe: De Simone de Beauvoir: Commente*, Paris: Gallimard, 2008)、苏珊娜·毛瑟（Susanne Moser）的《西蒙娜·德·波伏瓦作品中的自由与认知》（*Freedom and Recognition in the Work of Simone de Beauvoir*, Frankfurt; New York: Peter Lang, 2008)、艾莉森·贾斯柏（Alison E. Jasper）的《因为波伏瓦：基督教与女性人才的培养》（*Because of Beauvoir: Christianity and the Cultivation of Female Genius*, Waco, Tex.: Baylor University Press, 2012)、索尼亚·克鲁克的《波伏瓦与模糊性政治》（*Simone de Beauvoir and the Politics of Ambiguity*, New York: Oxford University Press, 2012) 等。

西方学界对波伏瓦的研究还有一个方面就是对波伏瓦生平的关注，在对她生平的关注中发现波伏瓦本人和其思想的独特性。这方面的研究成果主要有：美国著名的传记作家黑兹尔·罗利（Hazel Rowley）的《面对面——让-保罗·萨特与西蒙娜·德·波伏瓦》（*Tête à Tête: the Lives and Loves of Simone de Beauvoir and Jean-Paul Sartre*, London: Chatto & Windus, 2006)、英国女性主义者克罗蒂娜·蒙泰伊（Claudine Monteil）的《第二性波伏瓦》（*Simone de Beauvoir*, Paris: Harmattan, 2009) 和《自由情侣：萨特和波伏瓦轶事》（*Les Amants de la Liberté*, Paris: Editions 1, 2002) 是国外作家撰写的波伏瓦传记中比较有独创性的著作。黑兹尔·罗利（Hazel Rowley）的《面对面》可以看作是对波伏瓦四部回忆录的补充，他补充了波伏瓦回忆录中忽视或有意省却的她与萨特以及她与三位情人的交往细节，而且增加了萨特的性格、为人的描写，也在波伏瓦与萨特的关系上给出了一种平和的界定，并没有把这种契约式的爱情关系高调定格。蒙泰伊（Monteils）的《第二性波伏瓦》和《自由情侣：萨特和波伏瓦轶事》侧重于从女性主义的角度描写波伏瓦的思想和社会活动，突出了波伏瓦的主体性，不论是在爱情契约的选择上，还是在她的创作以及她的实践活动上，波伏瓦既内在于她的处境，又超越于处境和日常生活之上，她既是陈规陋习和社会偏见的反抗者，也是一种新型生活方式的建构者。在爱情方式的选择上，在创作上和实践上，波伏瓦的创见对后来女性主义者来说都是一笔不可多得的精神资源和财富。在所有目前波伏瓦的传记中，法国记者、作家达妮埃尔·萨乐娜芙（Danièle Sallenave）的《战斗的海狸——西蒙娜·德·波伏瓦评传》（*Castor de Guerre: September*

1939 - Janvier 1941, Paris: Gallimard, 1990) 是关于波伏瓦一生著述最为翔实的著作。

总体来说，在 21 世纪的西方学界出现的研究波伏瓦的著作有一个共同的倾向，那就是致力于波伏瓦哲学本身的研究，其中包括对波伏瓦的自由观、伦理和政治思想的研究，还包括对波伏瓦的他者观的研究，而弗雷德里克·史克斯的《内在的他者：西蒙娜·德·波伏瓦的伦理、政治和身体》一书是最近几年西方学界研究波伏瓦他者思想比较有代表性的著作。

三　国内研究现状

国内学者对波伏瓦的研究主要体现在以下四个方面。

首先，也是最主要的方面，波伏瓦是作为重量级的女性主义思想家被译介过来的。而作为女性主义先驱的波伏瓦与存在主义哲学家萨特的契约式爱情一直受到热烈关注，也是出版的热门题材。

其次，有关波伏瓦的传记或类似传记的学术散文，数量颇多。国内作家创作的有关波伏瓦的传记主要有：吴康茹的《追求卓越的自由心灵：西蒙娜·德·波伏瓦传》（2002 年）、黄忠晶的《第三性：萨特与波伏瓦》（2003 年）、李亚凡的《波伏瓦——一位追求自由的女性》（2005 年）等，这些传记关注的重点是作为独立、自由、叛逆的波伏瓦，这也是国内学者接触波伏瓦的兴奋点。但因为只关注有限的方面，波伏瓦在其他方面的成就被忽略了，这从根本上削弱了波伏瓦思想的深度。

再次，波伏瓦小说也是国内批评者关注的重点，她的小说从《女宾》《人都是要死的》和《名士风流》一直到她晚年的小说《美丽的形象》都有批评论文出现。纵观这些批评论文，大致有一个基本的思路：把波伏瓦的生平与小说里的故事联系起来。如有批评者认为《女宾》的写作是为了"清除不愉快的往事"[①]，也有批评者把波伏瓦的《名士风流》与她的美国之恋联系起来。有的批评者认为波伏瓦的创作与她的生平琐事密不可分，但这并不等于说波伏瓦的生平琐事都直接而鲜明地反映在她的小说中，她的生平琐事与她的小说之间可以进行联想，但两者并不等同。

最后，虽然波伏瓦的女性主义、传记和小说一直是中国学界评论的焦点，但除了女性主义经典《第二性》，国内学者对她的哲学论著的关注度却不够。虽然研究波伏瓦的女性主义思想和她的小说的论文数量很多，但

---

① 余凤高：《波伏瓦写〈女客〉清除不愉快的往事》，《名作欣赏》1998 年第 5 期。

研究的深度还有待挖掘，这一点与西方学术界相比还有差距。进入21世纪头十年，国内学界对波伏瓦的研究状态出现了可喜的变化，一批年轻学者的博士、硕士毕业论文开始撰写波伏瓦的哲学思想方面的内容，专著和比较有深度的论文也相继出现，比较有代表性的是：方珏的《"他者"和"绝对他者"——西蒙娜·德·波伏瓦"他者"概念之辨析》[《武汉大学学报》（哲学社会科学版，2005年第2期）]、屈明珍的《波伏瓦对"他人问题"的思辨》（《求索》2010年第1期）和张新木的《波伏瓦及其存在的模糊性》（《法国研究》2009年第4期）、屈明珍的专著《波伏瓦女性主义伦理思想研究》（湖南人民出版社，2011年版）等。其中，学者方珏辨别了波伏瓦的他者这一概念，学者屈明珍研究了波伏瓦的他者思想的伦理性，学者张新木阐释了波伏瓦他者的性质。在某种意义上，这三位学者的成果为国内波伏瓦研究开拓了一块新空间，意义显著。但毕竟波伏瓦的他者理论是波伏瓦哲学思想的重要组成部分，该领域需要开拓的空间仍很大。近年来这种情况虽然有所改观，但总体来说，中国学界对波伏瓦哲学思想的研究与西方学界相比还远远不够。

第二节　关于他者

他者、自我是西方哲学一个永恒的话题。相较于自我、主体，他者在西方哲学史上显得灰暗而渺小。20世纪以来，尤其是第二次世界大战以后，他者的面孔才渐渐显现出来，他者之于人类事业的重要性才逐渐被认知。

对他者思考的深入，首推西方现代哲学家黑格尔。黑格尔在主人的旁边安置了一个奴隶的位置，并让这两个对子相互承认以此实现这个对子中两个不可分的元素的力量平衡。但是，即使是深入思考，黑格尔也并没有给他者一个积极的位置。黑格尔把奴隶这个用来承认主人的统治地位的元素同时看作是对主人地位产生威胁的元素，奴隶通过自己的劳动逐渐发现了自己的价值也发现了主人的寄生性，于是奴隶起义推翻主人，从而一个新的主人（原先的奴隶）与奴隶（原先的主人）的对子又产生了。黑格尔把奴隶（他者）既看作主人（主体）之所以成为主人的不可或缺的元素——奴隶与主人之间有相互共生的关系，又把奴隶（他者）看作威胁主人（主体）的异己元素。

再后来他者逐渐被光明正大地拉到哲学这个神圣的殿堂上。海德格尔在寻找自我存在的路上也时刻在寻找着那个他者，他希望他者与自我共在，希望自我能够走向他者、走向差异，以此来寻得自我的存在。然而早期的海德格尔脚步迈得还不够大，他让自我向他者伸出了手，但脚步却只向他者挪了一小步而已。在海德格尔那里，他者身上的威胁气息虽然相对有所减少，但是那个还未完全走下神坛的自我仍然不肯放弃它那不再是绝对的、本质的、一成不变的主体性。

20世纪是一个酝酿了改革、革命和暴力的世纪，流血、死亡、屠杀、恐怖伴随着整个20世纪，其惨烈、其血腥、其恐怖都属历史罕有。人类不免叩问：人到底怎么了？人类到底出了什么问题？此时，人们重新走入那个自命为"认识你自己"的哲学神殿，他们要将历史上的哲学思想放在手术台上解剖，考察病因，对症下药。20世纪所有的人文科学、社会科学，甚至包括自然科学都担当起了医生的使命。迄今为止，诊断的药方中就有一剂药：给他者与自我相同的位置。他者作为自我的差异性元素，它消解、分化，同时也丰富、填充自我的内容。数不胜数的哲学家，如福柯、拉康、巴尔特、德里达、利奥塔尔、波德里亚、列维纳斯、德勒兹等都在消除他者身上幽灵、威胁的气息，赋予他者以正面的、积极的意义上做过不懈的努力，这些哲学家被贴上"后"（现代）的标签。还有后现代艺术家、后现代小说家、后现代建筑家等。后现代呼唤他者、肯定他者、消解自我身上那最后一份狂妄自大，让自我认识到他者的他者性和差异性其实是自己身上的他者性和差异性的体现，让自我认识到自我身上的主体性、同质性其实是他者身上主体性、同质性的体现。后现代思想让自我与他者在互相包容中此消彼长、共生共存。

波伏瓦的他者所在的坐标是后现代的酝酿阶段，波伏瓦发现了他者的主体性，也发现了自我的他者性。虽然波伏瓦认识到了他者身上所具有的解构主体权威的力量，但她把这股力量劫持在威胁力较小的范围内。波伏瓦赋予他者两层意义：他者作为自我的差异性、异己性的存在，同样具有哲学上的意义——他者的他者性反照了自我内部所蕴含的他者性，自我的主体性也反照了他者内部所蕴含的主体性；他者作为自我的差异性、异己性的存在，同样具有伦理政治的意义——被视为第二性别、低劣文化、野蛮民族的人和种族同样具有优等的、高贵的和文明的一面，而那些自视优等、高贵和文明的人和种族也具有异己的一面。作为存在主义者的波伏瓦把哲学上的他者所具有的品质运用到政治实践中，在政治行动中实现对他者的拯救。

他者在波伏瓦的思想中到底是不是一个哲学概念或者在日常生活中有

一个还是几个指称？要回答这个问题，我们必须首先弄清楚波伏瓦进入他者这一在现代西方哲学中长久以来占据重要位置的概念的角度。

从波伏瓦整个一生的著述来看，哲学是她首先关注的方面，在大学期间，波伏瓦开始选修哲学课程，并大量阅读哲学著作，同时，也开始写小说和长期记日记。二战后，她的著述不仅涉及小说、哲学论著和具有相当于日记作用的书信，而且还有哲学性的评论文、社会性的评论文、回忆录、电影等。这些体裁多样的创作样式使得波伏瓦在一个问题上能够从不同的角度展开论述，从而极大地丰富了论题和答案。然而，从不同的角度，比如哲学的、小说的或回忆录的甚至日记的角度，切入对同一个问题的思考是否有可能？答案是肯定的。但是，思考是否会一致？如果从不同体裁的特点来说，思考的路线会有不同；如果从思考的结论来说，它们是一致的。如果把波伏瓦一生的创作分成三个时期：二战前的早期、二战后至回忆录完结的中期、回忆录完结之后的晚期，每一个时期都留下了波伏瓦对几乎同一个系列问题的思考，比如她早期的日记、小说和哲学，都显示了波伏瓦对自我与他者关系的思考，此时的思考还处在并未成熟的探索期。在这一时期，波伏瓦在萨特的影响下开始研读德国哲学，主要是胡塞尔的现象学。现象学把日常生活的一切都放置在哲学的平台上进行研究，这一新颖的哲学吸引了萨特，也吸引了波伏瓦，如果说日常生活的一切都可以从哲学的角度去思考，那么还有什么是不能被思考的呢？如果说现象学哲学的方法可以用来思考世间一切问题，那么这难道不是从另一个角度说明了世间任何问题都具有它自身的不容被抹杀的重要性吗？这或许能说明波伏瓦后来对女性问题的思考方式，比如，她不厌其烦地描述历史上女性的种种，更不厌其详地描述当代社会女性的种种。波伏瓦思考女性问题的出发点是"为什么"——为什么女性是第二性别；方法是"是什么"——生物学、经济学、文学是如何看待女性的，现实中的女性又是怎样的；结论是"怎样做"——女性怎样做才能摆脱第二性别：从幼儿期开始的教育、女性自己的选择。胡塞尔现象学哲学的运用使得波伏瓦的《第二性》具有了不同于其他哲学家的特质：平实的现实细节铺陈而不是深奥哲学词汇的堆砌；日常生活与哲学的融合而不是哲学与哲学的交锋。其实，波伏瓦的《第二性》之所以具有如此的特质，跟女性问题的现实性有很大关系。女性作为第二性即他者，它的产生极其复杂，但它的社会影响却相当直观，那么，对这样一个他者的认识，历史上有什么重要的哲学著作对之研究过？有哪些哲学术语出现过？有没有一种方法行之有效过？答案：没有。历史上法国的奥兰普·德·古日（Olympe de Gouges,

1748—1793)、英国的玛丽·沃斯通克拉夫特都从现实政治出发对女性问题进行了研究，这奠定了女性问题的历史方法。现实的女性问题是否可以从哲学上解决？波伏瓦引入了他者这一概念，这使得波伏瓦对女性问题的认识直接联系上了哲学。现象学哲学使波伏瓦对女性问题的思考形成了一种独特气质：日常生活与哲学的融合。从日常生活与哲学这两个角度，波伏瓦一步步接近他者、思考他者、分解他者和还原他者。

他者在波伏瓦观念里首先是一个哲学概念，它与黑格尔、海德格尔、胡塞尔、萨特和梅洛-庞蒂的他者在哲学意义上没有分别，但在理解上，波伏瓦的他者却与其他哲学家有很大不同。哲学概念是一方面，波伏瓦更多关注的是日常生活的现实层面：被男性排斥的女性、被有劳动能力的人排斥的老人、被父母排斥的孩子、被资产阶级压迫的无产阶级、被殖民帝国主义压迫的殖民地人民、被技术资本统治的有产者、被西方文化排斥的东方文化等。纵观波伏瓦一生的创作，我们不难发现，他者在波伏瓦的思想中不仅代表一个具体的个体，也代表一种文化形态；他者不仅指女性，也指老人和孩子，更指男性，概而言之，波伏瓦所关注的他者更多的不是它的所指方面，而是它的能指方面。他者的出现不是绝对的、不可更改的，相反，只要一个网络里不同连接点的相互位移发生改变，他者就会出现。比如，在男性与女性这一对子中，相对于女性来说，男性是主体，女性是他者；在母亲与未成年孩子这一对子中，相对于未成年孩子来说，母亲是主体，孩子是他者；在具有劳动价值的成年男性与失去劳动价值的老年男性这一对子中，前者是主体，后者是他者……这一对子可以无限地延宕下去。这样一个庞大的他者能指群，是不可能被一个哲学体系完全包容的，波伏瓦行走的路线不是哲学的，而是她的前辈奥兰普·德·古日、玛丽·沃斯通克拉夫特等人开辟的现实政治路线。因此，波伏瓦对他者的思考超出了哲学范畴，在小说、回忆录、评论文和论辩文中都有涉及，如小说《他人的血》揭示他人的死亡成就了别人的自由；回忆录叙述了一个被社会视为第二性（他者），自己却独立谋划人生的波伏瓦；对梅洛-庞蒂《知觉现象学》的评论中提到身体对任何人来说是不可逾越的观点；对阿尔及利亚女孩贾米拉·布帕查的辩护等，这些都揭示了波伏瓦在思考他者问题上的独特气质。

他者在波伏瓦的思想体系里具有这样一个清晰的形象：他者首先但不仅是一个哲学概念，他者主要还是一个具有广泛能指的现实对象。对于这样一个现实对象，波伏瓦没有为它建构一个深奥的哲学体系，而是围绕着一个三维——出发点"为什么"、方法"是什么"、结论"怎样做"——

空间展开游击式的分割、包抄与合围。解决现实问题而非建构理论体系使得波伏瓦的注意力主要放在三维中的后两维上，她聚焦于一个个现实中的他者（受排斥的和受压迫的人），用自己的一己之力去解决具体的问题，她把自己树立为一个他者该"怎样做"的标杆，而不去把自己的标杆树立为唯一、绝对的标准。如果用一句话概括波伏瓦的他者是什么，那么他者就是老人、孩子、女性、无产者、被殖民者、东方文明、野蛮文化等，他者就是一切被排斥、被压迫的人和物。如果用一句话概括波伏瓦对他者的认识的话，那么他者就是自我。进而言之，自我身上的一切属性，他者同样拥有，他者身上的一切属性，自我同样拥有。因此，这里的自我也不再是笛卡尔式的绝对自我，而是融合了他者性和主体性的人。

本书首先视波伏瓦为一位哲学家，其次才视她为一位女性主义者和作家，所以，本书首先关注的是波伏瓦的哲学思想，比如波伏瓦哲学思想的来源、她的存在主义哲学思想与同为存在主义者的萨特的思想的不同方面。波伏瓦哲学的他者思想是本书的中心主题。考察波伏瓦的他者观，有利于把波伏瓦的哲学思想独立于萨特的哲学思想之外而不仅仅将她的思想看作是萨特的传达而已，同时也将波伏瓦的思想研究视域放在更广阔的自希腊哲学以来的西方哲学的大体系中，将波伏瓦的哲学思想独立地归入西方哲学的轨道上去。尤其波伏瓦对现象学哲学家梅洛-庞蒂的认同，预示了波伏瓦的存在主义哲学的思想也将与现象学哲学联系在一起，这有利于开辟研究波伏瓦哲学的另一条路径。对波伏瓦的他者思想的研究，有利于将西方的最新研究成果与国内波伏瓦研究的现有成果结合起来，也将有利于对波伏瓦的研究在国内进一步深入下去。

考察波伏瓦的他者观念，有利于在学术思想上把波伏瓦的他者思想与她的女性主义思想结合起来，从而挖掘出波伏瓦的女性主义思想的另一面：波伏瓦的女性主义思想不仅是波伏瓦为了女性而提出的主张和进行的实践，而是波伏瓦从女性作为一个他者群体在历史、社会、政治、法律和日常生活等的他者状况出发，从而进一步发现了若干个他者群体，并最终把他者的他者性置放在自我的主体性之内，使得主体性与他者性相互共生，从而使得他者在哲学中向主体性敞开；在社会中，作为一个完整的人，自由行动、独自承担责任。进一步说，波伏瓦在他者观上的独特性奠定了西方女性主义的理论基石，后来的西方女性主义者从波伏瓦这里汲取思想雨露发展成许多不同女性主义流派。波伏瓦的女性主义思想可以称为他者的女性主义思想，甚至在某种意义上，女性作为一个历史、社会、政治、法律和日常生活等方面的他者，女性主义本身就必须首先是一个关于他者的理论。

　　自由选择、独立承担的存在主义哲学对自由个体的要求让波伏瓦没有放弃在维护自我与他者的合作关系这一层面上对暴力的选择。在波伏瓦这里，暴力是对戕害了他人的生命的自由人的应有惩罚。相对于主体性来说，他者性不是与主体性相对立的客体性，也不是绝对的差异性。他者性是主体性内部的因素，是主体性内部必然存在的差异性；同时，他者性还存在于主体与主体之间。在某种程度上，有主体性的地方就有他者性，反过来说，同样成立。他者性不是排斥在主体性之外的纯粹的差异性因素，而是与主体性相关联的差异性部分。波伏瓦哲学的这一转化体现在政治行动中就是对差异性看法的改变：对于那些被文明看作是第二性别或第二等的人（老人和孩子）和文化来说，尊重他们的差异性，就是对自我的尊重，因为他们身上所体现出来的他者性正是那些所谓的第一性别或第一等人和文化的主体性的处境，他们身上体现了那些所谓的第一等的人和文化自身内部的差异性。波伏瓦他者观的现实意义就在于它的现实性：它从现实中发掘问题、思考问题并做出实际行动。波伏瓦的伦理观和她的政治实践能够恰如其分地结合起来，而且波伏瓦正是在她的他者伦理观的指导下去行动的，在这个意义上，波伏瓦的伦理观本身具有实践性，而且波伏瓦的行动又给其他人的行动提供了启示。研究波伏瓦的他者观可以看到，从发现自己作为一个他者——女性的社会身份，到发现社会上不同年龄、阶级、肤色、文明和文化等不同方面的他者群体，再到发现文化中的他者，波伏瓦通过她对他者的独特理解，通过她对东方文化的独特认知，在他者与自我的关系方面创造了一种理解东西方文化的崭新方式：文化的他者同样是一个主体性与他者性兼具的形态。性别上的他者、年龄上的他者、阶级上的他者、种族上的他者以及文化上的他者，对波伏瓦来说，它们都具有同样的形态：主体性与他者性兼具。

第一章　他者与自我

本章分析在波伏瓦的小说作品中他者观的转变——对立、联系和超越。自我与他者对立的观念体现在《女宾》和写于20世纪30年代，发表于70年代的短篇小说集《精神至上》中。而在小说《他人的血》和《人都是要死的》中则体现了自我与他者的联系。在《名士风流》中体现了他者中蕴含了对自身超越的观念。本章分别从对立说、联系说和超越说三个方面，结合波伏瓦三个时期（二战前、二战到50代末以及60年代之后）①的代表作对波伏瓦的他者思想的三重转化做详细阐释。

第一节　他者与自我的对立

《女宾》是波伏瓦正式发表的第一部小说，但并非波伏瓦最先创作的小说。《精神至上》的创作时间早于《女宾》，它是波伏瓦于20世纪30年代中期创作的短篇小说的结集，于70年代末由加利马出版社出版。《精神至上》法文名为 *Quand Prime le Spirituel*，英文译名为 *When Things of the Spirit Come First*，从题目中可以窥见波伏瓦对精神、智性、理性等的执着，体现了波伏瓦早期偏重对这些概念以及相关观念的思考。《精神至上》包括以下几部小说：《马塞尔》《尚塔尔》《利萨》《安娜》和《玛格丽特》。这五部小说的主人公都是年轻的女性，内容主要是关于她们对情感、工作和世界的思考。此书的出版颇费了些周折。1935年这部小说完

---

① 二战前的代表作主要是她早期的日记《一位哲学学生的日记：第1卷，1926—1927》和小说《女宾》；二战中和二战后的代表作主要是：论著《碧吕斯和西涅阿斯》《模糊性的道德》《优势》和《第二性》，小说《他人的血》《人都是要死的》和《名士风流》，戏剧《吃闲饭的嘴》；20世纪60年代之后的代表作主要有四部回忆录中的前三部——《端方淑女》《岁月的力量》和《事物的力量》，还有回忆录《安详辞世》，小说《美丽的形象》《疲惫不堪的女人》，论著《暮年》。

成，交由加利马和格拉塞两家出版社，但先后被退回。

美国理论家苏珊·S. 兰瑟在《虚构的权威》一书中提到三种叙述声音，它们分别在小说文本中占据权威的地位。这三种叙述声音分别是：作者型叙述声音（authorial voice）、私人型叙述声音（personal voice）和集体型叙述声音（communal voice）①。作者型叙述声音的叙述者充当全知全能的上帝角色，他存在于故事、故事时间之外，不会被后者同化，但他拥有透视人物一切心理、行为的能力。私人型叙述声音是指叙述者有意识地讲述自己的故事的叙述状态，讲故事的"我"也是故事中的主角，是该主角以往的自我②，也是故事的叙述者，是故事内外发生关系的中介。私人型叙述类似自传小说，虽然不具备作者型叙述的叙述者那种超越文本的能力，但它与文本之内的隐含读者和文本之外的读者之间有互动关系，私人型叙述者并非我行我素的自言自语，而是必须通过"我"之外的与"我"互动的主体赋予权威，这与作者型叙述者通过其所具备的全知全能掌控文本内外的能力而自然获取权威根本不同。波伏瓦在《精神至上》中主要利用了作者型叙述声音和私人型叙述声音，而赋予她们的声音以权威的是波伏瓦自己的生活蓝本。在当时退稿的情况下，波伏瓦赋予小说文本的主要叙述者的声音权威并不被社会所接受，因为一个还未发表过任何一部作品的女性写作者所描写的一批年轻女性的心理，这个组合本身就在男权社会中不具备权威性。那么为什么这部作品在1979年获得发表了呢？单从整个社会文化思潮来看，当时女性的声音在社会中的影响日渐增长，而波伏瓦也已成为一个具有很高社会知名度的作家、思想家和女性主义者，这些都足够让《精神至上》中的话语具备权威，并能为出版商带来一定的经济回报。波伏瓦在1986年接受美国传记作家迪尔德丽·贝尔（Deirder Bell）的采访时透露，当时萨特比波伏瓦更早地知道退稿的真正原因："加利马出版社不理解这样一批由女性作家创作的、关于我们这个时代和我们的社会中的女性的生活状况的书；因为当代的法国和法国出版行业还没有准备好去接受女性的思想、感觉和欲望；而出版这样一部书会给出版社带去不好的名声，他们不想冒犯各种各样的出版社和批评家。"③可见，《精神至上》的最大权威不在于小说文本本身，而在于现实中的女性的真实的社会处境。20世纪70年代末的法国女性主义运动十分活跃，

---

① [美] 苏珊·S. 兰瑟：《虚构的权威——女性作家与叙述声音》，黄必康译，北京大学出版社2002年版，第17页。
② 同上书，第20页。
③ Deirder Bell, *Simone de Beauvoir: A Biography*, New York: Summit Book, 1990, p. 207.

社会对女性问题的接受能力已经有所增强，这是《精神至上》能够出版的社会环境。不论是作者型的叙述声音还是私人型的叙述声音，真正的权威赋予者都是处于20世纪70年代末的波伏瓦，即首先是具有了相当高的社会知名度的作家，其次才是女性的作家。也正是在这个意义上，用叙述学方法去分析《精神至上》并不具有多大的价值，仔细考察其中主人公的思想，即年轻女性们的意识，反而能更有效地发现波伏瓦的自我意识。进一步说，《精神至上》中的自我意识是《女宾》中的主人公弗朗索瓦兹的自我意识的影子和重要的组成部分。只是私人型叙述声音虽然在表达思想方面具有便利性，但它的权威性的获得却必须由社会承认，《精神至上》的出版滞后一事也说明了私人型叙述声音一开始并不具备这种权威性。从另一个方面也说明了波伏瓦文学意识的超前性，至少在描绘女性意识方面，波伏瓦的《精神至上》具有开创性意义。

《精神至上》一书中每一篇都以人名为题目，表明这些短篇小说是以人物为构思中心的，人物的意识则是小说关注的重点。而刻画意识最有效的方法莫过于让人物直接说话。《马塞尔》《利萨》和《安娜》采用全知视角，《尚塔尔》的第一部分则采用日记体，让故事的主人公成为自身故事的叙述者去直接面对读者，这种刻画人物意识的方法要比全知视角更加有效，也更显真实。《玛格丽特》全文采用第一人称叙述声音，主人公即叙述者具有了直接表达自我的权威性，从而为自我的思想和行动辩护提供了便利条件。那么，这五位主要人物在面对世界和他者时是如何思考的呢？

马塞尔在朝向自己理想行进的过程中遭遇的挫折不是来自自身而是来自他者——她的丈夫丹尼斯。故事的结局是她没有找到一个天才丈夫，因为那个她一开始认为的天才丈夫不过是一个经济上依赖她、精神却无法与她沟通的庸俗之人而已。因此，她的理想只实现了一半：她经济上独立了，她的精神在寻找沟通的过程中遭遇挫败。解决的办法就是她自己精神的独立，而不仅仅是经济的独立，"第二次，她发现了自己的命运。'我是一个天才女性，'她这样下结论道"[1]。与其寄希望于与一位天才男性共同生活，不如把自己塑造成一位天才，马塞尔最后获得经济和精神双重独立，一个真正的、具有自觉意识和独立精神的人成长起来。波伏瓦在《精神至上》中塑造了五位不仅在经济上自立，而且从精神上获得独立的

---

[1] Simone de Beauvoir, *When Things of the Spirit Come First*, New York: Pantheon Books, c1982, p. 45.

女性。现实中的波伏瓦就是这样一位女性,虽然她身边陪伴着一位天才哲学家萨特,但是,如果不是波伏瓦自己的努力,恐怕她与萨特其他的伴侣没有什么两样,最终湮没无闻。波伏瓦的成功离不开萨特,这种说法在一定程度上是成立的。但波伏瓦的精神,却独属她一人。

马塞尔的妹妹玛格丽特具有和马塞尔一样的秉性,都崇尚独立的、精神的生活。丹尼斯引导玛格丽特去接触这个世界的另一面:酒吧的生活、娱乐的生活。如果说马塞尔是一个背负责任的精神性的人,那么玛格丽特则是一个向往自由的、与丹尼斯在精神上更加接近的人。《玛格丽特》可以被看作是波伏瓦对马塞尔的爱情失败的思考,波伏瓦创造了一个和马塞尔在精神上不相同的妹妹玛格丽特,让她去与丹尼斯的精神世界接近。但当马塞尔说"在某种程度上,我是一位女性"[①]时,表明马塞尔还无法摆脱女性气质固有的局限性,比如淑女不能进酒吧,更不能有夜生活,而这些社会规则大大封闭了女性的世界,也隔开了男性与女性的精神交流。玛格丽特是马塞尔的另一个版本,是马塞尔的补充,玛格丽特和马塞尔合起来才是女性理想的生活世界。波伏瓦在《第二性》中认为女性的经济独立和精神独立同样重要,而波伏瓦也不避讳这一点:天才男性可以作为女性生活的榜样。因为波伏瓦从来不否定男性价值的重要性,正如她从来不否定女性有超越自身肉体局限性的能力,女性的解放是一场漫长而又艰难的革命,她不可能离开男性独自去推翻一切父权制度下的腐朽文明,而只能与男性一道改造这种文明中不合理的、等级制的、腐朽的成分,让它更加健康。

相对于《女宾》,《精神至上》所暴露的波伏瓦的个性更少一些。实际上,《精神至上》所描述的五位女主人公的精神意识可以被看作是同一个年轻人的精神世界的躁动,是初出茅庐的年轻人对自我、对世界和对他人的游移不定的看法,说到底,是特定年龄段的人在面对自我、世界和他人时所具有的怀疑、否定和痛苦的内心骚动十分自然的精神状态。《精神之上》这种不确定性的自我意识使得它所暴露出来的问题的严重性也随之降低。由于描绘了波伏瓦、萨特和其他一些人的、与其真实性十分接近的经历,也由于当时发表《恶心》等作品而颇具知名度的萨特被看作是作品中的一个主要人物,更是由于小说暴露了作者真实的内心世界的虚伪、自私、控制欲强和不堪言的消极面等,《女宾》获得了极大的成功,

---

① Simone de Beauvoir, *When Things of the Spirit Come First*, New York: Pantheon Books, c1982, p. 177.

曾有望竞争当年的龚古尔文学奖，但最终与该奖擦肩而过。

  《女宾》之所以与一般的通俗小说不同，主要有两点：一点是现实中的人具有一定的社会知名度，代表了一定社会阶层的生活状态；另一点是小说结尾与众不同。弗朗索瓦兹谋杀了格扎维埃，不是出于情杀，而是出于自我精神对他人精神控制的失败。实际上，如果把《女宾》作为单纯的爱情小说去阅读，就大大降低了该小说的思想价值，该小说最具有价值的地方是它表现出来的不容忽视的人与人之间的控制与被控制、欲望与被欲望、欺骗与被欺骗等权力关系。当弗朗索瓦兹自以为在三重奏或四重奏之中周旋得天衣无缝之时；当她自以为自己的意识凌驾于其他所有人的意识之上时；当她正沾沾自喜于自己的精神不可战胜时，也恰恰在此时，她的计划或阴谋被发现，她赖以自豪的精神优势瞬间土崩瓦解，彻底暴露了她苦心经营的谋划，也彻底暴露了她所谓的精神优势的泡沫之下的卑微和无耻。弗朗索瓦兹谋杀格扎维埃，与其说是为了掩盖真相，还不如说是为了挽救濒临危机的精神优势。弗朗索瓦兹不能接受的是自己精神上的坍塌和对他人的意识控制的失败。《女宾》继承了《精神至上》探索人的精神意识的特点，所不同的是，《女宾》创造的环境以及人物之间的关系更加紧凑和紧张。作为小说的主要人物，弗朗索瓦兹控制了小说的叙述速度，她的意识、话语分散在小说的各个方位，她是该小说中名副其实的权威声音。

  波伏瓦研究学者伊丽莎白·法莱兹（Elizabeth Fallaize）认为《女宾》是波伏瓦唯一一部没有采用第一人称口吻叙述的小说："事实上，《女宾》是波伏瓦唯一一部没有包括以小说人物为第一人称叙述的章节的小说；相反，整个文本保持了没有外在叙述者的状态，但是叙述者在相对隐秘的地方出现。虽然叙述是第三人称，但是，通过人物和一些主张，叙述总是集中在描述那个行动的焦点人物的视点和观念上。小说通过打断的对话使得读者直接进入人物的声音里。"① 谁是小说"那个行动的焦点人物"呢？当然是弗朗索瓦兹。"弗朗索瓦兹是行动的焦点人物，占了整个小说18章当中的14又二分之一章，她的观点也占据了小说绝大部分内容。"② 按照伊丽莎白·法莱兹的看法，波伏瓦用第三人称的叙述视角、绝大部分的篇幅叙述了弗朗索瓦兹的观念，这实际上对应于美国理论家苏珊·S. 兰

---

① Elizabeth Fallaize, *The Novels of Simone de Beauvoir*, London and New York: Routledge, 1988, p. 27.
② Ibid. .

瑟所说的作者型叙述声音。作者型叙述声音的权威来自叙述者，叙述者充当了一个无所不知的上帝的角色，而这个角色的扮演者则是作为作者的波伏瓦。在这个意义上，弗朗索瓦兹的观念是波伏瓦观念的体现。如果结合波伏瓦的第一部小说《精神至上》来看，波伏瓦经历了在《精神至上》中那个对自我、世界和他人所具有的怀疑、否定和痛苦的内心骚动的精神状态之后，转向了《女宾》克服自己被视为他者的被动客体的精神危机以及建立自我主体地位的方向。

小说中有许多条重奏线：弗朗索瓦兹—皮埃尔—格扎维埃，弗朗索瓦兹—皮埃尔—热尔贝，弗朗索瓦兹—热尔贝—伊丽莎白，皮埃尔—格扎维埃—热尔贝，伊丽莎白—克洛德—苏珊娜。三重奏最和谐的是弗朗索瓦兹—皮埃尔—热尔贝，其中没有嫉妒，而伊丽莎白—克洛德—苏珊娜则充满了嫉妒和矛盾。弗朗索瓦兹—皮埃尔—格扎维埃以现实中波伏瓦—萨特—奥尔加三重奏为素材。弗朗索瓦兹—皮埃尔—格扎维埃和弗朗索瓦兹—热尔贝—伊丽莎白是小说重点叙述的两个三重奏。弗朗索瓦兹和皮埃尔的关系是小说的主要线索，其他人物通过这两个人联系起来。弗朗索瓦兹和皮埃尔是一对恋人，两人的关系正如现实中波伏瓦与萨特的关系：不结婚，两人的关系是必然的，与其他人的关系都是偶然的。皮埃尔对弗朗索瓦兹说过，他们两个人是一个人，彼此之间没有隐瞒，他们拥有共同的未来。

综观弗朗索瓦兹的行动，一开始她想摆脱自己在皮埃尔那里的他者位置，重建主体，她利用格扎维埃和伊丽莎白的存在，通过把别人的存在转化为自己的客体，从而树立自己的主体地位。失败的结局告诉她，通过视别人为他者的方法是不可能达到自己的主体地位的。就是说，在主体与客体之间、自我与他者之间存在不可调和的矛盾，自我与他者的共生关系是值得怀疑的。进一步说，他者不可能通过定义他者去获得主体地位，这不是因为这个定义过程是不能实现的，而是因为他者也是一个主体性的存在，作为一个主体性的存在的他者是不可能被完全了解和认识的，更是不可能被完全控制和操纵的。

第二节 他者与自我的联系

战后是波伏瓦的思想转折期，她在继续思考自我与他者、自我与世界的关系问题的同时还思考自由与责任的关系问题。波伏瓦思想上的这次转折是在战争的逼近下进行的,但她却用一生的时间去实践和丰富在特殊处境下产生的这种思想。波伏瓦把 1943 年以前的创作定义为她文学事业的道德时期。这次转折的另一个标志是波伏瓦的文学事业向政治倾斜,战后,波伏瓦参与政治的热情最大的激励来自第二次世界大战。战争所涉及的一些事关个人与社会的问题在那种特殊的处境中都不能被简单地视为小事和大事的分别,政治最终会关涉具体的个人,而政治从来不是小事,因此个人之事也从来不是小事,波伏瓦撰写的四部回忆录通过对波伏瓦个人一生经历的回顾,碰撞出来的是 20 世纪波澜壮阔的社会大历史。纠缠于个人与社会、自我与他者的问题此时才露出了它的冰山一角。对个人和社会的否定与对他者意识和存在的否定都不是解决个人存在的根本路径,而只有从特殊的处境入手,不放弃对责任和义务的承担,不放弃对自由的执着,同时尊重每个人的自由,只有做到了这些,他者才具备超越的性质,他者才不会被看作纯粹的客体,而自我也将不会被视为绝对的、抽象的主体。《碧吕斯与西涅阿斯》体现了波伏瓦努力摆脱萨特哲学的影响,但并未完全摆脱。《模糊性的道德》则是波伏瓦完全走上自己伦理哲学发展方向后的作品。《模糊性的道德》发表于 1947 年,比 1944 年发表的《碧吕斯与西涅阿斯》晚三年。这三年是法国战后国内政治氛围最为波诡云谲的时期,法国左派、右派、共产党、大资产阶级等持不同政见的政客、知识分子的声音此起彼伏、争斗不已。战后以萨特、波伏瓦为代表,围绕《现代》杂志形成了一个颇具社会影响力的存在主义流派。作为存在主义流派的代表人物,波伏瓦经历了《现代》杂志内部同事之间的钩心斗角甚至背叛,她不得不参与政治论战,表明自己的政治立场。波伏瓦所主张的观念在小说《他人的血》(发表于 1945 年)、《人都是要死的》(发表于 1946 年)中通过人物、故事的叙述鲜明地表现出来。

  正如波伏瓦在《岁月的力量》中感到自己对博斯特等年轻人的命运负有责任一样,在《他人的血》中,布劳马感到自己对海伦的死也负有责任。小说一开始就解释了一个存在主义式的命题:他人的存在,或为他者的存在。波伏瓦认为他者也是主体性的存在,因此他者对自己的选择应当负起责任。在布劳马同他的反抗组织成功进行了一次谋杀行动后,另外十二个同胞的生命正在因为他们的行动而使其作为人质遭到纳粹枪杀,布劳马认为自己不应当对那些生命的死亡负责,而他的母亲则认为虽然那些无辜的生命是由纳粹直接执行死刑的,但布劳马对其负有间接的责任,因为正是布劳马的暗杀活动,才导致了纳粹的报复行动。由不愿对他者的死亡承担责任,到痛苦地承担起海伦死亡的责任,布劳马对他者的观念经历了一次大转折：由对他人生命的冷漠，到与他人生命发生联系。

布劳马第一次表现出自己的生命与他者的生命发生联系是在他八岁时听母亲说一个小孩去世的消息，他人的死亡引起了他的极大的震撼，而父亲老布劳马的冷酷让他萌生了背叛自己出身的念头。布劳马之所以对自己的资产阶级出身极其厌恶，是因为这一阶级漠视他人的生命，而布劳马要把自己的生命与他人的生命联系起来，因此他必须背叛自己的出身，投入到更广大的社会中去。布劳马并不是从一开始就主张以暴力抵抗暴力的，恰恰相反，为了少流血，他主张应当避免流血战争。但是，战争最终蔓延到巴黎，犹太人大批地被送进集中营，他们的朋友正处在死亡的边缘，而他们真的就安全吗？雅克的死亡让布劳马最终明白，当命运掌握在侵略者手中时，任何一个法国人都不可能幸免于难。但这是否意味着暴力抵抗就可以**挽救**他人的生命？事实上并不是这样。当布劳马放弃和平主义的念头，组织起一支以暗杀德国盖世太保为使命的暴力组织时，他们的暴力抵抗并没有挽救他人的生命，反而把一批无辜的生命带入了死亡之中。如果按照萨特的他人就是地狱的观点，即我们每个人都从属于他人的境况，那么，布劳马的暗杀行动不但没有营救他人的生命，反而让更多的同胞流血，在这个意义上，波伏瓦宣扬了他人就是地狱的观念。但是，波伏瓦没有停止在这个层次上，而是将问题进一步向前推展。倘若把问题反过来，即如果布劳马不组织暗杀活动，是否他的法国同胞就不会流血呢？事实证明答案是否定的，犹太人仍然继续被残害，一些无辜的生命仍然被胜利者的游戏逻辑所枪决，布劳马身边的朋友仍然被一批一批地送往前线，走向他们还如此年轻的生命的尽头。一个两难的问题被迫提出：抵抗，会导致他人的死亡；不抵抗，仍然不能避免他人的死亡。一开始坚持和平主义的布劳马仍然不能阻止战争进入法国，他听到了侵略者狂妄的嘶叫，正是这嘶叫把他惊醒："'没有政治罢工。'这种谨慎，这种荒谬的谨慎！'我不把我的祖国推向战争。'然而这就是战争，是失败的战争。我不敢杀戮，我们不想死，这个绿色的寄生虫，活活地吞噬了我们。妇女和婴儿，在沟壕里倒毙；在这已经不再属于我们的土地上，大片的铁网倒下来，围住了成千上万的法兰西人。这是由于我，每个人对这一切都有责任。……一天夜里，在大街上，他像疯子似的走着，眼睛盯在一个血淋淋的面孔上；但他还年轻，生命在前面，他力图忘记他的罪恶。现在，生命已在他身后，他的生命失去了生机。已经太晚了，一切都结束了。因为我想做一个纯粹的人。然后原始的腐败就潜伏在我的身上，夹杂在我的血肉里、呼吸里。我们被打败了，人们都被打败了。在他们的处所，一种新的兽种在大地上增殖。"① 在战败的国家里，怎么可能有胜利的人们呢？在他人不断流血的环境里，怎么可能有绝对安全的个人呢？"我不把我的祖国推向战争"，但是，绥靖、退缩和无视他人的流血同样是对战争的怂恿、推动，谁说战争的发生只有他人的责任而没有自我的责任？当布劳马认识到所有这一切里面的各种关系时，他人的抵抗已经威胁到了他的生命，而犹太人的被杀也已经将他钉在失败者的耻辱柱上。在失败者的处境下，如果不抵抗，就意味着投降；而抵抗，则可能赢得胜利。"我在巴黎走着，每一步都证实我是同谋：我吃着他们赐给的面包。而这面包是他们拒绝给雷纳·布吕芒菲尔德，拒绝给马塞尔，拒绝给饥馑的波兰人的；关我的笼子是又宽又大的，我温驯地在笼子里走来走去。'不,'他说,'不。'他瞧瞧自己颤抖的手。这是无济于事的，愤怒无济于事；问题也是无济于事的，过去的事已经成为过去了。使自己的过去成为奴隶的过去还是成为人的过去，要由我来决定。证明这一点吧。我将拿出证据来。"② 纠缠于哲学理论在战争的特殊处境里是"无济于事的"，行动才是一切，"我吃着他们赐给的面包"，是因为他们剥夺了其他同胞的面包，布劳马终于明白做奴隶还是做人最终的选择权在自己，即使战争使法国人沦为奴隶，但反抗还是顺从才是最终决定他们是奴隶还是自由人的标准。波伏瓦在二战时的处境与布劳马的处境颇为相似。波伏瓦在战争的后方经历了颠沛流离和饥馑的折磨，也目睹了纳粹的凶残，现实与小说几乎毫无差别。波伏瓦说《他人的血》的意图是揭示每一个人如何看待他与其他人共存这一事实。波伏瓦所说的每一个人与他人共存的事实，不妨把它理解为每一个人与他人的共存是命定的，孤独才是值得怀疑的。正如海伦一开始寻求孤独，可是到最后她得出了与布劳马同样的结论：同为战败国的人，他人的痛苦，就意味着自己的痛苦。

如果说布劳马是小说的主人公，他的观念体现了波伏瓦观念中肯定的一面，而海伦作为布劳马观念的一个辅助，则体现了波伏瓦意识中争执不休的一些问题。海伦是一个率性而为的年轻女子，但她并不颓丧，她的男朋友保尔是共产党员，布劳马是保尔的好友。一次偶然的碰面，海伦喜欢上了布劳马，因为布劳马的谨慎，还因为他思想式的生活让她着迷。爱，对海伦来说，能让她感觉到自己的存在，那是一种类似上帝与她的关系，

---

① ［法］波伏瓦：《他人的血》，葛雷、齐彦芬译，中国书籍出版社1999年版，第195—196页。
② 同上书，第198页。

上帝让她觉得自己必须存在下去,爱能让海伦摆脱孤独,但是布劳马并不爱她,她一度沉沦,同德国军官鬼混在一起。拯救她走出沉沦的是她认清了自己的处境——德国军官并没有真正把她当作与他平等的人看待,以及她看到了他人悲惨的处境——她至死都无法忘记她在街边看到的那个叫"吕特"的犹太小孩被警察从母亲怀里夺走送进集中营的一幕。她回到了布劳马身边,要求参加他的暗杀组织。在一次营救保尔的行动中,她中弹身亡。临死前,她接受了布劳马的爱情,但拒绝接受他的歉疚。海伦说:"你没有权利决定我的事。"① 她又说:"我做了我想做的。"② 海伦认为她的行动是她自己的选择,一切后果应当由她自己负责,只有如此,才能体现她是一个真正的、自由的人。对于布劳马来说,面对海伦,他感觉自己也是一个处在存在与虚无之间的东西:"是无,又是一切存在。通过这整个人间,出现在所有人的面前,又和他们永远地分别了。负罪,无辜,就如同路上的石子,是那样沉重,又没有任何分量。"③ 是存在还是虚无,区别在于是被动地去做还是主动地选择去做。海伦一生有两次自由的选择,一次是对爱情的选择:放弃保尔,选择布劳马;一次是对抵抗行动的选择。前者的选择让她沉沦,后者的选择让她的生命充满了意义。海伦把对爱情的追逐看作是对上帝的追逐,但实际上,上帝不可能把存在注入她的体内,因为每个人摆脱虚无走向存在的历程只能是每个人自己的事情,把自己走向存在的历程依附在他人的历程之中,不但给他人造成负担,也是对自己的不负责任。波伏瓦说:"去存在就是使自己成为一种存在的缺失;是把自己抛入这个世界。"④ 又说:"一个自由的人还是一个处在世界的特殊处境中的人,他所定义的客观的真理就是他自己选择的目标。"⑤ 海伦的一生是一个自由人想成为一个去存在的历程,她全身心地投入这个社会,寻找一种可以代替上帝的爱情,但那不是真正的存在,海伦最后发现真正的存在是在不拒绝他人创造的处境中勇敢地做出行动。波伏瓦在《碧吕斯与西涅阿斯》中谈到了自由,自由就是彻头彻尾的偶然,作为自由人,自我把价值和意义赋予这个本来没有价值和意义的世界,而不是世界赋予价值和意义于自我身上。在《模糊性的道德》中,波伏瓦进一步

---

① [法]波伏瓦:《他人的血》,葛雷、齐彦芬译,中国书籍出版社1999年版,第254页。
② 同上。
③ 同上书,第256页。
④ Simone de Beauvoir, *The Ethics of Ambiguity*, trans. Bernard Frechtman, Secaucus, N. J.: Citadel Press, 1980, p. 42.
⑤ Ibid., pp. 68 – 69.

强调自由的性质："自由不是拥有做任何事的权力；不是穿越朝向开放的未来的既定性的能力；作为自由的他者的存在定义了我的处境，甚至是我自己的自由的处境。如果我被投入监狱，我是一个受压迫的人，但是如果我阻止了我的邻居被投入监狱，那我就不是一个受压迫的人。"①《他人的血》中的海伦、布劳马和保尔等抵抗人士都在从事"阻止了我的邻居被投入监狱"的事业。

通过自己的行动，海伦把一个个体的存在价值和意义赋予了这个世界，但是她的死亡，又让这些价值和意义变成凝固的，它们再也不会发生变化，从而这些价值和意义也变成了虚无。但是，它们又不可能完全地消失，就像它们从来没有存在过一样，它们存在过，然后消失了。这是个人的模糊的处境，也是整个人类的模糊的处境。在存在与虚无之间，石头也可以铺路，一切都处于一种特殊的处境中，在那种特殊的处境下，海伦的存在、布劳马的存在，还有他人的流血都充满了意义；在那种特殊的处境下，自我的自由和他人的自由才联系在一起，她的选择和他人的选择才不会发生冲突，虽然自我的抵抗带给了他人死亡，但是在那种特殊的处境中，自我的死亡和他人的死亡是联系在一起的，正如他人的生存也与自我的生存联系在一起一样，在那种特殊的处境下，一切都在联系之中。西方学者德布拉·博格芬（Debra Bergoffen）认为《碧吕斯与西涅阿斯》表达了波伏瓦他者观的一个重要方面："虽然我不能为别人行动，也不能直接影响别人的自由，但是波伏瓦认为，我必须为这样一种事实负责，那就是我的行动产生了处境，而他人就是在这种处境中行动的。"② 这是对《他人的血》最好的注脚。布劳马的抵抗把一种危险的处境带给了那些人质，而犹太人和其他被迫害的人则把另一种危险的处境带给了海伦、保尔和布劳马等人，每个人都在他人的处境中行动，每个人的自由都不能不与他人发生联系，自我的自由正是在他人处境中的自由。这就是波伏瓦在《模糊性的道德》中所说的处境的模糊性的含义之一。如果说海伦是自由地选择了行动、自己承担自己的死亡，那么，海伦只不过是在布劳马的处境中行动的一个自由人，而对于他人来讲，布劳马的抵抗给他人造成的处境则是一种不自由的处境，布劳马应当为此承担责任："那些明天被枪毙的人们没有选择；我是压碎他们的石头，我逃不过诅咒，对他们来说，我永

---

① Simone de Beauvoir, *The Ethics of Ambiguity*, trans. Bernard Frechtman, Secaucus, N.J.: Citadel Press, 1980, p. 91.
② Margaret A. Simons ed., *Simone de Beauvoir: Philosophical writings*, Urbana and Chicago: University of Illinois Press, 2004, p. 85.

远是一个他人。对于他们，我永远是命运中盲目的力量，和他们永远是分开的。然而我只是全力捍卫着这使所有石头成为无辜而枉然的最高财产，捍卫着把每个人从他人和自我之中拯救出来的财产——自由，那么，我的激情将不会是没有用处的。你既然不给我和平，我为什么要和平呢？你给了我永远冒险和焦虑的勇气，给了我承受我的罪过和使我感到无限痛心的内疚的勇气，再没有第二条路可走了。"① 最后，布劳马在海伦带给他的处境中继续斗争下去。

《人都是要死的》讨论了一个关于有限、无限与自由的问题，同时也是一个关于存在的问题。小说主要人物是拥有六百多年不死之身的雷蒙·福斯卡，他是整个小说核心主题的体现，围绕在他周围同他进行对话的是女演员雷吉娜，还有阿尔芒等人。雷吉娜不同于《女宾》中的格扎维埃，也不同于《他人的血》中的海伦，虽然一样地在寻找存在的意义，但雷吉娜是通过他人的注视获得的，而不是通过自己的主体意志或自由的行动获得的。雷吉娜的生活分成两部分，一部分在舞台上，一部分在日常生活中。在舞台上的她，通过观众注视的眼光，她发现了自己是存在着的，而一旦进入日常生活中，离开了他人的注视，她便陷入无聊之中，于是便通过照镜子来发现自己的存在。波伏瓦塑造的雷吉娜的形象是一个消极的客体的形象，在萨特的《存在与虚无》中，萨特把他人的注视看作是一种对自我的主体意识造成影响的事件，而雷吉娜则恰好相反，只有在他人注视之下，她才能获得存在的感觉。这样，波伏瓦让她发现了一个活了六百多年长生不老之人整天躺在她楼下的长椅上，她自以为如果获得长生不老之人的注视，那么，自己也会长生不老。而事实并非如此。福斯卡历经几百年，看过无数的风景，历经无数的生老病死，所有他注视过的或正在注视的一切注定都将消失，而他却会永远存在。雷吉娜只不过是福斯卡所有注视过的风景中微不足道的一道而已，她也是注定要消失的。

小说用一定的篇章叙述了福斯卡几百年的生命历程。与雷吉娜想象的不同，福斯卡并没有从长生不老的生命里获得幸福，也没有因为漫长的生命而给他人带去幸福。福斯卡出于狂妄的野心喝下了长生不老之药，认为只要延长他在世的时间，他就可以完成统一大业。可是无休止的战争并没有带来永久的和平，而是导致更加惨烈的屠杀，原来的帝国四分五裂。他以为他拥有了不死之身，就可以拥有一切，包括自己所爱的，但他并没有获得他的爱情，他的爱人因为他的不死之身离开了他，因为爱只有与生命

---

① ［法］波伏瓦：《他人的血》，葛雷、齐彦芬译，中国书籍出版社1999年版，第257页。

联系起来才能够配得上它的价值,由于福斯卡无法献出他的生命,因此他所有的付出都不值一提,实际上他拥有一切而且他长生不老,这让他永远不能付出任何东西。波伏瓦在《碧吕斯与西涅阿斯》中提到人的存在不可能无限膨胀也不能无限地减少,人"不能用无限去定义自身"①。无限不可能定义任何东西,正是因为人的生命是有限的,人才可能进行超越性活动;正是因为人具有肉身的局限性,人才可能在精神上超越它。不具有肉身局限性的福斯卡,也不可能具有精神上的超越性。

阿尔芒是与福斯卡相对立的人物,他为了自由去勇敢地战斗,但是,福斯卡不可能体会到那种希望看到明天的日出的渴望,也不可能体会到那种为了自由宁可献身的豪迈,更不可能有对未来的希望。而所有的欲望之所以有如此大的诱惑力,让阿尔芒等人不停地战斗下去,是因为他们的生命都是有限的,他们的每一次付出都无可挽回地永远地失去了,他们用一次性的生命换取自己和他人的自由,所以他们的死才具有独一无二的意义和价值。

克里斯塔娜·阿普(Kristana Arp)说:"福斯卡的认识表明了《他人的血》代表了波伏瓦思想上关于个人与自由之间的关系上的转折:个人的自由是能够和他人的自由结合起来的。在《碧吕斯与西涅阿斯》中,当她认为我们不可能为他人做任何事情时,她不是认为我们可以同他人一道做任何事情。在《碧吕斯与西涅阿斯》中,她坚持一种与福斯卡相左的观点;她还没有突破到阿尔芒的观念上。在《人都是要死的》中,人类能够结成纽带已经成为一种信念,因为他们被那个永远不能定义自己、缺乏定义人类处境的有限性的人凭知觉知道。只有在《模糊性的道德》中,那种个人同他人一道为了共同的目标而行动的观念才成为核心观念。在此文中,那种共同的行动变成了对真正自由——伦理的自由——认识的标志。"② 把自由放置在伦理的层面上,波伏瓦的确是从《模糊性的道德》开始的,但对他人的思考从波伏瓦开始文学创作时就已经开始。不论是《女宾》那种令人不愉快的三重奏所导致的对他人产生的敌意;还是《他人的血》中每个人都在他人制造的处境中生存,都是一种对他人存在的理解,波伏瓦把主体的人也放置在了他人的位置上,在那种特殊的处境中,逼迫人们进行位置的互换,而得出的对他人存在的理解;抑或是在

---

① Margaret A. Simons ed., *Simone de Beauvoir: Philosophical writings*, Urbana and Chicago: University of Illinois Press, 2004, p. 102.
② Kristana Arp, *The Bonds of Freedom: Simone de Beauvoir's Existentialist Ethics*, Chicago: Open Court, 2001, p. 44.

《人都是要死的》中，波伏瓦对人的生命、自由的肯定：用有限性托举超越性的意义，用生命托举自由的意义，用自由托举人类联系的意义；波伏瓦一直在进行自我、他人与世界之间关系的思考，《碧吕斯与西涅阿斯》和《模糊性的道德》集中体现了这种思考。如果从整体上考察波伏瓦思想的转折，那么克里斯塔娜·阿普的观念是很有道理的，《模糊性的道德》的确体现了波伏瓦开始从伦理层面思考自我、他人与世界之间的关系。但是，如果单从自我与他人之间的关系考虑，波伏瓦真正的转折出现在《人都是要死的》，虽然《他人的血》体现了自我与他人的联系，但自我与他人真正融为一体只能体现在《人都是要死的》一书中。如果说《他人的血》体现了波伏瓦对自我与他人最终关系界定的挣扎、矛盾和犹疑，那么《人都是要死的》则鲜明地体现了人必须与他人结合的观念。

第三节　他者对自我的超越

从把他者视为一个纯粹的客体，到视其为同自我存在相联系的自由人，波伏瓦从自我的视角看到了他者具备同自我一样的特性：精神的超越性和肉体的局限性。自由标志着生命可能摆脱肉体的局限性所达到的高度，自由的高度标志着人类超越性的限度。而他者，作为与自我处于同样位置的人类，同样具有摆脱自身局限性朝向自由的超越性质。波伏瓦从战争的体验中发现了自我与他者团结一致的意义，也从自身作为女性的体验中发现了他者的历史不仅是一个哲学的存在，也是一个伦理的存在，更是一个现实中的等级的存在。赋予他者以超越性，不仅是一个哲学命题，也是一个伦理问题，它更预示着现实中人与人之间关系的调整。正如人类的超越性永远是在面对自身的局限性当中进行的，他者的超越性同样是在面对它自己的局限性，以及面对社会、文化对它的限定的局限性当中进行的。

《名士风流》的故事背景是巴黎解放到40年代末（1944—1949），当时法国国内右翼势力逐渐控制国内局势，左翼包括法国共产党内部斗争日益激烈，国际局势很不明了。以苏联、美国为首的东西方两大阵营在意识形态、军事等方面展开竞争，核竞赛带给世界的威胁笼罩着人们，苏联的劳动集中营在西方被公布并引起了轩然大波。在国内国际紧张的气氛中，萨特和波伏瓦作为战后影响一代人的存在主义思潮领导人也必须做出政治的表态和立场，因为不表明立场本身就是在表明立场。在二元对立、非黑即白的环境中，萨特在苏联一边，但由于萨特集多重身份于一身——资产阶级知识分子、苏联和中国等社会主义国家的同情者等，同时他并不是共产党员，这让左派包括苏联方面对他不信任。萨特成立了"社会主义与自由"组织，希望在苏联和美国两个帝国主义阵营之外找到第三条道路。《现代》杂志曾经是左派思想的阵地，但它在战后也土崩瓦解了。《现代》杂志的成员也纷纷表明了自己的右派或左派立场，波伏瓦站在萨特一边。

但在这一段时间内，波伏瓦并不热衷于现实的政治，只是在她所发现的性别政治中埋头写作。但她对《现代》编委里和法国内部发生的一切，以及国际局势的状况都了如指掌。《名士风流》里的故事就是以战后法国国内环境中发生的事件为背景和素材的，里面的主要人物亨利、迪布勒伊、安娜分别以加缪、萨特和波伏瓦自己为蓝本。但不像《女宾》中格扎维埃与奥尔加那样吻合，《名士风流》中的加工痕迹较前几部小说更加明显。故事里的关系较以前也更加明朗：家庭中有夫妻关系、母女关系，同事中有合作关系和敌对关系。亨利与波尔是夫妻，若赛特和纳迪娜是亨利的情人，最后纳迪娜与亨利结合在一起。安娜与迪布勒伊是夫妻，纳迪娜是他们的女儿。亨利与迪布勒伊是同事，因为对战后局势的共同认知使两个人走在一起，后来因为政治意见产生分歧，两个人之间出现裂痕。波尔、安娜是家庭主妇，但两个人的性格截然相反，波尔为了亨利的事业付出了自己的全部，最后落得一无所有。安娜积极地思考生活，观察同样也是作家的丈夫迪布勒伊的创作和政治生活，并形成自己的主见。她有摆脱寄生生活的勇气和动力，而且最后她也获得了幸福。若赛特是小说为了突出政治与道德的矛盾而安插在亨利身边的一个人物。战争期间，若赛特是纳粹德国军官的情人，曾经出卖过自己的同胞，战后为了自保，她投在了亨利这把保护伞下。亨利在道德与政治之间摇摆不定，而且总是通过人道主义的道德思想去混淆政治上的黑白是非。亨利最后为若赛特做了假证，但他因此又陷入了道德的自我谴责之中。波伏瓦在亨利身上表达了一系列矛盾：写作与行动、理智与情感、个人与集体、过去与现在、自我与他者、存在与虚无等；在安娜身上则体现了不甘沉沦的品质：她的丈夫迪布勒伊比她大很多，她活在由他创造的生活中，她被他看作为一个他者、客体。小说中的刘易斯是安娜的救星，从他身上，她才真正获得了肉体与精神、自我与他者的融合，通过一个偶然结识的他者，安娜才真正找到了自我。

小说一开始是迪布勒伊和安娜登门拜访亨利和波尔，迪布勒伊想让亨利加入他的左派组织，从而让《希望报》成为该组织的喉舌。接下来是《希望报》的编委们一起庆祝战争的结束。战争的恐怖仿佛还在眼前，无数记忆仿佛还在脑海，亨利决定拿起笔来写作，他要写一部欢快的小说，想以此重新开始。但实际上，亨利无法忘记过去，他挣扎在写作与行动的矛盾之中，面对血腥的暴力，写作与行动孰轻孰重？亨利开始怀疑写作的意义。但对于作为知识分子的亨利来说，写作的价值胜于一切。可是，来自他人关于行动比写作更重要的看法，使他"总少不了恐慌一阵"[①]。在亨利和迪布勒伊之间存在一种看与被看的关系，后者对写作与政治投入的激情让前者在对写作与行动之间的看法上更加矛盾。波伏瓦没有对迪布勒伊这个人物给予过多的正面描写，大部分是通过亨利和安娜的眼睛刻画了其性格的，他是一个执着于写作和行动、对未来有积极的设想并对自我有充分的自信的人物。在头脑中充满矛盾的亨利和安娜旁边安插迪布勒伊这样一个高度自我的人物，可以有力地衬托出亨利和安娜对自我现状的不满以及他们为摆脱矛盾处境而付出的努力。迪布勒伊就像一位长者、一位教师，他在亨利和安娜身上施加权力，但亨利和安娜不甘于被视为他者，于是被刺激、被逼迫，他们不断地为摆脱自己的他者位置改变自己的想法或行动。如果说迪布勒伊是一个绝对的主体，那么亨利和安娜则处在主体与客体之间，要想成为存在，则必须摆脱客体地位。但是，迪布勒伊不是一个绝对的主体，他比亨利和安娜都更加执着于自己的存在，他更惧怕成为这个时代中毫无用处之物，通过亨利和安娜对他思想的认识，迪布勒伊的存在主义式的人物形象呈现出来，而这种形象也是亨利和安娜的形象的折射：

> 他的整个一生，既执着于丰富他的思想，又致力于让这些思想变成现实，如果假设这一切永远都不能发生，那又将怎样？罗贝尔始终捍卫人道主义，可要是决议背叛了他的意愿被通过，罗贝尔能怎么办？倘若他帮助建设的是一个与他信奉的各种道德标准对立的未来，他的行动就是荒谬的。但是，若他执着地维护某些永远不可能在世间降临的道德观念，那他就成了一个迂腐的空想家，而他最不主张的就是成为一个类似的人。不，如果有此种结局，那别无选择，不管怎样，只能是失败、束手无策，而这对罗贝尔来说无异于活活死去。正

[①] [法] 波伏瓦：《名士风流》，许钧译，中国书籍出版社 2000 年版，第 45 页。

因为如此，罗贝尔才充满如此强烈的激情投入斗争。他告诉我局势给他提供了他等待了整整一辈子的机遇，这我同意；可其中也暗藏着比他经历过的要更为严重的危险，对此，他自己也清楚。……也许未来的人们会把他视为落伍者、笨蛋，视为故弄玄虚的家伙，不是无用就是有罪，纯粹是一堆废物。也许可能有那么一天，他试图用他们这种残酷的眼睛来审视自己，那么，他必定在绝望中了却一生。①

冒险的行动以生命为赌注，但这才是真正的存在主义的人对生命的看法：面向不可知的未来，做着现在可能做的一切。正是朝向不可知的未来行动才能打破现在的我的物的状态，才能具有自由人的超越性。萨特用深奥的哲学术语表达了这样的观念："……失败就是它的存在本身，但是，只有当它被自己把握为面对它不能是其存在的失败时，也就是面对是其存在而不再仅仅是其虚无的基础的存在时，也就是面对是其作为与自我重合的基础的存在时，它才是有意义。"② 萨特的悲剧式的哲学赋予不可知的未来无比悲壮的性质，而自由的人必须在悲剧式的未来面前进行超越性的活动，这是他们的命定。迪布勒伊就是这样一个存在主义的悲剧式的人物。如果说迪布勒伊是亨利和安娜的长者、教师，那么，亨利和安娜的生活也将按照存在主义式的观念进行下去。波伏瓦给亨利和安娜安排了不那么悲剧性的结局，在一定意义上淡化了萨特式的浓重的悲剧性。

如果说迪布勒伊深刻了解人存在的悲剧性质，并且能够坚定地做出选择，那么，亨利则必须通过无休止的讨论、争吵才能认识到人类存在的实质。针对苏联劳动集中营这一事实，迪布勒伊坚持不予发表，他认为："……这事是完全遮不住的，右派报刊定会从中大做文章，就把这份乐趣让给它吧。首先向苏联提出控诉的不该是我们。"③ 迪布勒伊认为如果《希望报》发表的话，它就不是左派报纸，而会走向右派，因为当时的处境是非此即彼。亨利则坚决要求发表，并怀疑迪布勒伊已经背着革命解放联合会的成员加入了共产党，而政治，是亨利不愿意参与的。亨利发表了有关苏联劳动集中营的文章，实际上，他已经参与了政治。正如他不想去谴责那些在战争期间通敌叛国者一样，但他却为若赛特做了伪证，这件事本身已经把他牵涉进了政治当中，亨利坚持个人的道德主义，可是每一次

---

① [法] 波伏瓦：《名士风流》，许钧译，中国书籍出版社 2000 年版，第 63 页。
② [法] 萨特：《存在与虚无》，陈宣良等译，读书·生活·新知三联书店 2007 年版，第 126 页。——引文中的着重号为原文所有。
③ [法] 波伏瓦：《名士风流》，许钧译，中国书籍出版社 2000 年版，第 536 页。

行动都表明他参与的不是道德，而是政治。迪布勒伊告诉他"个人的所谓道德并不存在"①。亨利也从做伪证这件事上明白过来："他心里从来就明白，当若赛特欢笑之时，成千上万的莉莎和伊伏娜正在集中营挣扎。但是这事已经过去，已被妥善地隐藏在帷幔之后，正是这层帷幔提供了方便，将过去、死亡和虚无混淆在一起。如今他看清楚了，过去曾经就是现在，是现实的分分秒秒。"② 于是他下决心发表有关苏联劳动集中营的事情："要谈公道、真理，要反对残杀与酷刑。'非谈不可。'他坚定地自言自语道。倘若放弃自己该做的事情，那他就罪上加罪了。不管他对自己持何种看法，那里有成千上万的人，他必须设法拯救。"③ 波伏瓦通过描写亨利这个人物在道德与政治、理智与情感、写作与行动上的矛盾与选择，表明了写作本身就是行动，而道德从来不可能脱离政治，写作、行动、道德本身都是政治。

　　波伏瓦让安娜和波尔分担了女性的两个侧面：安娜努力摆脱客体角色；而波尔则主动沦陷进入客体角色。安娜的女儿纳迪娜虽然傲视一切规矩，但她仍然摆脱不了女性被社会塑造的局限性。波尔是位演员，认识亨利之后，她全身心地支持亨利的写作，放弃了自己的事业，最后连自己的性格都消泯了，没了自我的波尔，最终也失去了亨利。安娜的丈夫迪布勒伊也是位作家，她也曾像波尔一样为了丈夫的写作事业，为家庭、孩子、丈夫奉献一切。但最终安娜在美国情人那里获得了精神与肉体的双重结合，她找到了自我。

　　安娜和波尔符合波伏瓦在《第二性》中描写的结了婚的女人的形象："她会寻找一个地位高于自己的丈夫，或者她希望他能更快地'往上爬'，比她更有发展前途。"④ 安娜和波尔都属于这样的形象：安娜找了一位比她大很多的男人作丈夫，而波尔则放弃自己的演艺事业成全亨利的写作事业，并希望亨利成为世界上最成功的男人。但实际上，她们在自己的婚姻生活中都没有找到幸福。安娜跟不上迪布勒伊的思想，而且也没有从迪布勒伊那里获得精神和肉体双重的满足。波尔放弃了自己的事业后，亨利对这个完全依附自己的客体产生了厌恶之感，也被波尔这种时刻关注自己的目光所威胁，"她的眼睛关切而贪婪地盯着他，在这种目光之下，他感到

---

① ［法］波伏瓦：《名士风流》，许钧译，中国书籍出版社2000年版，第706页。
② 同上书，第692页。
③ 同上书，第693页。
④ ［法］波伏瓦：《第二性Ⅱ》，郑克鲁译，上海译文出版社2011年版，第205页。

自己犹如一块易碎而危险的瑰宝——原来这就是令他精疲力竭的原因"①。波尔放弃自己，把一切献给亨利，这不但没能从亨利那里获得相应的回报，反而把亨利置于"精疲力竭"的地位，这里有一种力量的较量：当被客体注视时，被注视方也将感觉自己成为客体的危险；反之，如果注视方是主体，那么被注视方也将感觉自己是一个主体。同样地：当一个主体注视一个客体时，主体也将感觉自己有被客体化的危险。因此，在两种力量的较量中，注视方和被注视方必须都拥有主体性，即双方都是自由人，都在拥有自己主体性的前提下与同样也为主体的他者发生关系时，双方才是平等的，否则，任何一方的奴役性，都将给即便是主体的他者造成威胁。因为当主体一方接受来自客体一方的要求、期待和贪婪时，他也将变成客体，亨利深知这一点。当观众期待波尔战后能成为一位大歌星时，波尔说："我可没有这么大的奢望。"② 亨利心想："是的，她没有这种雄心壮志……她心中的愿望：成为世界上最光荣的男子汉怀中最美的女人。"③ 波尔希望成为一位绝对主体的绝对客体，这只能导致她永远是客体，因为主体只会去寻找主体，这是波伏瓦在自我与他者关系的思考上得出的结论，如果将他者视为绝对的客体，那么自我的主体性也将受到威胁，相反，只有将他者也视为一个同自我一样的主体，双方才会在朝向未来的过程中成为对彼此有利的处境。波伏瓦通过波尔的反面例子，宣告了绝对他者的悲剧性和超越的必要性。安娜就是一个他者超越性的例子，当安娜认识到自己的要求、期待和欲望不可能从迪布勒伊身上得到满足时，她进行了一番深刻的自我剖析："我为什么无时无刻不在为他人着想？我自己照顾一下自己不也很好吗？"④ 为了找回自我，安娜寄希望于一次偶然的相遇，但情况更糟。当遇到美国恋人刘易斯时，安娜才找回了久违的自我。

通过对亨利—波尔、安娜—迪布勒伊的夫妻关系的描述，波伏瓦进一步充实了在《第二性》中对结了婚的女人境况的分析，波尔走的是一条丧失自我的不归路，而安娜则通过自我的努力找到了自我和生活的根据，波伏瓦把自由的因素充溢于夫妻关系之间："两个个体……理想应是完全自足的人只通过自由赞同的爱互相结合在一起。"⑤ 安娜与迪布勒伊的夫妻关系正是建立在这种自由之上，而安娜充分利用了这种自由，才发现了

---

① [法]波伏瓦：《名士风流》，许钧译，中国书籍出版社2000年版，第3页。
② 同上书，第24页。
③ 同上。
④ 同上书，第34页。
⑤ [法]波伏瓦：《第二性Ⅱ》，郑克鲁译，上海译文出版社2011年版，第287页。

属于自己未来的新生活。

《名士风流》通过亨利和安娜两个人物勾连起了社会和家庭两条线索，表明了人类在面对社会和家庭处境时、在面对不确定性的未来时必须在自我与他者之中建立充分自由的关系，只有互为主体的人，才能充分利用自由，最大限度地摆脱自身的局限性，达成超越性。波伏瓦用文学的笔触勾画了一幅战后特殊处境下知识分子的存在主义生存方式画面，虽然在事业上，亨利和迪布勒伊朝向命定的失败坚定地前行，但在人与人之间的关系上，自由和超越性必定带给人类一种新型的关系，通过安娜的自我救赎行动，波伏瓦已明确地传递了这一信念。

从自我与他者的对立到自我与他者的联系再到他者的超越性，波伏瓦赋予他者以越来越强烈的主体性，而且他者的主体性不是对自我主体性的威胁，而是构成自我主体性的处境。在面向自由的过程中，自我不可能永远朝向自我的自由，因为那样的自由不是真正自由，只有朝向他者，开放自我，在寻求共同自由的过程中，他者的他者性和主体性与自我的他者性和主体性才能互为处境。法国在第二次世界大战中的现实处境是波伏瓦他者思想转化的催化剂，也是演示场，在被占领的土地上是真实的主人与奴隶的关系，但是每一个人都不可能获得真正的自由，奴隶不可能有自由，主人也不可能，因为他人的不自由是对自我的自由的威胁。意愿自己自由就是意愿他人自由。

综观波伏瓦的创作，我们会发现波伏瓦在其中衍生了一个不变的主题——母亲与女儿的关系。在男性至上的社会里，无论母亲，还是女儿，都是这个社会的他者，而母女之间的关系就是他者之间的关系，二者之间同样存在着权力等级。在波伏瓦的作品中，母亲与女儿的关系既包含实际的母与女的关系，比如波伏瓦的母亲与波伏瓦自己的关系，也包括象征寓意上的母与女的关系，比如《女宾》中的弗朗索瓦兹与格扎维埃的关系、《端方淑女》中波伏瓦的好友扎扎与波伏瓦的关系。母女关系在波伏瓦思想里经历了几重演变过程：首先是由现实中的母女紧张对立的关系，到《端方淑女》中扎扎与波伏瓦之间引导与被引导的关系；其次，由《女宾》中弗朗索瓦兹对格扎维埃的控制与被控制的关系，到现实中在以萨特和波伏瓦为代表的所谓存在主义家族里面，波伏瓦与其他女性的关系；再次，从《名士风流》中作为母亲的安娜与她的女儿纳迪娜之间由对立到一致的关系，再到《安详辞世》中的波伏瓦对母亲那衰老的身体的恐惧；最后衍变为《美丽的形象》中一个具有高度反思能力的母亲对多愁善感的女儿的保护。经由母亲与女儿之间的一系列的较量关系之后，波伏瓦最后走到母亲对女儿的绝对保护的路上；由一开始母亲对女儿意识把握的失败，到后来母亲与女儿在这个男权社会中精神上趋于一致，最后到母亲拥有了绝对的权力和责任，对女儿的精神世界起到了保护人的角色；由母亲与女儿之外，扩展开来的母亲与父亲的关系，由一开始（比如《女宾》）母亲对父亲的依从，到母亲对父亲权力的有限度的反思（比如《名士风流》），最后到母亲与女儿一道共同对抗男权社会（比如《美丽的形象》）。这一系列的演变几乎伴随波伏瓦一生创作的各个时期，是波伏瓦思想演变的具体而细微的体现，也是波伏瓦每个思想阶段都必定思考的重要部分，这不仅是因为波伏瓦思想的本质是从伦理角度思考人与人之间在特殊处境下朝向自由的、超越性的未来调整的可能性，而家庭关系是伦理关系的核心，所以波伏瓦在每一个思想阶段都会首先思考家庭成员之间的关系；更是因为波伏瓦与母亲之间关系的模式几乎影响了波伏瓦后来人生中几个关键环节的选择。母女关系对波伏瓦的创作和生活产生如此深远的影响，波伏瓦对这种关系最后的了断方式也势必从现实和隐喻两个方面产生作用，反过来，现实和隐喻两个方面的变化也势必能够解释波伏瓦对母女关系采取最后解决方式的原因。在讨论波伏瓦创作和现实中的母女关系之外，还有一个更耐人寻味的波伏瓦作为"女性主义之母"的角色，这个角色跳出了波伏瓦本身的拘囿，从波伏瓦与女性主义、波伏瓦与社会的角度反映了从波伏瓦的创作和实际生活中所折射出来的精神意志对后世的女性起到的示范作用。

女性问题，或女性主义本身，从根本上说是建设性的还是破坏性的，不同立场、不同流派的女性主义对这个问题的回答存在很大的差异。波伏瓦无疑属于建设性的一派。虽然她自己没有结婚，没有孩子，但她从来不缺乏家庭意义上的环境，或者说，她总在组建一个又一个的家庭，家庭中永远不变的成员是她和萨特，孩子则是变幻不定的。但是，女性主义的根本又在于：从社会、文化、政治、意识、习俗、法律、规则、传统、家庭、人与人之间等各个方面，摧毁男女不平等的陈规陋习，或者说摧毁一切不平等的陈规陋习，实现男女的平等，抑或说实现人类的真正平等。女性主义的这种根本性质决定了它不可能一味是建设性的，也不可能一味是破坏性的，而只能是先破坏后建设。从这个意义上说，波伏瓦建设性的伦理式思考应用在女性主义上必然存在不可克服的屏障。而家庭中的两性关系是女性主义的重要组成部分，波伏瓦思考的屏障也必然成为她小说创作的屏障，也是小说女主人公的屏障。晚年的波伏瓦不可能不意识到这一点，从20世纪70年代初开始，女性主义运动已逐渐成为一股不可阻挡的社会运动，此时波伏瓦的立场和观念也都发生了一些相应的变化，政治立场的引入也多少改变了她在伦理思考上的限度。

最后我们仍然要考虑到波伏瓦所说的另一句话："她创造的东西、价值和人，不是她自己的财产，而是家庭的财产，因此是作为家庭首脑的男人的财产。"[①] 在波伏瓦生存的年代，讨论母女关系，其实仍然是在父权制下讨论他者与他者之间关系的问题。但波伏瓦仍然要告诉我们的是，在他者与他者之间仍然存在压制关系，因此压制这个问题不是只在主体与他者之间才存在的问题，而是一个普遍的、本质存在的问题。

---

① ［法］波伏瓦：《第二性Ⅱ》，郑克鲁译，上海译文出版社 2011 年版，第 138 页。

第二章 《第二性》与作为他者的女性

波伏瓦在阐释自我与他者关系方面的一个核心观点就是自我与他者是互为处境的关系，把互为处境的关系运用在对女性问题的思考上则使得波伏瓦得出了另一个深刻的观点：女性作为第二性别的现实是历史、文化、教育、习俗、法律和政治等综合作用的结果，而她们的成长环境则正是历史、文化、教育、习俗、法律和政治等构建的生存处境，因此女性的生存离不开以上处境，同时女性也要创造条件超越其处境。本章集中探讨波伏瓦在《第二性》里所体现出的女性主义思想。

第一节 他者的身体

身体是波伏瓦探讨他者问题的一个重要参考标系，在某种意义上，对身体的界定与他者直接相连，或者说，他者首先是身体的他者。在波伏瓦早期探讨女性作为他者这一问题时，她就开始运用大量有关身体的叙述揭示女性作为他者这一处境；在波伏瓦晚期探讨老人作为他者这一问题时，她同样运用了身体的叙述这一方式，在《暮年》《安详辞世》和《永别的仪式》三个文本中就体现了波伏瓦对老人作为社会群体中的他者这一身份的思考。如果把《第二性》中有关女性身体的思考，与《暮年》《安详辞世》和《永别的仪式》中有关老人身体的思考结合起来，我们会从中发现波伏瓦关于他者身体的话语。

波伏瓦关于身体总的观点是：身体是一种处境。与萨特早期哲学否定身体不同，波伏瓦正视身体，视身体为人类存在的不可超越的层面。这个不可超越的层面具有两个特征：一个是它必然存在；另一个是在它必然存在的基础上，它必然要被有限地超越。对人类的存在来说，这个不可超越的层面具有两方面作用：一方面正是因为它，人类的存在才能成立；另一方面也正是因为它，人类的存在才被加以区别。女性之所以是一种低级的存在，是因为她们的身体阻碍了她们的精神向更高方向发展。身体是一种处境还有更深的含义，人类的存在因为身体而被区分开来，那么这种由身体到精神的区分是否合理是值得怀疑的。西方传统的性别观念正是建立在身体之上而发展成身体与精神相联系的观念：身体虚弱的，精神也低级；身体强壮的，精神也高级。比如女性、老人和孩子由于受到自身体能的限制，他们也往往被视为他者；这样一来，由于女性比男性更多地受制于物种的局限性，所以她们的精神也被看作是有局限性的。波伏瓦认为这种否定身体、肯定精神的文化是一种应当被批判的文化，这种文化的悖论之处是：它处处否定身体，但它对人类的界定却恰恰是建立在身体之上的。既然人类因为身体而使得精神获得高低之分，那么人们就应当给予身体以应有的重视，但实际上却没有；既然精神的高低因为身体的强壮或瘦弱而分高低，那么否定身体，也就否定了精神。这种文化的悖论体现了人类思维的悖论性。这种悖论因为男性作为第一性（永远不会被界定的，而永远要去界定世界和他者的性别）的存在而化解了，男性是第一性意味着他跳出了三界之外，他是衡量的标准、真理的化身和亘古不变的永恒；他是这种悖论文化的制造者，却不受这种文化的制约。那么，谁是这种文化的被制约者？是除了作为永恒主体的男性之外的所有人和物。其实，根据波伏瓦的观点，这种作为永恒主体的男性也仍然不包括全部男性，而是只包括成年的、家长的、身体强健的男性，而未成年的、老年的、身体衰弱的男性则不包括在内。实际上，根据波伏瓦的认识，这种对永恒主体的男性的划分同样也是建立在身体之上，而非精神之上。因此，波伏瓦对身体的认识更深了一层：这个有形的、变化的物体与人的精神之间的联系绝不仅仅是基础与上层建筑之间的关系，而是被言说与言说、被界定与界定、被统治与统治的关系。波伏瓦要否定的正是身体与精神之间的这种既为因果又完全不对等的权力关系，对世界和人类的认识必须通过身体来进行，因为揭开文化的悖论性发现的正是形形色色的对那个被否定的身体的言说。进一步说，文化建构就是对身体言说的过程。因此，批判文化就要批判加诸在身体之上的各种各样的言说。身体是一种处境，它不仅是指身体是人类存在的基础，更是指身体本身就构成了文化。人类必须在这种由身体作为一种因素的文化中生存，身体是人类存在的物理环境，同时也是文化环境，这就是波伏瓦所谓的身体是一种处的深义。

在身体是一种处境的观念下，波伏瓦否定了恩格斯的唯物主义的经济论等单纯地从生物学的、精神的和经济的方面对女性的他者性进行源头性的定论，而坚持历史的和个人成长教育的观点：女性气质的形成是历史文化和个体教育理念造成的,归根结底是历史文化造成的。身体既是人类存在的物理环境,又是人类存在的文化环境,具有女性气质的身体是女性存在的处境,而具有男性气质的身体是男性存在的处境,在这里,身体与精神相关,直接指向人类的文明;反过来说,人类的文明直接作用于个人的身体,形成了关于性别气质的认知,这种对性别气质的认知体现在日常教育上——社会习俗对个体的身体潜移默化的塑造以及家庭、学校对未成年人的日常行为规范的灌输。

波伏瓦在《模糊性的道德》这一奠定了她的模糊哲学的重要著作中主张每个个体之间互为处境,每一个经由文明塑造的身体之间互为处境,这就赋予了处境的普遍性,它不会只在某一个性别之间存在,而是在每一个个体之间存在着。这也就赋予了身体这一既是物理又是文化的存在以普遍性,身体这个文明塑造的产品不会只在某一个性别中独有,而是在每一个个体之间共有。身体是一种处境这一观念首先针对的是个体,然后针对的才是个体与个体之间。因此,女性首先必须是一个人,一个独立的个体,而不是物,"只有当他者面对自身在场时,才有他者的在场:就是说,真正的他性是与自我意识分离、又与之同一的意识的他性"①。身体是一种处境的观念体现了波伏瓦对他者的解构,尤其是对女性作为他者的解构。这个解构的过程必然包含了对男权文化的批判。只有从处境、个体、文化这三个角度出发,我们才能理解波伏瓦为何总是对个体历史的叙述如此着迷。她创作了卷帙浩繁的四部自传,还书写了老年人的处境,叙述了她母亲临终前一个多月病中的日子和萨特最后十年渐渐衰废下去的身体状况,这些都源于她对处境、个体和文化的特殊理解。比较波伏瓦对女性、老人身体的描述,我们发现他们作为他者在身体上的共同点:女性和老人都拥有一个不受自己主宰的身体,他们的身体作为他者的标志具有一些共同的话语,这些共同的话语表明了他者(首先是身体的他者)是一套话语系统,每一个被视为他者的人或物都被控制在那套话语系统中。从童年的培养开始,社会和教育就要求小女孩顺从、乖巧,男孩子可以玩枪、耍剑,女孩子只能玩布娃娃。女孩子被要求去讨好别人,她们必须听命于父母和丈夫,当人到中年时,她们仍然要顺从社会对她们的规范,要时时表现自己的女性气质。

在《第二性》和《暮年》中,波伏瓦都特意提到老年人十分在意来自他人审视的目光的心理。这里的老年人不仅包括女性也包括男性。目光

---

① [法]波伏瓦:《第二性Ⅱ》,郑克鲁译,上海译文出版社2011年版,第199页。

是萨特存在主义哲学中一个比较重要的词,他人的目光能让自我变成他人的客体,在目光审视之下,审视者对被审视者进行以自我为中心的揣度,被审视者成为他人。他人是"为我的对象"①,当人步入老年时,他们不得不从对他人审视变成被他人审视的对象,这是一个艰难的转换过程,但转换是必然的。"无论我们是否愿意,我们最后还是要屈服于外界的观点"②,屈服于外界的观点之后的结果是什么?就是《第二性》中那个装腔作势的人,成为一个为我的对象。当他们在家庭中居于权威地位时,对于孩子和老人来说,他们是绝对主体;当他们的孩子慢慢长大并逐渐成为家庭的经济支柱时,他们变得衰老,他们必须面对一个绝对的主体(他们已经长大的孩子),而他们将渐渐退却到一个他者的位置上。从外界的眼光中,他们发现自己成了老人,但他们一开始并不愿意承认这个事实,"他发现要保持他曾经的权威和承认渐渐变成负担的事实是很困难的"③,从主体退却到客体的位置上,对于曾经的主体来说,这是一个艰难的过程,"'放弃'并不容易"④。但这个问题最后也将得到解决,波伏瓦说当女儿渐渐长大并威胁到母亲的年纪时,"她们后来的关系将受到她们解决危机方法的深刻影响"⑤。而按照传统文化的要求,问题得到解决的最终结果就是老年人承认自己在社会和家庭中的他者性。而这种他者性将很深刻地表现在他们的身体上。

疾病和死亡是造成老年人身体上的他者性的主要原因。老年人不能控制自己身体各部分的正常运行,他们的身体是虚弱的、无助的、需要照顾和保护的,"当他七十岁时,尤汉德自责地说:'几乎一个世纪以来,我一直坚持保持在二十岁上。时间让我交出这个不公正的要求。'"⑥ 衰老的身体成为他们自身意志的障碍,因为身体的局限性,他们将无法超越之,"在保证我们不变的品质这个明确而清晰的内心感觉与我们转换的客观实在之间存在无法解决的矛盾"⑦,当他们确定了自己就是别人目光中的那个对象时,他们内在的感觉必然根据别人的目光发生变化。他们虚弱的身体,必然带来精神也是虚弱的、低下的、需要引导的认知,至少在老年人

---

① [法]萨特:《存在与虚无》,陈宣良等译,生活·读书·新知三联书店2007年版,第322页。引文中的重点符号为原文所有——本书注。
② Simone de Beauvoir, *La Vieillesse*, Paris: Gallimard, 1970, p. 319.
③ Ibid., p. 523.
④ Ibid., p. 319.
⑤ Ibid., p. 523.
⑥ Ibid., p. 319.
⑦ Ibid..

看来别人就是这样看他们的,他们自己也承认:"我们不再有这样的幻想。我们知道这个社会在高速发展,我们不知道什么样的社会主义或技术主义或野蛮主义终将结束。但是我们确信人类的未来将跟我们的不一样。……想象一下,即使他们获得了我们的信息,我们仍然无法预见他们将如何揭开或以什么样的依据揭开它;无论如何,一幅画或一本小说对我们这个时代的人和未来世纪的人来说,意义将是不同的。"① 因为时代的变迁,老年人必须接受来自更年轻一代人的挑战,也必须接受来自后来人的话语叙述的权威的压迫。波伏瓦对她母亲临终的生活记录就是年轻一代对老年人的叙述,这种叙述中包含了对老年人权力挑战的成分。

波伏瓦叙述了一个对生活无限向往、对死亡恐惧的母亲,死亡是老年人的终结之地。在波伏瓦看来,她的父亲在第二次世界大战的贫困中死去,死亡对她来说没什么可怕的,但是在目睹了母亲的死亡之后,她认识到了自己的死亡。从病中的母亲身上,波伏瓦发现了一个曾经在命运和孩子面前不可一世的统治者变成了屈服于自己疾病中的肉体的可怜者,前后变化的根本原因是疾病。当母亲风风火火地经营着自己的生活时,她的身体是健康的;当她无法自理,只能求助于别人时,她再也不能统治自己的命运之神了。在《安详辞世》中,波伏瓦有意进行了对比,当她的母亲身体健康时,虽然父亲已去,但她仍然能够沉浸在自己经营的丰富的生活中:

> 我的父亲没有留给她一分钱,她已五十四岁了。她参加了学程,通过了考试,获得了一份证书,这使她在红十字会获得一个做图书管理员助理的工作。她重新学骑自行车,上班就骑着自行车去。战后,她曾想在家里做制衣的活。那时候我已能帮上她了。但是休闲让她不适应。她迫切想按照自己的方式生活,最后她给自己找到了一大堆的活动。她在巴黎外一所观察疗养院的图书馆做义工,后来这家图书馆成了她居住地旁边的一个天主教社团的附属图书馆。她喜欢分发、包捆和整理图书,喜欢管理单子、给读者建议等。她学习德语和意大利语,并继续她的英语学习。她在道卡斯聚会上做刺绣,参加慈善义卖,听讲座。她结交了一大帮朋友:她也与那些因为父亲的坏脾气而断交的熟人和亲戚们重新建立起了联系,她很高兴地把他们招呼进她的小社团里。最后,她能实现她最长久渴望的了——旅游。……近几

---

① Simone de Beauvoir, *La Vieillesse*, Paris: Gallimard, 1970, p.454.

年，她几乎不能正常活动，放弃了走向大自然。但是，当朋友和远亲邀请她离开巴黎或去乡下时，什么都不能阻止她：她会毫不犹豫地让警卫把她举到火车上去。她最开心的就是驾车旅行。就是不久前，她伟大的外甥女卡特琳娜带她去了梅里尼亚克，在非常缓慢的小雪铁龙里夜间驱车接近三百英里。她从汽车里爬出来时活跃得就像一朵花儿。①

身体健康时的母亲就是这样一位独立的母亲。然而很难想象，这样一位主宰自己命运的母亲在疾病中能完全放弃一切，包括要强之心和羞耻之心。紧接着这段话，波伏瓦笔锋一转，叙述了病中的母亲，医生来到她的病床前，她的睡衣敞开了，光秃的小腹露了出来，"'我不再有什么羞耻感了，'她以一种奇怪的声音说道"②。波伏瓦在《第二性》中说："一般来说，当上了年纪的女人放弃斗争，濒临死亡使她摆脱了未来的焦虑，已近风烛残年时，她找到了宁静。"③ 波伏瓦病中的母亲颇为符合这一点：她任医生摆布，没有兴趣关心自己的形象。如果说身体是一种处境，那么，身体上的疾病和对身体的消灭——死亡也都是一种处境，缓慢死亡的身体是人类无法摆脱的处境，在死亡面前，不再有性别等级之分。如果说老年女人的智慧是对过往依赖生活的反抗，那么，老年男人的智慧又是怎样的呢？作为曾经是绝对主体的人，面对渐渐衰老的身体，他们是如何面对自己的处境的？《永别的仪式》里，波伏瓦记录了萨特晚年的生活，从中我们会发现：面对衰老和死亡，性别已不再重要，他们都是这个社会中主体的他者，他者性才是他们最大的特点。晚年的萨特身体出现很难堪的症状：小便失禁，这是大脑意志无法控制身体的表现，最后一两年他走路都很困难，晚年的萨特非常强烈地受控于自己的身体，他自己不得不承认自己这种处境："事实上我还没有死；我能吃也能喝。但就我的文学工作已完结而言，我已经死了。"④

米歇尔·福柯认为话语与权力之间具有这样一种关系："实际上，使肉体、举止、话语和欲望被认定和建构为个人，这正是权力的最初结果之

---

① Simone de Beauvoir, *Une Mort Très Douce*, Paris: Gallimard, 1964, pp. 24–26.
② Ibid., p. 27.
③ ［法］波伏瓦：《第二性Ⅱ》，郑克鲁译，上海译文出版社 2011 年版，第 439 页。
④ 黄忠晶：《萨特传》，百花洲文艺出版社 1996 年版，第 75 页。

一。"① 言说是言说者投射权力的方式，叙述也是叙述者投射权力的方式，母亲和萨特是波伏瓦最亲近的两个人，同时，也是与其关系最复杂的两个人：波伏瓦与母亲的关系一直处于疏远状态中，她与萨特的关系也为更多人解读。很难说，在面对生命中与自己牵绊最深的两个人的老去时，波伏瓦从传记者忠实于事实的角度出发的理性有多大的力量能够保持她的情感的适度释放，但是我们的确看到在《安详辞世》和《永别的仪式》中波伏瓦对事实记录是如此详细。埃莱娜·马克思（Elaine Marks）把波伏瓦能够保持住这种高度的理性看作是波伏瓦对母亲和萨特的超越，埃莱娜认为波伏瓦用叙述的方式把自己作为叙述者的言说的权力投射在作为客体对象的母亲和萨特身上，描叙他们对自己身体的失控，实际上，波伏瓦把自己放置在揭示真理的位置上，当萨特用谎言掩盖自己小便失禁的事实时，波伏瓦"当着萨特的面，再次打破了沉默（好像萨特不知道），好像他是一个孩子，而她，是她的母亲：'你小便失禁了。你应当去看医生。'"② 按照埃莱娜的说法，因为母亲和萨特身体上的变化，波伏瓦充当了母亲这个既是照顾者又是权威的角色。但是，这个观点无疑沿用了波伏瓦一直批判的由身体的强弱直接导出精神强弱的西方传统观念。如果说作为叙述者的波伏瓦使用了自己的权力，那么，这种叙述的权力同样也可以用来叙述自己，而波伏瓦在回忆录《清算已毕》中也的确把这种叙述的权力用在了自己身上，这就在某种程度上消解了波伏瓦加诸母亲和萨特身上的叙述权力。当波伏瓦在1964年《安详辞世》中面对母亲的死亡触动颇大时，在1972年《清算已毕》中，她已经对死亡释怀了，她说："我不再像以往那样在乎死亡。我面对死亡不再像年轻时那样强烈地感受到缠绕不去的焦虑。我也不再与它抗争。"③ 这样的文字与《第二性》中对老年人的评价何其相似，与萨特晚年对自己身体的无可奈何以致无动于衷何其相似。身体是人类的处境，而对于老年人来说，这种处境尤其无法超越。

无法超越的身体处境并不是老年人成为他者的原因。老年人之所以被看作是这个社会的负担，被看作是这个社会的他者，是我们的文明制造的结果，而不是因为老年人无法自我主宰的身体。从女性到老年人，虽然关注的对象发生了变化，但波伏瓦的文化批判的立场没有变。

---

① Michel Foucault, *Foucault live*: (*interviews, 1961 – 1984*), trans. Lysa Hochroth and John Johnston, New York: Semiotext (e), 1996, p. 210.
② Elaine Marks, "Transgressing the (In) cont (in) nent Boundaries: The Body in Decline," in *Yale French Studies*, Vol. 72, 1986, p. 196.
③ [法] 波伏瓦：《清算已毕》，陈际阳等译，江苏人民出版社1992年版，第45页。

第二节 波伏瓦之前的女性观

从世界历史来看，女性作为社会第二性别身份的问题开始受到关注和研究是从欧洲的启蒙运动真正开始的，而波伏瓦的《第二性》研究的主要对象即是法国大革命以来的女性。这不是巧合，因为从18世纪开始，才真正出现了一批女性活动家、政治家和作家，并且她们才真正地对自己的社会身份问题产生了兴趣，二百多年来，这个问题一直萦绕在每一个对之感兴趣的人的脑海里。女性为什么是他者？他者意味着边缘、异己和次等，也意味着野蛮和愚昧，总之，他者就是一切异于主体的、自我的东西。玛丽·沃斯通克拉夫特对社会和家庭教育提出质疑，约翰·斯图尔特·穆勒（John Stuart Mill, 1806—1873）对社会体系的建构机制提出质疑，恩格斯的历史唯物论给出了私有制决定了男权制的胜利的理由等。波伏瓦在批判的基础上整合了以往思考女性问题比较合理的观点，在《第二性》中，她用马克思主义的阶级斗争和存在主义的存在先于本质的思想在女性问题上提出了自己的新观点。

《女权辩护》一书揭露国民教育是推动性别歧视的权力机构，而家庭则是直接实施这种歧视的权力教育的最小单元，母亲则是直接的实施人。实际上，从小灌输给女孩子作为次等人的教育不是一个家庭或一个国家的行为，而是大多数人类文明所采取的手段。被灌输了低人一等的偏见并接受了此偏见的女孩子在她们长大成人，成为母亲之后，她们也会把这种偏见再灌输给她们的女儿。性别歧视伴随着人类文明的发展直到18世纪末才被撩开了面纱的一角。《女权辩护》通篇针对卢梭对女性的偏见。对卢梭的无情批判，即是对资产阶级虚伪的人道主义的批判。玛丽·沃斯通克拉夫特从天赋人权的基本理念出发，认为男女两性的知识在性质上也应该是相同的，即使在程度上不相等；女人不仅应该被看作是有道德的人，而且应该被看作是有理性的人，她们应该采取和男人一样的方法，努力取得人类的美德。玛丽还认为由于女性在体力上弱于男人，再加上女性的无知，这些造成了女性看上去是懦弱的、愚昧的形象，导致男性对女性的歧视，因此必须建立两性在品质、道德、伦理等方面的正确知识。获得正确知识的方法，不是依赖男性制造的知识，而是要女性运用自己的理性（女性和男性一样是有理性的），要改变依赖他人、懦弱无知、胆小怕事等弱点，同时要锻炼出健康的体魄，因为身体的健康和人格的健康同样重要。儿童期，性别不是他们首要感知的对象，这说明了性别歧视不可能在儿童期出现，除非外界强加灌输性别偏见，如果在儿童期或以后的生命期，他们接受了性别偏见观念，那一定是后天习得的，而不是先天就有的。因此接下来要弄清楚的问题就是性别偏见是如何习得的。

波伏瓦同玛丽·沃斯通克拉夫特一样发现了家庭教育所扮演的重要角色。长辈告诉男孩子如何做才是个真正的男子汉，比如有泪不轻弹。而女孩子只有流泪才能体现她的女孩子身份。在男孩子与女孩子的成长期，男孩子被灌输的教育是优等性别的教育，而女孩子被灌输的则是劣等性别教育。接受大人的观点的男孩子和女孩子出现了分化，男孩子表现出男子气概，因为他觉得自己是优等的，当他被灌输自己的优等性别观念时，他会刻意表现出男子气概。同样，对于女孩子来说，她得表现出软弱、爱哭、喜欢照镜子打扮、娇滴滴等气质，才会被大人赞赏，为了被长辈赞赏，她就得表现得如长辈告诉她们的一样来做一个女孩子。接下来就是男孩子和女孩子分别将长辈的教育内在化并自觉要求自己的问题了。当男孩子和女孩子习惯了男性气质和女性气质并认为它们是自然的时，性别偏见就在他们的意识里扎根，并被同样认为是自然的，再没有比这更坏的结果了。家庭教育在此时完成了一次使命，而接力赛一样的家庭教育还会继续，直到人类自觉认为男子气概和女子气质都是不自然的，都是被社会塑造的时，人类才会发现自由不仅是政治上的自由，而且更是自由地规划自己的人生的自由。既然家庭教育的目的完成了，那接下来重要的是长大成人的男孩子和女孩子如何执行的过程了。而优等性别的男性，他们从他们的优等性别中获得了比天赋权利更多的权利，这自然是每个女性都渴望获得的，但她们劣等的性别让她们囿于自己的身体，她们无法超越自己的内在性。波伏瓦详细讨论的正是女性囿于自己的内在性的表现，而波伏瓦揭示这些表现的详细内容在于说明女性如何自己把自己置于那个由社会事先挖好的洞穴里面而不能自拔，即女性如何充当了社会选择她们作为劣等性别这一选择的帮凶和凶手。帮凶是指她们同社会一道推自己入劣等性别之列，凶手是指她们继续用社会规范她们的规则去规范她们的下一代。自己接受社会规范的女性既是社会规范的受害者也是社会规范的帮凶和幕僚，甚至是直接的施害者。逃出社会规范的唯一选择就是不按照社会规范的要求去做，用波伏瓦的意思来说就是女性不要做"闺中淑女"。既然大部分的女性选择了做"闺中淑女"，波伏瓦要做的就是揭示出她们是怎么选择的，选择后如何——她们得到了什么又失去了什么。选择只有两种，要么做一个绝对的他者，这是社会所要求和期望的，要么把他人置于绝对的他者地位上，对于女性来说，这是被社会所禁止的。而自我和他人互为他者，这是一种理想的社会关系，也是波伏瓦所认可的一种人与人之间的理性关系，这不仅仅限制在男性与女性之间，所有的人类关系甚至包括人类与自然的关系都应该是一种互为他者的关系。

约翰·斯图尔特·穆勒（John Stuart Mill）是从社会习俗、法律等角度揭示女性低劣地位较早的一位思想家，他的《妇女的屈从地位》在揭示女性地位低下这一现象并且分析这一现象形成的原因方面做出突出的成就。他比较全面地揭示出女性受压迫的原因，不仅是家庭和社会教育的结果，也是偏袒男性的法律、制度不可能真正为女性利益着想的结果，还是社会习俗、陋习、偏见所致，更是由于女性没有工作权、财产权所致。女性的工作权和财产权是马克思主义女性主义首要关注的目标，穆勒认为女性之所以没有工作权、财产权，是因为没有保护女性的法律和制度存在。因此穆勒指出的女性的低下地位是一系列能导致连锁反应的力量所带来的，并且他指出不利于性别平等的习俗和制度是必须被破除的，只有这样，包括女性的经济地位在内的其他方面的地位才能得到提高。

《妇女的屈从地位》共分四章，第一章指出习俗对女性地位的影响，"妇女从属于男人是个普遍的习惯，任何背离这种习惯就自然地显得不自然"①。第二章指出国家法律对女性低下地位的巩固作用，穆勒指出："妻子是丈夫实际上捆绑的仆人，就法律义务而言，不比通常称作奴隶的好些……在绝大多数情况下是达不成和解的：因为一切权益、一切财产以及一切行动自由被完全合并。为了推论出她的一切就是他的，夫妻二人被称为'法律上的一个人'，但是永不会做出平行的推论，他的一切都是她的。"②第三章穆勒指出女性没有工作权，因为她们没有职业而导致经济方面的劣势，这影响了她们地位的提高。对于职业来说，穆勒指出了很多针对女性不适合从事某些职业的偏见，认为一切规定谁适合于什么职业都是为一定利益集团服务的，法律、法规规定女性不适合工作，这同样是为男性集团利益着想的，他坚持这一点："我认为，坚持她们在家庭之外无资格的说法只是为了保持她们在家庭生活中的从属地位，因为一般的男性尚不能容忍同一个平等的人生活在一起这个观念。如果不是为了这个缘故，我想，在现有的政治和政治经济的舆论状态下，几乎人人都承认排除

---

① ［英］约翰·斯图尔特·穆勒：《妇女的屈从地位》，汪溪译，商务印书馆1995年版，第266页。
② 同上书，第283页。

人类的一半于多数赚钱的职业和几乎所有高级社会职务之外是不公正的。"① 第四章穆勒从更高的视点指出破除对女性的偏见和压迫对于整个人类来说意义是多么巨大，他让我们超出善恶、暂时的利益得失的计较，从人类最终的自由、公平和公正出发。他指出，停止对女性的奴役，不单女性从中获益，男性也从中获益，而且整个人类也从中获益，这不再是利益的重新分配，而是利益永远不必再分配，因为人人都从中获得了益处，穆勒写道："其利益就在于，由于由公正而不是不公正的调整，整个人类关系将得到最普遍最普及的整顿。人类天性从中得到的巨大利益，不大可能用什么解释或说明，使那些把道德含义赋予言辞的人看得比一纸声明更清楚。人类中存在的一切自私自利、自我崇拜、不公正的自我偏爱，根源在于男人和女人之间的关系的现行制度，并从中得到主要的营养。"②

政治和经济方面的改革是女性地位改变的出路，这是马克思主义女性主义，也是后来由马克思主义女性主义衍生而来的社会主义女性主义所坚持的女性解放的首要目标和最终途径。穆勒有关女性命运改变的观念符合马克思主义女性主义的思想。写作《妇女的屈从地位》一书的穆勒是马克思主义女性主义思想的一位重要的代言人，因此他提出的有关女性经济方面的一些现象和现象形成的原因以及他提出的解决办法尤为值得我们重视。穆勒认为女性在职业等经济方面的缺失是社会习俗、法律法规所导致的，他提出一个"力陈者"③的角色。"力陈者"是习俗、法律法规的代言人，是女性突破一切障碍的阻碍。相比女性的经济力量来说，政治力量更重要，因为女性是否能突破"力陈者"所言说的那种种障碍的关键首先不是经济力量，而是革命习俗、法律的力量。穆勒陈述了以下几种阻碍女性从事职业的障碍：首先是一般男性"不能容忍同一个平等的人生活在一起"④。其次是女性没有选举权，从而也就掌握不了保障自我权益的有效而有力的途径，穆勒指出："妇女要求选举权就是为了保证她们得到公正平等的考虑。"⑤ 再次是社会偏见认为女性存在心理上的缺陷，这些缺陷使得女性不适合从事男性所从事的工作，但穆勒为此辩护："所谓存在于男人和女人之间的智力差别，不过是他们在教育和环境上的差异的自

---

① [英] 约翰·斯图尔特·穆勒：《妇女的屈从地位》，汪溪译，商务印书馆1995年版，第301页。
② 同上书，第331页。
③ 同上书，第302页。
④ 同上书，第301页。
⑤ 同上书，第304页。

然结果,并不表明天性上的根本差别,更不必说极端低劣了。"① 实际上,男性和女性智力上的差别的非本质性早已被女性主义论争和论证过,之所以千百年来女性在智力上低于男性的谬论能够成立完全是生理决定论造成的。生理决定论把女性体力上不及男性的现象加诸智力上就形成了女性智力天生不如男性的谬论。穆勒提出女性智力不如男性的现象是教育和环境的结果的观点,既继承了玛丽·沃斯通克拉夫特关于女性教育论的观念,也与波伏瓦的女性处境论相似。对于波伏瓦的处境论,精神分析和经济分析都不能完全分析女性受压迫的命运,教育仅仅是一个方面,当然也是一个非常重要的方面,环境或习俗的偏见也是一个非常重要的原因。但在波伏瓦看来,关键的原因还是女性的意志没有向自由的领域敞开,是女性自己选择了自己受压迫的环境并自愿维持这种现状,这才是导致女性地位低劣的最根本原因。因此对于波伏瓦的存在主义女性主义来说,教育和社会环境是她要接受、论辩、揭露并批判的两个重要对象,但更重要的对象则是女性自身——意志、意识。如果女性甘愿选择为奴隶,那么,任何对她施加的拯救力量都无济于事。如果女性的自由意志让她倾向于选择一种选择与承担的生活,那么外界的一切都会成为她前进路上的推动力,即使是阻力,也最终会通过自我的努力而变成推动力,而这一切都取决于女性自我意志的决断。

恩格斯《家庭、私有制和国家的起源》中的母系社会的观念来自人类学家托马斯·亨特·摩尔根(Thomas Hunt Morgan)。摩尔根认为母系社会向父权社会的"转变的方法是简单及自然的,只要是需要这种转变的动机是普遍的、紧急的、和带支配性的。如果这一转移,是在一定的时期及预先共同的决断来实行,那末,在转移上所唯一需要的,只要大家同意,让现在氏族内所有的成员仍然保留为氏族的成员,只是在将来其父亲属于这一氏族者,其子女才属于这一氏族,而采用氏族姓,至于氏族的女性成员的子女,则被除外"。② 恩格斯分析这种和平转变背后的原因是男性支配的作用,男性为保存和继承他们姓氏的财产,"历史的决定要素,归根结底,乃是直接生活底生产与再生产。不过,生产本身又是两重性的:一方面是生活资料食、衣、住及为此所必需的工具底生产;另一方面是人类自身底生产,即种的繁衍。一定历史时代及一定地区内的人们生活

---

① [英]约翰·斯图尔特·穆勒:《妇女的屈从地位》,汪溪译,商务印书馆1995年版,第304页。
② [美]摩尔根:《古代社会》,杨东莼、张栗原、冯汉骥译,商务印书馆1971年版,第591—592页。

于其下的社会制度,是由两种生产所制约的:即一方面是劳动底发展阶段,另一方面是家庭底发展阶段。劳动愈不发展,其生产品的数量、从而社会底财富愈有限制,则血统纽结对于社会制度底支配影响便显得愈强烈"①。恩格斯把经济发展看作是社会结构大调整的根本原因,经济是"女性具有世界历史意义的失败"②的根本原因。"从前保证妇女在家庭中占统治地位的同一原因——妇女只限于从事家务劳动——现在却保证男子在家中占统治地位;妇女的家庭劳动同男子谋取生活资料的劳动比较起来已经失去了意义——男子的劳动就是一切,妇女的劳动是无足轻重的附属品。"③

波伏瓦认为恩格斯的理论比起生物学和精神分析学对女性问题的考察向前推进了一步,但波伏瓦认为:"历史唯物主义将必须解释的事实看作被赋予的:它不加以讨论便提出将人与私有制相连的利益联系;但这种利益作为社会机构的根源,本身的根源又在哪里呢?"④ 波伏瓦从个体参与的角度认为只有个体渴望他对外界的支配他才能去实现支配世界的愿望,私有制这个问题涉及整个人类,而不仅仅是抽象的经济人,"恩格斯的观点的不足很明显……他没有看到女人劳动能力的局限本身,只是从某种角度看才构成具体的不利"⑤。

波伏瓦从对存在主义具体的人当代的生存处境的关注出发,认为在任何历史条件下,人的意志和由人的意志所带来的选择才是导致一切发生的根本原因。因此,她认为虽然私有制的经济模式已经出现,但这种经济模式的出现必定与人发生密切联系。而且她还认为是人的行动导致了这种经济模式的出现,而不是经济模式导致了人的行动必定会出现。在私有制出现之前,人的贪欲、控制欲带来了人对他人所有权的剥夺,这才导致了私有制的出现。而私有制的出现则加剧了人的贪欲、控制欲和人对他人的权利的剥夺。

波伏瓦虽然不赞同经济论的观点,但她对马克思恩格斯的政治革命的主张,对社会主义仍然抱有希望。波伏瓦认为女性的命运是与社会主义紧密相连的,她把女性命运的改变同社会主义国家里无产阶级的革命联系起

---

① [德]恩格斯:《家庭、私有制和国家的起源》,张仲实译,人民出版社1954年版,第5—6页。
② 《马克思恩格斯选集》第四卷,人民出版社1972年版,第52页。
③ 同上书,第158页。
④ [法]波伏瓦:《第二性Ⅰ》,郑克鲁译,上海译文出版社2011年版,第79页。
⑤ 同上书,第80页。

来。虽然波伏瓦从存在主义立场出发对女性命运做出了一番不同于政治经济革命的新见解，但对于通过社会革命的方式达到女性彻底的自由和解放这一途径她也从来没有从根本上否定，甚至她还带有一些欣赏的眼光去关注女性与社会革命的命题。

社会主义社会中的女性，作为当时女性未来状况的代表者对于波伏瓦来说也是一种诱惑，或者说是一种欣然向往的理想状态。这一方面可以解释成波伏瓦对社会主义社会中的女性的处境尤其关注的原因，比如她对中国女性和苏联女性的关注；另一方面也可以解释成波伏瓦在政治立场上同情、关注，并在某种程度上支持社会主义国家的原因，比如她于1956年到过中国两个月并对中国进行了全面、翔实而谨慎的考察，回国后很快写就《长征》一书。此书使西方世界民众对新中国的看法有了很大的改观，她让受西方资本主义阵营封锁的社会主义中国的新面貌尽可能真实地展现出来，对新中国国际声誉的提高起到了一定的作用。《长征》描写了中国女性工人参与国家建设的热情，中国女性不再囿于家庭，而是从小家庭中融入集体大家庭。但是社会主义国家的女性仍然要从事免费的家务劳动。

如果仅从经济方面解释女性的从属地位，在波伏瓦看来，这是远远不够的。也就是说，让女人从事劳动工作这一条还远远不够，尽管女性必须参加工作。因为只有通过有偿劳动，女性才能自己供养自己，而不是做男人的寄生虫。然而，如果有人认为只要女性参加了工作，女性就会获得解放，这种观点同样是不正确的，因为这种观点从根本上忽略了女性的特殊处境。波伏瓦认为："为她要求一切权利，要求一切一般意义的人所拥有的机会，并不意味着应该对她的特殊处境视而不见。"[1]

波伏瓦的观点与玛丽·沃斯通克拉夫特和穆勒的观点同中有异，重点还在于异。正如波伏瓦在《第二性》第一部分中努力表明的那样，她既不与生物学的观念相同，也不与马克思恩格斯的唯物论相同，更不与弗洛伊德的精神分析相同。波伏瓦要表达的是独有的看法，是存在主义的观念用来分析女性问题的独特视角，以及从这种独特视角所观察到的独特的领域。女性的存在有一系列既定的处境，像生物学的观念、经济学的观念、精神分析的观念或是社会习俗和教育的观念都过分夸大了某一种因素，女性从属地位的真正原因是她们的处境从古到今始终没有改变。

---

[1] ［法］波伏瓦：《第二性Ⅰ》，郑克鲁译，上海译文出版社2011年版，第82页。

第三节　他者的存在论

从历史维度看，20世纪中期的波伏瓦思考女性问题的角度迥异于前人，女性问题不是单纯为女性的问题，正如反犹太主义不是犹太人的问题，女性的问题也是男性的问题。但毕竟女性是女性问题的承担者，现在发生在她们身上的一切都必然与那些曾经或一直与她们发生关系的种种因素密不可分。在女性问题上，教育问题、社会舆论问题、法律问题、就业问题、家庭问题、经济问题、精神心理问题等都被提出研究过。同样的问题，波伏瓦还能从什么样的新角度认识呢？这个新角度就是存在主义。

存在论是对波伏瓦在《第二性》中论述问题角度的一种概括，它总体上指女性的现实状况，比如承担绝大部分的家务劳动、职业上的不利条件，还比如来自社会的针对女性的种种特殊看法，这些都是历史上和当今女性被迫面对的问题。这些问题与女性社会地位较低有密切的关系，但它们不是导致女性地位低下的必然原因。波伏瓦称它们为女性必须面对的存在，却不认为是它们导致了女性社会地位的低下。因为这些问题不是不可以改变的，它们有改变的可能性，改变的动力来自女性本身。面对如此的存在，女性去自由地选择才是最重要的，比如不去承担如此繁重的家务劳动，有意识地去参与能创造价值的社会工作，敢于与社会上的种种偏见作斗争等。存在论之所以与教育论、社会习俗论、经济论等方法不同，正在于它把那些看似既定的教育、习俗和职业对女性的劣势影响看作是可以改变的，而且它把女性自身的因素放在中心，注重女性自身精神状态的提升和改变，因为只有女性自身主动去要求自由并自由地去行动了，才是改变女性命运的根本途径。如果说，教育论、社会习俗论和经济论关注的是女性外部空间，而存在论则关注女性的内部空间，它们之间不存在谁排斥谁的问题，也不存在孰优孰劣的问题。没有外部空间的松动，女性也不可能发现更多的行动可能性；没有自身精神的提升，女性也不可能去抓住外部机遇开拓空间，因此，它们之间是相辅相成、相互促进的关系，只有两者结合起来，才能产生最佳的效果。

无论是波伏瓦青春期记录的日记，还是她早期的创作，或者是中晚期的回忆录和一些访谈，都鲜明地显示了波伏瓦从认识到自己性别的社会处境到以女性人物为主人公以至参与到20世纪70年代的女性主义运动中，她所进行的与自身有关问题的思考的连续性和深入性。波伏瓦说自己在存在主义的哲学道路上始终不能同萨特的自由观念相一致。她的存在主义的核心概念是"处境"而不是"自由",波伏瓦对女性问题的思考恰恰就是在对其处境的伦理的理解上进行的。也就是说,正是由于她与萨特在"处境"与"自由"问题上的不同思考,使得波伏瓦走上了一条与萨特的思考方式不同的哲学道路,而女性主义集中而鲜明地体现了波伏瓦的思想独立于萨特之处。在波伏瓦与萨特的思想差异方面,许多学者作过分析,有人总结为,波伏瓦认为"在萨特的作品中,他不能在虚假信念和真实的压迫之间进行区分,这样,他就无法意识到具体的环境怎样阻止人们理解他在哲学中加以赞颂的自由、选择和责任。在他发现虚假信念的地方,她自己发现了超越人们控制的不公平的关系。在他发现个人决定的地方,她发现政治的处境。逐渐地,在她整个人生过程中,这种对不平等的关注引导她坚持她所主张的哲学必须建立在真实生活的斗争的基础上……"[1]在女性主义方面,波伏瓦对真实生活的坚持建立在对女性是他者这一发现上,她关于女性问题的所有论述和阐释,她关于女性社会地位的提高进行的所有的实践斗争都是建立在女性如何摆脱他者成为一个真正的主体这一目标之上的。不论是在《第二性》中对女性是他者这一命题所作的哲学的分析和伦理批判还是后来的20世纪70年代的政治实践,波伏瓦所坚持的立场始终都没有离开从真实的现实处境出发这个根本。

波伏瓦早期著作《第二性》和中晚期的社会实践——为阿尔及利亚女孩贾米拉·布帕查的案子出庭辩护,并与该女孩的律师吉杰米·哈里米把该案写成书以便让大众了解与案情有关的更多的真相,20世纪70年代波伏瓦领导并参与了一系列为女性争取权利的斗争,比如堕胎权和生育权等。波伏瓦把阿尔及利亚战争(1954—1962)称为"一个人的悲剧"[2],因为她意识到"她正是那个她所鄙视的那个以中产阶级、资产阶级价值为社会核心价值的法国文化的产品"[3],她当时所拥有的社会影响力和她所坚持的文化立场都让她不能忽视正在遭受本民族文化戕害的殖民地人民,而她要反对的还不仅仅是法国军队在阿尔及利亚的残暴,更要反对法国国内占大多数的中产阶级的价值观,她是这个民族、文化的产物之一,

---

[1] *Simone de Beauvoir's Political Thinking*, eds. Lori Jo Marso and Patricia Moynagh, Urbana and Chicago: University of Illinois Press, 2006, p. 110.

[2] Julien Murphy, "Beauvoir and the Algerian War: Toward A Postcolonial Ethics," in *Simons*, 1995, pp. 263 – 297.

[3] *Simone de Beauvoir's Political Thinking*, eds. Lori Jo Marso and Patricia Moynagh, Urbana and Chicago: University of Illinois Press, 2006, p. 109.

她要挖掘法国以中产阶级、大资产阶级的价值观为核心价值的社会文化的伪善、残暴和冷酷的一面。毋庸置疑，20世纪60年代初波伏瓦在法国国内的文化地位已经巩固，而她也被看作是法兰西文化的代表，就是这样一个由法兰西文化培育出来的文化人要批判培育她的文化，这不仅需要勇气，更需要判断力，波伏瓦使用的方法就是行动。

贾米拉·布帕查是一个21岁的阿尔及利亚女孩，她是阿尔及利亚民族解放阵线的成员。穆斯林世界的女孩被禁止获得文凭，她们也被剥夺了进一步接受教育的权利。布帕查是解放阵线的成员，为了反对这样的禁令，她参加了一系列煽动性活动，包括偷运药品物资，搜集情报，把解放阵线的成员藏匿在家中等。然后，法国军队逮捕了她，给出的理由是她在一所大学的餐馆里放置了炸弹，炸弹在未引爆之前被人拆除。她被关押在一所军事监狱里。在三十三天的时间里，她遭到了非人的虐待：被电击，被烟头烫，被强奸，被窒息，被击打，被吊在竿子上浸泡在水缸里，她就像一只"被猎杀的牝鹿"[①]，而且经常被浸泡。在非人的虐待下，她同意在"所有她承认的记录中签下了字"[②]。由于她是被逼承认那些自己没有犯过的罪状，在获得外界的帮助时，她否认自己放置过炸弹一事，并坚持说以前的供状是自己在强迫之下做出的，而且有那所大学餐馆里的两名服务生为她出庭做证，证明她没有放置炸弹，更有律师吉杰米·哈里米为她做辩护律师，还有波伏瓦为她申辩，最后她被无罪释放。

在《贾米拉·布帕查》一书中，"波伏瓦用政治行动和伦理观念展示了采取立场的必要性"[③]。而且波伏瓦对于法国士兵对阿尔及利亚反抗殖民统治的人民中的一名年轻女孩所实施的虐待一事集中展现了她的立场：伦理的视点与政治的行动。首先，波伏瓦把布帕查的遭遇看作是女性异于男性的处境，从而把布帕查事件放在女性主义的立场上去警示社会加诸处在不受保护状态下的女性的特殊待遇："我们还能够被发生在一位年轻女孩身上的遭遇而感动吗？毕竟——正如公共安全委员会的主席帕坦先生所微妙暗示的那样，在那场采访中我也在场——贾米拉·布帕查仍然活着，因此她的苦难经历不会全都是那么令人毛骨悚然。帕坦先生暗示在布帕查

---

① Simone de Beauvoir and Gisèle Halimi, *Djamila Boupacha*: *The Story of the Torture of a Young Algerian Girl Which Shocked Liberal French Opinion*, trans. Peter Green, New York: Macmillan., 1962, p. 40.

② Ibid., p. 43.

③ *Simone de Beauvoir's Political Thinking*, eds. Lori Jo Marso and Patricia Moynagh, Urbana and Chicago: University of Illinois Press, 2006, p. 8.

身上使用了酒瓶,他说:'起先我害怕她所受到的侵犯是通过肛门,就如在印度—中国的东南亚国家里发生的情况一样:这样的对待能导致肠穿孔,是致命的。但是,这里的情况是完全不同的,'他微笑地加了一句:显然,类似的事情永远不会发生在他身上。"① 但是,这并不是由于性别的不同加诸人身上的痛苦就会不同,如果贾米拉·布帕查事件因为性别原因而被社会轻视、忽视或忘记,这正是波伏瓦不愿见到的,因此波伏瓦和吉杰米·哈里米用详细的、具体的叙述展示布帕查的遭遇,分析也是建立在事实的基础上的,"具体表现在此文本中是绝对必要的,因为波伏瓦和哈里米把布帕查的遭遇看作只是在女性身上才会发生的事情来讲述"②。波伏瓦再次运用了她在《第二性》中运用的现象学的具体描述的方法,布帕查事件成为她界定女性处境、分析女性是他者的另一个有力证据。在把布帕查事件当作女性异于男性特有的遭遇来看待之外,波伏瓦把伦理的视点和政治的行动结合起来,认为布帕查事件关涉每个人的选择。布帕查的处境就是他者女性的处境,而改变这种处境的关键就是不能轻视、忽视甚至遗忘发生在布帕查身上的苦难,因为其他的女性正是在布帕查的处境下生存的。这个社会加诸一个具体的布帕查身上的苦难,造成了社会上其他女性的处境,波伏瓦再现了她在《他人的血》中每个人在自由上面的联系和自我与他者的处境是联系起来的观点:

> 如果在布帕查身上的努力不能在她的狱中同伴身上引起对强加在她们身上的苦难的一种普遍的嫌恶,那么,这种努力就是失败的,布帕查身上的遭遇绝不是特例。但是,任何这样的嫌恶都缺乏实际,除非采取政治行动。方法是简单明了的。或者——不管你的意愿或对过去的像发生在华沙贫民窟里或安妮·弗兰克身上一样的恐惧的肤浅的悲痛——你与当代的刽子手而不是受害者联盟,非常愿意地赞成殉难,那是无数个布帕查和阿汗默德正在以你的名义,甚至几乎就在你的眼皮子底下的殉难;或者你拒绝,不仅仅是某种具体的行动,而是一种伟大的目标使那种具体的行动变成可以接受的,为了那种伟大的目标,具体的行动是绝对必要的。在后来的情况中,你将会拒绝支持

---

① Simone de Beauvoir and Gisèle Halimi, *Djamila Boupacha: The Story of the Torture of a Young Algerian Girl Which Shocked Liberal French Opinion*, trans. Peter Green, New York: Macmillan, 1962, p. 9.

② *Simone de Beauvoir's Political Thinking*, eds. Lori Jo Marso and Patricia Moynagh, Urbana and Chicago: University of Illinois Press, 2006, p. 7.

胆敢不说出真正名义的战争——更不用说一个完全培育在战争上的军队，一个对军队的需求唯命是从的政府；你将以这种有效的影响力的姿态来提高天地。没有选择的余地，我希望此书能帮你相信这个事实。你必须从各个方面正视真相。你不能再含糊不清地说着陈旧的理由"我不知道"；现在，你确实知道了，你还能再假装无知吗？或者满足于一份徒具形式的对恐惧的同情的声明吗？我希望不是。①

从波伏瓦的说明中，我们可以看出波伏瓦始终没有改变她在《第二性》中坚持的立场。而且波伏瓦自己也说过，她会坚决维护她在《第二性》中的立场，因为在《第二性》中她所坚持的与母权时代有关的所有的观念与她在 20 世纪 70 年代的女性主义运动中为争取堕胎权和生育权的实践直接相关，"波伏瓦注意到母权时代可能是一种积极的经历，虽然她没有从根本上区分母权时代与父权时代。关注孩子的成长发展对于现在的她来说比写作《第二性》时更有兴趣，因为她对精神分析更加感兴趣。她也注意到父权时代有可能和母权时代的经历一样吸引人，虽然在她的观念里，文化的而非生物的因素导致母亲那与生育和劳动有关的自恋。她说在她所有的作品中，她会不惜任何代价维护《第二性》"②。而《第二性》代表了她关于处境、自由等的思考在女性问题上的一次展示。如果说波伏瓦在晚年仍然为近三十年前的观念做辩护，那么只能说明 20 世纪 70 年代的波伏瓦仍然坚持她的处境论：无论在什么样的时代，女性问题都受到处境的限制，她们的自由只能是处境中的自由，不可能达到完全、彻底的自由。

法国女性主义的第二次运动、世界范围女性主义的第三次运动在法国 1968 年的"五月风暴"后发展起来。"五月风暴"这场由法国大学生发起的，波及全国的工厂，有工人参与的浩大的社会运动点燃了人们心头压抑已久的对社会的不满之火，在这场运动中，学生要求自治，工人要求面包，女性要求权利。学生从课堂中，工人从劳动中，女性从家庭中走出，他们要求从政治中获得个人的权利，"政治变得更加多元，政治向女性主义、第三世界和环境保护主义敞开了大门"③。世界范围第三次女性主义运动一个很大的特点就是女性自己起来争取自己的权利，而不把希望放在

---

① *Simone de Beauvoir's Political Thinking*, eds. Lori Jo Marso and Patricia Moynagh, Urbana and Chicago: University of Illinois Press, 2006, pp. 20 - 21.

② Ibid..

③ Ursula Tidd, *Simone de Beauvoir*, London and New York: Routledge, 2004, p. 74.

男性领导人身上,"女性活动者很快发现任何女性主义革命都不能由男性统治的、激进的左翼组织发起,因为,仍然存在女性被限制在传统角色中、为男性活动者服务的状况,而那些男性活动者是不会也不可能认识到'个人的就是政治的'"①,个人的即政治的,是第三次女性主义运动的口号,深受波伏瓦影响的美国女性主义者贝蒂·弗里丹(Betty Friedan)和凯特·米利特(Kate Millett)都遵循了家庭即社会、个人即政治的立场,贝蒂·弗里丹的《女性的奥秘》"从许多方面来说,都是对相同的处境的问题式做非激进的、务实的而非理论的解读"②,是一本对女性主义影响深远的著作。

波伏瓦的《第二性》也是从现实问题出发对女性的处境做出普遍的界定:女性问题必须与现实社会和时代联系起来。而凯特·米利特提出自己的《性政治》的创作来源于波伏瓦《第二性》的影响,她认为波伏瓦的《第二性》中"围绕着一种危险的和令人激动的情感"③,凯特·米利特说:"它是一本令人烦恼的书。实际上,每个版本的封面上都有裸体女性,这几乎是一种能带去伤害的声望。很明显,它如此具有颠覆性以至于它也混杂着性的吸引力。如果你阅读这部书,你就会成为真正的反叛者……人们一直在为它而争吵。……对其他许多人来说,它是一个警示,也是一部危险的书。它会使你不仅想成为好女孩中的一员,去上大学,但是你也会想把窗户踢开。"④

《第二性》不仅影响了像弗里丹和米利特这样的行动家和作家,也影响了很多家庭主妇,使她们看到了走出家庭、走进社会的重要性,使得家庭不再是一个封闭的牢笼,使得家庭与社会、个人与政治之间的空气不断地流通。波伏瓦在《碧吕斯与西涅阿斯》中说:"人类只有自己选择;如果他拒绝选择,他就在毁灭自己。人类处境的悖论就是每一次结局都可以被超越,仍然每一个计划都在定义那个结局为结束。为了超越结局,就要计划有一种不可超越的东西。人类没有其他方式存在。是碧吕斯,而不是西涅阿斯对了。碧吕斯要去征服,那就让他去征服,然后,'在那以后'?

---

① Ursula Tidd, *Simone de Beauvoir*, London and New York: Routledge, 2004, p.74.
② Sandra Dijkstra, "Simone De Beauvoir and Betty Friedan: The politics of omission," in *French Feminists: Critical Evaluations in Cultural Theory*, eds. Ann J. Cahill and Jennifer L. Hansen, Volume I Simone de Beauvoir, London and New York: Routledge, 2008, p.7.
③ Toril Moil, *Simone de Beauvoir: The Making of an Intellectual Woman*, Oxford UK and Cambridge USA: Blackwell, 1994, p.179.
④ *Daughters of de Beauvoir*, eds. Penny Forster and Imogen Sutton, London: The Women's Press, 1989, pp.20-22.

在那以后，他会看到的。"① 波伏瓦肯定了在悖论的处境中不断超越的碧吕斯，波伏瓦同样肯定了女性对自己处境的不断超越。那么，在波伏瓦写作《第二性》的年代和20世纪70年代法国的处境有什么不同吗？

《第二性》的写作开始于1947年，当时的波伏瓦发表了几部小说和几篇评论文，并与萨特一道创办了《现代》杂志，是战后风靡一时的存在主义浪潮的中坚分子。波伏瓦正在渐渐地获得一定的社会地位，而她与美国恋人纳尔逊·阿尔格雷的恋情也发生在这一年。战后波伏瓦正在从女性的限定中挣脱出来，走向她在《第二性》所强调的女性的超越性的未来。正是处在这种境遇中的波伏瓦对女性的问题产生兴趣，她致力于把女性的现状用现象学描述的方式叙述出来，并致力于用她的存在主义哲学的观念去阐释、发展和扭转女性的消极状态。第二次世界大战期间的法国维希政权和德国纳粹对女性的规范更加烦琐和严厉，比如，把所有结了婚的女工人从工作中解散，谴责不生育的女性，对堕胎和避孕加重处罚等。虽然法国女性于战后获得了选举权，但她们并没有从战争中获得更多的权益。为了提高生育率，解决战争带来的人口下降和战后对劳动力的大量需求等问题，避孕和堕胎都是违法的，因此法律和大量的规定都把女性限制在传统的生育角色上。法国女性一直在法律上被看作是低级的，这种状况直到1938年才有所改变，而女性的避孕和生育权直到20世纪60年代和70年代才被获得：1967年法国女性获得避孕的权利，1974年获得堕胎的权利。在此之前，1965年法国女性才刚获得能够参加有报酬的工作权和无须丈夫的许可在银行开设账户的权利。《第二性》就是在女性的社会地位没有根本改观的情况下出现的，它全方位详细地阐释了女性在家庭中的生育角色和在社会中的无地位角色。

波伏瓦和萨特的存在主义哲学的核心概念之一是"自由"，萨特的自由建立在纯粹的哲学之上，每个人的自由都是绝对的，而波伏瓦则在"自由"之前考虑"处境"的重要性，处境制约了自由，而不是自由能超越处境。写作《第二性》时法国女性的处境与写作《贾米拉·布帕查》时法国女性的处境，在波伏瓦看来没有什么大变化，所以波伏瓦才要不惜任何代价维护《第二性》中的观点。《第二性》中一个核心观点是：女性是处境中的，她们的自由受到处境的限制，她们的解放也必须建立在清楚地认识她们的处境的基础上。波伏瓦在她主要哲学的走向上与萨特截然不同，尤其体现在她关于自由的根本性思考上与自我与他者的可能的关系

---

① Simone de Beauvoir, *Pyrrhus et Cinéas*, Paris: Gallimard, 1971, pp. 67–69.

上。波伏瓦一开始就坚持的论点让她充分发展了相关的社会伦理。① 波伏瓦与萨特思想上的差异近年来被分辨出来,还原了波伏瓦哲学本来应有的独立地位,而不是简单地为萨特哲学的附庸。就从波伏瓦对女性问题的思考这一个方面来说,波伏瓦的《第二性》坚持了自己在《碧吕斯与西涅阿斯》和《模糊性的道德》中所坚持的自由与处境的关系论点:没有绝对的自由,自由必须在处境中有限地发展,自由"总是朝向某物"②的自由,"总是,并且仅仅存在于一种处境中的自由"③。在《模糊性的道德》中,波伏瓦对黑格尔的主—奴关系进行了与萨特不同的解读,她说:"如果门拒绝打开,那么,让我们选择不打开它,我们是自由的。但是这样做,人们仅仅成功地挽救了一种抽象的自由的观念。它没有任何内容,也没有真理。"④ 波伏瓦主张自由是具体的。

在波伏瓦创作于1945年的戏剧《吃闲饭的嘴》中,她清楚地表达了人与人之间在特殊的处境中紧密联系的观点。一座中世纪的城镇被敌人包围,冬天里士兵和民众饥寒交迫,为了保存士兵的战斗力,首领决定留下有战斗力的男性,把其他人一概送出城外让他们自生自灭。有人反对说:"你们已经宣布:老人,病人只是一群简单地吃闲饭的人。为什么统治者不判你的自由是无用的,你的生命是这座城池的负担? 如果一个人被看作是废物,那么,成千上万的人合起来也只不过是一群废物罢了。"⑤ 在他者被看作是废物的社会中,每个人都有被看作是废物的可能性,自我与他者的处境是相通的。"他者的自由对我来说无用,除非我自己的目标能成为他们离去的目标;正是利用我发明的工具,他者延长了他们的存在;学者只能跟那些学识与他处在同一水平上的人交谈……因此,我必须竭尽全力为所有人创造一种处境,这种处境能使他们与我一同超越,或超过我的超越;我需要他们的自由,在超过我的过程中,能够被用之来利用我、保

---

① Edward Fullbrook and Kate Fullbrook, "Whose Ethics: Sartre's or Beauvoir's?" in *French Feminists: Critical Evaluations in Cultural Theory*, Volume I, eds. Ann J. Cahill and Jennifer L. Hansen, London and New York: Routledge, 2008, p. 223.
② Simone de Beauvoir, *The Ethics of Ambiguity*, trans. Bernard Frechtman, Secaucus, N. J.: Citadel Press, 1980, p. 25.
③ Edward Fullbrook and Kate Fullbrook, "Whose Ethics: Sartre's or Beauvoir's?" in *French Feminists: Critical Evaluations in Cultural Theory*, Volume I, eds. Ann J. Cahill and Jennifer L. Hansen, London and New York: Routledge, 2008, p. 224.
④ Ibid., p. 29.
⑤ Simone de Beauvoir, *Who Shall Die*? trans. Claude Francis and Fernande Gontier, Florissant, Missouri: River Press, 1983, p. 61.

留我。我要求人们身体健康、有学识、精神好、悠闲，因此我的自由就不会在同疾病、无知和痛苦的斗争中消磨掉自己。"① 他者自由了，我的自由才会有保障，而我自由了，也可能保障他者的自由，自我与他者的联系不是抽象的哲学概念，而是在具体的处境中。因此，他者对处境的改变就意味着自我的处境也将发生改变，在超越的过程中，对处境的改变，自我与他者必须共同面对。就如《吃闲饭的嘴》中那座中世纪被围困的城镇，每个人都必须齐心协力共同抗敌，才有打退敌人的可能；如果放逐一部分白吃闲饭的人，那么在这种可以随便放逐的处境中，每个人都将面临被逐出城外自生自灭的可能。在女性解放自身的过程中，如果人们忽视、轻视甚至蔑视一个女性所遭受的苦难，那么，将来会有更多的女性的苦难被遮蔽、掩盖和蔑视。女性之间的处境是紧密相连的，在《第二性》中，波伏瓦坚持这一点，在《贾米拉·布帕查》中，波伏瓦同样坚持这一点。正是因为一贯坚持她自己的这种理念，波伏瓦才会在晚年的女性主义运动中，以极大的热情投入组织女性主义运动中去，才会争取报刊发表女性作家的文章，才会为玛丽－克莱尔案积极奔走。波伏瓦的理念与她的行动紧密相连。

波伏瓦的伦理观和政治立场没有改变，但针对女性解放的途径，她在晚年发表了不同的看法。在坚持女性必须获得经济独立的基础上，波伏瓦在晚年的创作中改变了她在早期所坚持的社会主义革命与女性解放的关系。在《第二性》中，她把女性解放同社会主义革命联系起来，认为女性将在社会主义社会里获得自由。晚年的波伏瓦抛弃了社会主义革命能实现性别平等的想法，因为父权价值在所谓的社会主义国家比如苏联和捷克斯洛伐克等社会主义社会里仍然没有消失。但波伏瓦认为："一个女性主义者毫无疑问是左翼的，因为她为全面的平等而斗争——社会平等就暗示在为性别平等而进行的斗争中。"② 实际上，晚年的波伏瓦的乐观较早年减弱了，早年的波伏瓦简单地认为一场社会主义革命能够带来阶级的平等，想当然地认为社会主义革命也能带来性别的平等。晚年的波伏瓦认识到性别平等要比阶级平等的获得更加艰难。但是，她仍然坚持不同领域的女性合作的重要性，"女性主义的进程只能与那些与大众政治运动相伴随的珍视女性解放的新法律合作才能获得成效"③。在此基础上，波伏瓦更

---

① Simone de Beauvoir, *Pyrrhus et Cinéas*, Paris: Gallimard, 1971, p.115.
② Ursula Tidd, *Simone de Beauvoir*, London and New York: Routledge, 2004, p.79.
③ Ursula Tidd, *Simone de Beauvoir*, London and New York: Routledge, 2004, p.79.

加重视实践的重要性:"如果她要写《第二性》的续篇,那么,它应该是一个集体合作的成果,建立在实践上,而不是理论上。在她的观念中,所有的革命斗争都应该在实践中发展它们的理论。这是在波伏瓦那里一个重要的承认,表明自 20 世纪 40 年代以来她在政治上的发展,因为现在她主张作为政治理论先决条件的直接的政治行动的重要性。"[1]

从《第二性》中确立的对女性问题的伦理阐释,到晚期在女性主义运动中的政治实践,波伏瓦始终没有放弃她的伦理视点:处境与自由,自由是处境中的自由;他者构成了自我的处境,所以每个女性的遭遇都将成为他者的处境。有学者这样总结伦理与政治在波伏瓦思想中的位置:"他者性在其中的伦理是政治的基础,这种政治既能够为他者的自由承担义务同时又能尊重他者与我们不同的方式的政治的基础。"[2] 总结起来就是思考他者的他者性的伦理视点是进行为了他者的自由、尊重他者性的政治行动的基础。伦理与政治的这层关系也是波伏瓦所有政治行动的立足点。

---

[1] Ursula Tidd, *Simone de Beauvoir*, London and New York: Routledge, 2004, pp. 79–80.
[2] Fredrika Scarth, *The Other Within: Ethics, Politics, and the Body in Simone de Beauvoir*, Lanham, Md.: Rowman & Littlefield, 2004, p. 166.

第三章　与传统理论的对话

相较于萨特的他者观，波伏瓦的他者观更具有哲学历史感。这一方面表现在，波伏瓦的他者观首先是一种哲学意义上的他者观，因此波伏瓦对他者问题的思考与西方传统哲学中的他者观具有某种承继或批判的关系；另一方面，波伏瓦还是一位文学家，她对他者问题的思考不可避免地总是试图通过文学的方式表现出来，这具体表现在波伏瓦的他者观与古希腊悲剧和神话、犹太教中的善与恶等方面都有着对话的关系。

第一节　善与对他者的责任

古希腊悲剧作家索福克勒斯（Sophocles）的《安提戈涅》几乎是伦理、哲学、政治，甚至是任何理性思考必经的路径，很多现代的和后现代的哲学家都对该剧进行过思考，但结论却有很大差异。波伏瓦关于善的思考可以从她对该剧的思考中看到一些影子。

一　关于善的思考

古希腊哲学将善恶问题看作是人类取向美好生活的一个重要方面，古希腊哲学这一个论题确立了善在西方哲学中的至关重要的地位，每一个哲学家都绕不开善这个问题进行思考。波伏瓦对善的思考起始于对恶的体验。对波伏瓦来说，相对于善，恶这一问题，与其说是一个哲学问题，不如说是一个行动问题。波伏瓦认同犹太教中对施恶之人的惩罚：以眼还眼，以牙还牙。相对于对恶人的惩罚，波伏瓦对善这一问题的思考，反映了波伏瓦本人对古希腊哲学关于善的思考的深刻思索。尤其在存在主义哲学关于人的选择这一问题上，波伏瓦充分理解了人的选择的重要性，是选择恶还是选择善，这一由行动带来的选择，以及最终将付诸行动的过程，势必对他者带去坏的或好的影响。反过来说，对他者的善或恶，实际上是自我选择的结果，因此这其中，自我对他者负有无法逃避的责任。

在《理性国》中，柏拉图与苏格拉底批评了"善是快乐""善是知识"的观点，虽然没有给善一个定义，但是柏拉图与苏格拉底给出了一个比喻"善的儿子"。"善在可见世界中所产生的儿子——那个很像它的东西——所指的就是太阳。太阳跟视觉和可见事物的关系，正好像可理知世界里面善本身跟理智和可理知事物的关系一样。"[①] 这个"善的儿子"就是可见世界中的太阳。虽然我们看不到善，善在现实世界中无法捕捉和体认，但是"善的儿子"就是太阳，是照亮我们这个世界的一个可以体认的实体，而且更为重要的是，太阳能帮助我们看清世界上的其他物体。虽然透过"善的儿子"这个比喻也并不能让我们确切理解善到底是什么，但是有一点我们是能够知道的，那就是善是积极的，是值得我们人类去追求的，也是人类要过美好生活必须去追求的。虽然如此，但善仍然是捉摸不定的、不牢固的，柏拉图和苏格拉底说："每一个灵魂都在追求善，都把它作为自己全部行动的目标。人们直觉到它的确实存在，但又对此没有把握；因为他们不能充分了解善究竟是什么，不能确立起对善的稳固的信念，像对别的事物那样。"[②] 善的不确定性让善这个概念本身充满了后现代性意味，虽然柏拉图和苏格拉底说至善是绝对的、完美的、自足圆满的、独立整体的，但是因为人类对至善这一理念的无从把握，使得善这个概念在后来的哲学中都没有一个能让人们稳定接受的定义。但是就像人们把握不了善却能知"善的儿子"——太阳一样，人们通过现实行动时刻在诠释善理念。但是不一样的行动也诠释了不一样的善，因此，善又呈现出多元的面貌，不能一概而论。就古希腊文学最高成就来说，索福克勒斯的悲剧《安提戈涅》就呈现了善令人困惑的一面：如果说善是一种理念，当这种理念遭遇统治者的律条，这种善的理念还能否照亮人们的视线让人们认清律条的善与恶、好与坏？

安提戈涅的两个哥哥厄忒俄克勒斯和波吕涅克斯为了争夺王位而挑起争夺战，最后两个哥哥都为此而死去。然而在重视死人安葬仪式的希腊城邦，接下来的王位继承人即安提戈涅的舅父克瑞翁颁布命令，为厄忒俄克勒斯举行隆重的葬礼，葬礼仪式是国王级别的，同时命令将波吕涅克斯暴尸荒野，并命令全城人不得哀悼，也不得掩埋其尸首。安提戈涅违背了国王克瑞翁的命令，把哥哥波吕涅克斯埋葬，被克瑞翁关起来并最终死去。

---

① [古希腊]柏拉图：《理想国》，郭斌和、张竹明译，商务印书馆1986年版，第266页。
② 同上书，第261页。

安提戈涅在克瑞翁面前申诉了自己做法的理由：安葬死人，更何况是亲人，是神的律条，是自然法则，而克瑞翁的法令违背了自然法则，自然法则是一有永有的，是亘古不变的。该悲剧最后的结局是，因为克瑞翁违背了神的旨意，导致儿子妻子相继死去，大臣也纷纷离心，克瑞翁才意识到自己的错误，并后悔当时的决定，但为时已晚。索福克勒斯在该剧结尾用长老的一句话点题："谨慎的人最有福，千万不要犯不敬神的罪；傲慢者的言语会招来严重的惩罚。"① 从这句话来看，索福克勒斯创作此剧的目的很明显：警告人们不要违反由神律所保护的自然法则。但该剧却在后世的阐释中变得越来越复杂而神秘，几乎堪称一种安提戈涅的隐喻现象。黑格尔、拉康、伊利格瑞以及巴特勒都曾经对这一现象做出自己的阐释。安提戈涅的选择在索福克勒斯悲剧结尾时已经给出一个结论，但并不是最终的结论。在现实政治律条面前，善到底是什么？怎么做才是善的？

在波伏瓦的意义上，安提戈涅提出了一个古老的、几乎不可解的伦理道德与现实政治之间的关系问题：哪一个是终极问题，到底是伦理道德更重要还是现实政治更重要？尤其在面对暴力问题时，伦理道德和现实政治更成为双方争论的立足点和焦点。在面对战后针对纳粹分子和叛国者的审判时，以报复性的暴君进行惩罚，根本上是否定这种在现实中会对他者带去伤害的虚伪的法则。波伏瓦说："伪善者和真正有道德的人的区别就在于，前者把他的焦虑看作其美德的一个肯定的抵押物；因为他会问自己：我是亚伯拉罕吗？于是就得出结论：我是亚伯拉罕；但道德性则处在对此不断询问的痛苦中。"② 就是说，真正的有道德的人是处在不断地对自我进行质疑的过程中的，而伪道德的人则将自己看作是道德的化身。波伏瓦对那些将自己化作道德本身而在现实中对他者造成伤害的人进行审判，这恰恰体现了一种道德。

二 对他者的责任

波伏瓦是一个善于通过故事导出哲理的人。她所引用的故事总是启发人们对之进行多元思考，而不是固定于一个结论。

第一个故事：国王碧吕斯与西涅阿斯。碧吕斯对西涅阿斯道出其征服世界的宏伟计划，他说：我首先征服希腊。西涅阿斯问：然后呢？碧吕斯

---

① ［古希腊］埃斯库罗斯等：《古希腊悲剧故事》，魏贤梅等译，四川辞书出版社 2007 年版，第 170 页。

② 同上书，第 127 页。

说：然后进攻非洲。西涅阿斯问：非洲之后呢？碧吕斯说：进攻亚洲，征服小亚细亚，整个阿拉伯半岛。西涅阿斯问：然后呢？碧吕斯说：然后我们将进攻印度。西涅阿斯问：印度之后呢？碧吕斯说：我将返回休息了。西涅阿斯问：那为什么不从一开始就休息呢？①

波伏瓦在这个故事里道出了人与世界的关系问题。国王碧吕斯计划征服世界，征服世界之后回到原地休息。西涅阿斯认为，既然最后还是回到原地休息，那为什么不从一开始就休息，征服世界又有什么必要呢？进一步说，个体在世界中的行动最终都要回到原点，那么行动还是否有必要？再进一步说，个体的行为如何才能具有道德性。波伏瓦给出的答案，是碧吕斯而不是西涅阿斯的行动具有道德性。波伏瓦说："人类只有自己选择；如果他拒绝选择，他就在毁灭自己。人类处境的悖论就是每一次结局都可以被超越，仍然每一个计划都在定义那个结局为结束。为了超越结局，就要计划有一种不可超越的东西。人类没有其他方式存在。是碧吕斯，而不是西涅阿斯对了。碧吕斯要去征服，那就让他去征服，然后，'在那以后'？在那以后，他会看到的。"② 也就是说，生命在行动过程中才会产生价值，每一次去超越不可超越的计划都是一次去成为存在的过程，这才是具有道德的人生。在互相映照之下，自我的朝向自由的人生必定会照亮他者的面容，这是自由的传递，也是道德的体现。

第二个故事：奴隶是没有自由并且也意识不到自由之人，那么外界的自由人是否应当唤醒他们起来争取自由？没有自由的奴隶往往会有种错觉，以为他们自己是自由的，因为统治者告诉他们，他们的现状是自然的。对于一群处于不自由状态的奴隶来说，自由之人是否应当将解放的种子带给他们？

波伏瓦给出的答案是，那些自由之人"需要做的，就是向无知的奴隶提供用反抗来超越其处境的方法，就是要消除奴隶的无知……"③ 波伏瓦肯定唤醒奴隶起来反抗的行动，而且还要向他们提供反抗的方法。这对于那些自由的人来说才是道德的行动。

综合以上两个故事，波伏瓦向我们展示了这样一种生活方式：这种生活方式首先是行动，即使行动之后的结果仍然要返回原点，但是人们仍然要选择去行动，而不是静止不前。而且，这种生活方式应当是自由人自己

---

① Simone de Beauvoir, *Pyrrhus et Cinéas*. Paris: Gallimard, 1971, p. 1.
② Ibid., pp. 67–68.
③ ［法］波伏瓦：《模糊性的道德》，张新木译，上海译文出版社2013年版，第80页。

朝向自由的行动，更是向那些不自由的奴隶传递自由之种子的行动。总之，波伏瓦认为，一种有道德的生活应当是朝向自由的生活。在自己朝向自由的过程中，也应当唤醒那些还处在不自由状态中的人一起朝向自由。自我与他者一起朝向自由的行动，才是有道德的生活。

波伏瓦认为，道德的生活即自由的人协同不自由的人一起朝向自由的行动。在这里，行动和自由是两个关键词，缺一都不足以构成有道德的生活。那么，这里又出现两个疑问：为什么要行动？自由人在什么条件下可以为另一个人代言或者以另一个人的名义发言？这两个问题实际上可以合并为一个问题：自我与他者的关系问题。换言之，自我为什么要唤醒那些处于不自由状态中的他者，并且协同他者与自我一起朝向自由而行动；自我如何能够为他者发言，或者自我如何能够代替他者以他者的名义发言。

个体是存在主义哲学中一个积极行动的自由人，自由于他来说是命定的、不可被剥夺，也不可以转让的。凡是个体的人，那就应当是自由的人，如果是没有自由的人，那是因为他选择了不自由的生活，那仍然是他选择的结果，即是说，那仍然是他使用自由权利之后选择的结果。因此，是选择行动还是选择不行动，是选择朝向自由的行动还是选择做奴隶的行动，这是个体选择的结果，而非自然而然的状态。波伏瓦与萨特在这一点上没有分歧，却在个体选择的过程中如何处理与他者的关系上发生了根本的分歧。萨特视他者为地狱，波伏瓦视他者为自我的一种处境，如果他者是不自由的，那么自我的自由将是虚假的自由，因为由不自由的他者构成的处境恰恰是自我行动的环境。如果无视这种不自由的环境，无疑是自欺欺人，也必定是不道德的。在这个意义上，波伏瓦主张，自由的自我可以为那些不自由的他者提供一条通向自由的道路。因为他者构成了自我的处境，波伏瓦说："……他者为我打开未来的大门，正是他们组成了明天的世界，确定着我的未来。"[1] 如果那些能够确定我的未来的他者是不自由的，那么他者的不自由也最终会威胁到自我的自由的处境，因此唤醒他者并协同他者朝向自由，这是自我的责任，也是作为他者的责任。那些接受一个自由人发言的人"可以凭着诸如与同伴们的关系，作为道德的人和自由的人生活着"[2]。

波伏瓦的这种为他者的责任说到底是一种伦理责任，只是这种为他者的责任首先是出于为自我的处境的一种考虑，由他者到自我的路径最终是

---

[1] ［法］波伏瓦：《模糊性的道德》，张新木译，上海译文出版社2013年版，第77页。
[2] 同上书，第80页。

一条通往自我与他者共同解放的路径,因此为他者还是为自我是一个问题的两个方面。叔本华说过:"真正的道德价值……它的特殊标志是:它完全排除那种激起一切人类行为的另外的动机:我的意思是说各种利己的动机,使用利己这个词的最广泛的意义。"① 按照叔本华严格的道德标准,波伏瓦为他者的伦理还算不得一条真正的道德价值信条。因为波伏瓦始终将推论的结果置于伦理与政治之间的天平上,并试图从中找出一个平衡点,能让为他者同时也是为自我的结论可以与政治实践相结合,并在现实中真正实现其可行性,这不能不说是波伏瓦理性主义式的伦理观,有人称波伏瓦的伦理观为"慷慨的道德价值"②。

波伏瓦不可能给善一个定义,但是波伏瓦可以通过个人行动诠释什么样的选择才是善:对他者负责的行动才是善;反之,则是恶。在存在主义哲学意义上,个人对自己的选择和行动负责,也意味着要为对他者带去的影响负责。因此,如何惩罚那些给他者带去伤害的人,波伏瓦的观点则透露出对犹太哲学传统的继承。

第二节　恶与惩罚

波伏瓦在日记中提到自己年少时是一个虔诚的天主教徒,后来随着家道中落,加上战争的残酷和对人与人之间关系紧张的体验,她放弃了对宗教的信仰,而转变成一个非宗教信仰者,并且对宗教有一种本能的抵触,她与宗教的这种关系一直持续到她离世都未曾改变。虽然如此,因为西方宗教(犹太教、天主教、基督教三大宗教)在日常生活中已经渗透进人们的思维和身体之中,西方哲学思想一直存在与绝对上帝的对话,衍生出的绝对主体、绝对客体、相对主体、相对客体、二元对立,甚至多元互生等后现代概念,所以很难说对话的另一面没有一个宗教的位置存在。在这个意义上,波伏瓦对很多问题的思考仍然透出这一痕迹,尤其在关于恶与惩罚这两个主题上,波伏瓦对犹太教(也泛指后来的基督教,尽管在某些观念上,二者根本不是一回事)的某些观念有或隐或现的继承。在对这两个主题思考的基础上,我们可以发现,虽然波伏瓦意义上的他者与犹

---

① [德]叔本华:《伦理学的两个基本问题》,任立、孟庆时译,商务印书馆2007年版,第229页。

② Debra Bergoffen, *The Philosophy of Simone de Beauvoir: Gendered Phenomenologies, Erotic Generosities.* Albany, N.Y.: State Universty of New York Press, 1997, p.76.

太哲学传统中的他者根本不是一回事,但是波伏瓦对带给他者伤害的恶之行为的惩罚却带有犹太伦理思想的意味。抛开宗教的那些教义,单从伦理这一点来看,在如何看待他者、对待他者的问题上,波伏瓦的观念与犹太伦理传统有着很多相似之处。

一 他者

中国学者李萍在一篇文章中有一段话精辟地分析了犹太思想中的"他者":"他者,一般可以理解为他人,在犹太思想中,'他者'首先指称上帝。上帝是最杰出的他者,它超于万物之上,是万物的创造者,是世界秩序的维护者,一切善皆因尊重他、执行他的意志而生;一切恶皆因亵渎他、违背他的旨意而起。万物最终还要回归到上帝,接受上帝的裁决。'他者'的第二个层次是同胞,具有相同民族、相同信仰的人们,对犹太人来说,则指犹太同胞。有许多犹太思想家不无忧患地指出:只要有一个同胞处于困境和不幸中,就还不能说犹太人找到了幸福,例如犹太复国主义者、以色列开国元勋本·古里安认为,在以色列之外,不管一个犹太人个人的境遇如何好,他仍然是个'流亡者',回到以色列,首先是所有犹太人的责任,其次才是他们的自由。犹太人之间的连带感不仅体现在强烈的民族意识上,而且构成了文化认同的标志,时时唤起犹太人采取共同行动,以实现整体的目标和公共利益。'他者'的第三个层次是国人,特别是亡国后,犹太人流散到了世界各地,同当地文化与民族的融合、对所在国的忠诚已成为非常迫切而现实的要求。"[①] 从该分析中,我们会发现犹太宗教中的他者无所不在无所不包,除了上帝这个绝对的他者之外,也包括那些流亡在犹太国家之外的犹太人,还包括那些已经成为所在国家公民的犹太人。由此可见,在某种意义上,在犹太人的思维方式里,他者是一个普遍存在的概念和体认,他者既是抽象的(上帝——绝对他者),也是具体的(流亡者)。他者的身份是多元的,既可以是神,也可以是地上的生民。他者具有某种程度上的不确定性,甚至他者最终也不可能是完全封闭统一的,也就是说,在绝对的他者之外将永远有他者的存在,因为"只要有一个同胞处于困境和不幸中,就还不能说犹太人找到了幸福",这决定了他者的存在是普遍的。在某种意义上,他者的确定性变得模糊。也是在这个意义上,波伏瓦的他者,虽然没有那个绝对上帝的位置,但是她认为的关于他者身份的模糊性,却与犹太伦理思想中的他者理念不无相

---

① 李萍:《"他者"视域下的犹太伦理思想》,《西亚非洲》2005 年第 5 期。

似之处。

他者在波伏瓦那里首先是一个哲学概念，它与黑格尔、海德格尔、胡塞尔、萨特和梅洛－庞蒂的他者在哲学意义上没有分别，但在理解上，波伏瓦的他者却与其他哲学家的他者有很大不同。哲学概念是一方面，波伏瓦关注更多的是日常生活的现实层面：被男性排斥的女性、被有劳动能力的人排斥的老人、被父母排斥的孩子、被资产阶级压迫的无产阶级、被殖民帝国主义压迫的殖民地人民、被技术资本统治的有产者、被西方文化排斥的东方文化等。纵观波伏瓦一生的创作，我们不难发现，他者在波伏瓦的思想中不仅代表一个具体的个体，也代表一种文化形态；他者不仅指女性，也指老人和孩子，更指男性。概而言之，波伏瓦所关注的他者更多的不是它的所指方面，而是它的能指方面。他者的出现不是绝对的、不可更改的，相反，只要一个网络里不同连接点的相互位移发生改变，他者就会出现。比如，在男性与女性这一对子中，相对于女性来说，男性是主体，女性是他者；在母亲与未成年孩子这一对子中，相对于未成年孩子来说，母亲是主体，孩子是他者；在具有劳动价值的成年男性与失去劳动价值的老年男性这一对子中，前者是主体，后者是他者……这一对子可以无限地延宕下去。这样一个庞大的他者能指群，是不可能被一个哲学体系所包容的，波伏瓦行走的路线不是哲学的，而是她的前辈德·古日、沃斯通克拉夫特等人开辟的现实政治路线，因此，波伏瓦对他者的思考超出了哲学范畴。

波伏瓦的他者永远处在关系之中，与犹太伦理思想的他者相比较，波伏瓦的他者除了没有那个绝对他者上帝的位置，但是在他者的不确定性上以及他者的边缘化这两个方面，波伏瓦的他者与犹太伦理思想的他者具有很多相似之处。

二 恶与惩罚

学者李萍还分析了犹太思想中的他者与自我的关系："从内涵上看，他者的本质在于将自身客体化，成为他人（特别是上述三类对象）的人质，与他们同呼吸、共命运，以自己的内心虔诚和实际努力改善与他人的关系，在完善他人的同时成就自身。'做他人的人质'体现了一种精神责任，与他人一道共受苦难、同担罪责。以'他者'的眼光审视自身，就是要求自身率先做出主动行为，不是苛求、责备他者，相反，以自身的不断自律和检点赢得他者的认同与接纳。自身在他者面前是有欠缺和不充足的，必须不断提醒自己反省、自律。'他者'并非是高高在上的权势者或债权人，因此，我与'他者'的关系就不是物质性或功利性的关系，而是一种道义关系。"① 如果用古希腊伦理思想来看犹太伦理思想的这种自我与他者的道义关系，或许可以说，在反省、自律基础上的自我与他者的这种道义关系是人类朝向美好生活的必需。"'他者'的存在只是条件，即犹太文化为犹太人设立的行为域限，借此要求犹太人意识到自身责任，任劳任怨，无悔地约束、克制自己。对待'他者'，不仅要敬畏、服从，更重要的是亲近。所谓亲近，它强调在认知的理性层面和情感的经验层面都达到全身心投入，缩小自我与他者之距，实现与他者的同一。总之，亲近是一种主观努力，通过克己制欲、委曲求全，取悦他者。因此，关键不在于他者是谁，他者有什么要求，更不必追问这些要求是否合理公道，关键是内省自律，不断地反躬自身，将内心坦诚展示给他者。"② 如果这层关系实现不了，自我与他者处于一种伤害的关系，那么这样的一种关系应该如何处理？在犹太伦理思想的意义上，如何理解和处理给他者带去伤害的人？犹太教教义有末世说，即在世界结束的那一天，所有的人都将到上帝那里接受审判，恶人将有恶报，善人将有善报。文艺复兴时期伟大画家米开朗琪罗的《末日审判》形象地说明了这一点，地狱的恐怖和上帝的威严，还有那些从地狱中获得上帝公正审判的人的上升形象，这些鲜活的形象比语言的说教更有震撼力。其实，这种善有善报恶有恶报的观念在东方伦理中同样存在，但东方伦理没有末世审判的观念，东方伦理主张世道轮回，认为给他人带去伤害的人必将在下一世轮回中偿还。

波伏瓦强调自我与他者是相互性的关系，这种相互性首先表现在力量的相互性上，如果我给他者带去了伤害，那么这种伤害也可以反过来，即他者给我也带来伤害。同样，如果我给他者带去福祉，那么他者也会给我带来福祉。这种看似相互利益的关系，其实有着深刻的哲学基础。波伏瓦说："如果一个人是个'距离的创造物'，为什么他只能超越自己这么远而不能再远一些呢？他的去向的界限应如何限定？……我所反对的不只是一种特定的道德，也反对所有那些包含永恒的道德。没有一个人能真正同无限建立联系，不管这种无限被称为上帝还是人性。我揭示了现实性及萨特在《存在与虚无》中所阐明的'境况'观念的重要性，抨击一切道德异化，拒绝承认把'他人'当作一种托词使用。我同样意识到，在一个处于战争状态的世界上，每个计划都是个选择问题，就像在《他人的血》

---

① 李萍：《"他者"视域下的犹太伦理思想》，《西亚非洲》2005 年第 5 期。
② 同上。

中布劳马特所做的那样,你必须赞成暴力。"[1] 波伏瓦对他者恶的思考起始于第二次世界大战期间。而战后对投敌叛国者的审判,是波伏瓦对恶的思考的一次实践。波伏瓦提出了一种恶是绝对不能宽容的,那就是根本之恶。根本之恶是指这样的一种恶,这种恶把他者看成了纯粹的客体,随意侮辱、杀戮,就像纳粹对犹太人做的、德国侵略者对法国人做的那样,这种根本之恶只能用以眼还眼、以牙还牙之道来还击。"反抗自由的暴力是不正当的,但是反抗拒绝他人自由的暴力就是另外一回事"[2],用暴力对抗暴力,这种对抗暴力的暴力不是不正当的,反而是为了自由人的权利必需的行动。

除了宽恕之外,犹太人的善恶之报在某种程度上也是一种精神的寄托和慰藉,然而宽恕则为犹太人日常生活之中的信条。波伏瓦对根本之恶施以暴力的惩罚,则是一种现实的行为。两者本没有什么可比之处,一个为精神和宗教的来世慰藉,一个为现实的惩罚。但是,作为影响西方人思想的源泉,犹太伦理传统的思想对西方哲学家的影响也不是那么容易条分缕析出来的,更多的是在血液中流淌的,是在不经意间表达出来的。因此对波伏瓦在什么意义上和在什么程度上继承或学习了犹太伦理思想,我们不能下一个确切的结论,但是从对恶的惩罚这一点来看,波伏瓦坚持的对那种以暴力对待他者的对象施以暴力报复的观点,对于在纳粹带给世界巨创灾难不久之后,即使只是一次清算,也足以给后人警示。波伏瓦的惩罚的观念仍有其探讨的价值。

第三节 奥古斯丁与波伏瓦的回忆录

中世纪神学家、哲学家奥古斯丁(Aurelius Augustinus)的《忏悔录》几乎是西方自传体的开始,奥古斯丁忏悔式的自传影响了卢梭、托尔斯泰等人。卢梭和托尔斯泰都有以忏悔录为题的自传问世。从某种意义上说,奥古斯丁的忏悔录式的自传是西方文学史上自传体的一个模板,在自传体的叙述中总能或多或少找到奥古斯丁的影子。在这个意义上,波伏瓦的回忆录也是西方文学史中自传体叙述史上的一个模板,既是回忆性质的,同

---

[1] 李萍:《"他者"视域下的犹太伦理思想》,《西亚非洲》2005 年第 5 期。
[2] Joseph Mhon, *Existentialism, Feminism and Simone de Beauvoir*, New York: St. Martin's Press, 1997, p. 60.

时也具有自我建构、自我反思甚至自我忏悔的性质。但是与奥古斯丁的忏悔不同，波伏瓦在进行自我建构时往往反其道而行之，将自我的建构建立在对他者的叙述之上，通过对他者的建构，达到对自我建构的目的。波伏瓦对自我的建构大致经历了以下三个历程：对神的抛弃、对自我之主体的确立、对他者之主体的认同。波伏瓦借用他者确立起自我的主体性，再由自我的主体性助他者确立主体性，最终实现自我主体性之完满。波伏瓦通过他者到自我再到他者，最终建构了一个与传统意义上对他者排斥不同的自我主体性。换言之，从他者到自我，再从自我到他者，最终是为了从他者到达自我的圆满之境，这看似有些复杂的缠绕，实际却是波伏瓦的自我确立的路径。

在《端方淑女》这部波伏瓦的第一部回忆录里，波伏瓦主要讲述了自己年少时成长的过程，她主要提到两件事情：一件是由虔诚的基督徒转变为怀疑信仰、痛恨那些视她为乖乖女的教师和家长；一件是失去少时的伙伴。这两件事是波伏瓦成长中的疼痛，使她在中年之后提起往事仍不能释怀。尤其是对信仰的怀疑之深，让波伏瓦在以后的岁月里从未对基督教信仰有什么好感。在这一点上，奥古斯丁正好相反。奥古斯丁在晚年虔诚皈依基督教，《忏悔录》的话语几乎成了后世之人与上帝交谈的一种模式：忏悔式的、虔诚式的和谦卑式的。而且，奥古斯丁的话语里始终有一个不在场的上帝的存在，这个上帝是信仰中的上帝，而非阅读奥古斯丁的读者。奥古斯丁通过忏悔这种方式实际上也是在确立自我存在的证明，而且也通过这种方式，让自己重新获得一种虔敬的信仰人的身份。在这一点上，由奥古斯丁反观波伏瓦，我们会发现，波伏瓦在回忆录中的话语是自信的、坚定的、不可辩驳的，同时也是不存在怀疑的。《端方淑女》确立了一条自我成长的路线，此后的三部回忆录波伏瓦都循着此路线往下叙述。与奥古斯丁不同，波伏瓦叙述的对象不是上帝，看似是读者，实际上是波伏瓦自己。波伏瓦通过语言叙述了一个文本中的波伏瓦，一个从小就有着独立的判断、坚定的意志和实现理想的决心的波伏瓦。

为了实现对这样的一个波伏瓦的建构，波伏瓦在回忆录中的叙述缓急张弛拿捏有度，以《端方淑女》为起点，以《清算已毕》为终点，波伏瓦完成了对自我的建构：一个把自己的命运牢牢握在手中的自信的人；一个将命运中的绊脚石视为成全主体之我的偶然的人；一个将爱情、友情、亲情分得井然有序的人；一个玩世不恭最终功成名就的人。波伏瓦在生命中的偶然与必然之间举重若轻，即使是爱情也不能阻挡她成为一个自由人和一个自我负责任的人。同时这样的一个人也对他者负起责任。波伏瓦对由她与萨特组织起来的小圈子中的年轻人的帮助可以看作是波伏瓦对他者负责任的一种体现。由于对上帝和信仰的抛弃,波伏瓦在回忆录中渐渐建构起了一个把握命运的,并对他者命运肩负责任的形象。这样的一个形象与萨特的存在主义哲学对人的阐释是一致的。萨特认为存在有两种,一种是自在的存在,一种是自为的存在。自在的存在就如同物的存在,本质先于存在;自为的存在是存在先于本质的存在,是一种去存在,去为了成为一个人而去选择、去承担。而成为一个什么样的人,则完全在于自由的人的自由的选择、自主的行动,并且要承担选择和行动带来的后果。萨特说:"(对)信仰(的)意识和信仰是同一个存在,这个存在的特征就是绝对的内在性。"[1] 对于一个自为的人来说,内在性是束缚人的自由的阻碍,必须被超越。波伏瓦对信仰的怀疑和远离或许是她对内在性的一种超越的方式,是走向自为存在之人的一种必然的选择。当奥古斯丁站在想象的上帝面前谦卑地忏悔时,奥古斯丁也是为了获得一种对自我的内在性的超越。有意思的是,内在性到底是什么?面对上帝,人的内在性是一种卑微的、无法自主命运的自为的存在,只有对上帝忏悔出自己的卑微,才能被上帝以人的存在所接纳。换言之,面对上帝,人只有道出、承认并接受自己的卑微,才能成为一个真正的人。对于波伏瓦来说,要成为一个真正的人,就必须自己掌握自己的命运,就必须成为一个有尊严的人,同时又对自己的选择负责任,也对他者负责任。其实奥古斯丁的时代与波伏瓦的时代已经完全不同了,在波伏瓦看来,谦卑的信仰只会让人拘囿于内在性之中,只有从上帝的脚下站起来,按照自己的意愿往前行走并为之负责,才能超越内在性,才能在行动中去成为一个真正自由的人。

萨特是这样界定自我的,他说:"自我事实上不能被把握为一个实在的存在者:主体不能是自我,因为我们已经看到与自我的重合会使自我消失。但它同样不能不是自我,因为自我指示了主体自身。因此,自我代表着主题内在性对其自身的一种理想距离,代表着一种不是其固有重合、在把主体设立为统一的过程中逃避同一性的方式,简言之,就是一种要在作为绝对一致的、毫无多样性痕迹的同一性与作为多样性综合的统一性之间不断保持不稳定平衡的方式。这就是我们称作面对自我的在场的东西。自为的存在规律作为意识的本体论基础,就是在对自我在场的形式下成为自

---

[1] [法]萨特:《存在与虚无》,陈宣良等译,生活·读书·新知三联书店2007年版,第110页。

身。"① 萨特的自我是自我的在场，是对统一性与多样性、内在性与超越性之间不断进行选择和行为的主体性行动。波伏瓦回忆录中对自我的建构恰恰体现的就是超越性对内在性的抛弃，是从内在性走向超越性，而不是相反。无论是少女时代抛弃信仰，还是不顾家长的反对选择与萨特在一起；无论是坚持与萨特必然的关系却抛却世俗婚姻的形式，还是尽量不加掩饰地道出每一场偶然性的关系，波伏瓦都在不断地抛弃内在性的束缚，超越内在性、超越时代和文化对个体的捆绑，不断超越也使得波伏瓦背对世俗文化而面向不确定的未来。

波伏瓦认为有两种超越既成现实的方式，这种方式与继续旅行或逃出监狱有着天壤之别。"一种情况下，它是以被接受的身份出现，而另一种情况下，它以被拒绝的身份出现。"② 以被接受的身份出现是根本的被动性，是逃出监狱的人试图被社会所接纳的姿态，而以被拒绝的身份出现则恰好相反，被拒绝表明了面对社会体现出来的是一种主动的姿态，尽管被社会抛弃，但这其实是自我拒绝被社会接纳的方式，是自我主动选择的一种拒绝社会的方式。波伏瓦也正是通过这种被拒绝的身份出现的，被拒绝实际上是对背对社会、面向不确定的一种极佳的诠释。波伏瓦说："人所预订的最高目标就是他的自由，自由是唯一可以构成任何目标的价值的东西。"③ 波伏瓦在回忆录中对自我的叙述也正建构了这样的一个自我：沿着自由的方向、背对社会、朝向未知的掌握自我命运的女人。若把奥古斯丁的《忏悔录》看作是西方文学史上第一部对自我进行建构的传记性文本，那么实际上奥古斯丁建构的那个自我若按照存在主义观点来看恰恰是一个滑向内在性的自在的存在，这样的一个存在抛弃了自由、未知和超越，甘愿做信仰的奴隶，而在正统的西方观念看来，这才是一个值得赞美的人。但是时过境迁，20世纪的人们经历了无数次观念的碰撞，人们对人的认识发生了根本性转变，一个真正能称得上人的存在不应当是上帝的奴隶，而应当是自己命运的主宰；不是匍匐在上帝的脚下将一切交给上帝主管，而是将自由、未知掌握在自己手中，不断超越被文化主宰而导致的对人的内在性的束缚。在这个意义上，波伏瓦的回忆录本身就是一次对西方传记体的重构，是西方传记体观念上和叙述上的一次转折。

奥古斯丁在对建构自己的内在性特制的过程中，上帝的角色至关重

---

① [法]萨特：《存在与虚无》，陈宣良等译，生活·读书·新知三联书店2007年版，第111—112页。
② [法]波伏瓦：《模糊性的道德》，张新木译，上海译文出版社2013年版，第77页。
③ 同上书，第106页。

要，可以说正是有了上帝这个绝对的存在，才有了奥古斯丁的自我的形成，也才有了中世纪人对自我的认识的形成。在波伏瓦的时代，上帝的角色已经被放置在了一个不太重要的位置上，那么对自我的建构的对立面的位置上是空缺的，如何填补在奥古斯丁时代上帝位置的空缺，存在主义哲学家找到了世俗中的他者。波伏瓦也在她的回忆录中通过对他者的叙述填补了那个空缺的上帝之位，在自我与他者的二元对立中，完成了对自我的建构。在波伏瓦的回忆录中，他者分化在不同的角色中，当波伏瓦试图建构一个在少女时代就已经明白要掌握自己命运的独立的人的时候，父母是他者，妹妹和好朋友是同盟；当波伏瓦要建构一个背离世俗羁绊的自由人时，萨特是那个成全她的人，而那些围绕在她与萨特周围的人则是给那段关系锦上添花的人；当波伏瓦在建构完成一个命运上已经完全自主的人的时候，这个已经有能力去成为一个自为存在的人也有能力去帮助他人成为这样的人，于是波伏瓦的学生、需要她帮助的社会进步人士还有远在东方的中国等都成为成全波伏瓦自我建构的元素。而且波伏瓦也的确是在按照她的哲学观念在叙述他者，而在她对他者的叙述中也成全了一个自我。进而言之，波伏瓦对他者的关照，实际上是为了自我的建构，至少在波伏瓦的回忆录中是如此体现的。

  波伏瓦将他者作为一个主体加以论述，实际上是为了将自我建构成为一个不确定的、面向未来的存在，而不是一个已然完成的存在。从对自我的建构到对他者的建构，实际上还是为了从他者走向自我，从他者的主体性走向自我的主体性，从他者的不确定性走向自我的不确定性，这与奥古斯丁试图从上帝那里发现自己的残缺是很不一样的。奥古斯丁发现的那个在上帝面前残缺的自我，实际上是为了获得在世俗人眼中那个完美的、完全的、完整的自我。而波伏瓦恰恰是在背离社会、背离信仰的道路上朝向未知朝向不确定中建构起了一个不完美、不完全、不完整的自我，而这个自我恰恰正是存在主义哲学家萨特认为的那个自为存在的人。即是说，波伏瓦通过回忆录的叙述，用通俗的方式回应了萨特的存在主义的哲学观，也正如波伏瓦在她自己的论著中认为的那样，"在人身上总是有成为那种存在的欲望，即让自己的存在缺失的欲望"[①]。波伏瓦的回忆录叙述了那样一种人，不满足于现状，努力背对社会与文化，朝向不确定之未来与缺失的人。

---

 ① ［法］波伏瓦：《模糊性的道德》，张新木译，上海译文出版社2013年版，第112页。

第四章 与现代理论的对话

波伏瓦是一位现实使命感非常强烈的作家和哲学家。作为哲学家,她的思想自然不是凭空产生的,而是受到前代哲学家的影响与同代哲学家的交锋加上自己的思考形成的。这一章主要探讨波伏瓦的他者思想是如何受到前代和同代哲学家影响的。由于萨特的存在主义哲学本身就是一个受前代许多哲学流派影响的集各家思想之大成的哲学体系,比如黑格尔、海德格尔、胡塞尔、克尔凯郭尔、尼采和笛卡尔等。萨特的存在主义是西方现代哲学的一个综合和变体,不仅海德格尔的存在主义与萨特的存在主义有很大差异,就连同时代的波伏瓦的存在主义与萨特的存在主义差异也很大,因此,要考察存在主义者波伏瓦的他者思想,就必须弄清楚波伏瓦在哪些地方接受了前代哲学家的观点,又在哪些地方将其转化成了自己的观点;同为第二次世界大战后法国存在主义的代表人物,波伏瓦的他者思想与萨特对他者的思考有哪些不同;波伏瓦在哪些地方接近并接受了现象学家莫里斯·梅洛-庞蒂的他者观。

第一节 对黑格尔他者观的辩证发展

德国三位哲学家黑格尔、胡塞尔和海德格尔都对波伏瓦的哲学产生过影响。波伏瓦的好友莫里斯·梅洛-庞蒂继承了胡塞尔的现象学哲学,他对波伏瓦的影响甚至胜过萨特:《第二性》最直观的方法就是对现象的描述。黑格尔和海德格尔对波伏瓦的影响则要隐秘和深入得多,从波伏瓦在《岁月的力量》的两段话中我们可以看出波伏瓦对黑格尔和海德格尔思想的大致理解。波伏瓦说黑格尔的思想"把自己的人生放在历史发展的必然规律中来审视,超然地对待死亡问题"①。黑格尔哲学使波伏瓦感到渺小的个人在浩瀚的历史必然性面前只不过是偶然的一瞬间而已。

以上说法直观地表明黑格尔对波伏瓦的影响,然而,影响还不仅仅如此。波伏瓦从黑格尔哲学中汲取的不仅仅是历史的必然与偶然等观念,更重要的是黑格尔的主—奴关系转化的观点。虽然主—奴关系转化在黑格尔的《精神现象学》一书中占的篇幅不大,但它在一定程度上浓缩了该书的主要思想。根据黑格尔的观点,自我意识标志了人类的差异性,自我意识就是人类去获取某种特定性的过程。人类之所以与动物不同,是因为人类具有自我意识,自我意识的特征是欲望,动物的欲望是食物和其他动物的肉体,而人类的欲望则是统治他人,通过占有、摧毁他人,人类获得了统治权,这是人类意识建立和持续的过程。黑格尔说的自我意识只有通过另外一个自我意识才能得到满足指的就是这个意思。黑格尔称通过另外一个自我意识而得以满足的自我意识的过程为"相互地承认着它们自己"②的过程。当两个自我意识相遇时,为了树立自己的意识,它们都要通过对方的意识,即要通过另外一个自我意识的他者性来确立自我意识的主体性。两个意识对对方的行为都是如此,因此两个自我意识的相遇必然产生冲突,总有一方要处在依赖的、客体的、他者的位置上,而另一方会处在独立的、主体的位置上,黑格尔称这两方分别为奴隶和主人。主人是独立的、主体的、本质的一方;奴隶则是依赖的、客体的和非本质的一方。然而,主人离不开奴隶,因为主人之所以为主人,是因为它的独立的、主体的、本质的特征正是来源于奴隶的依赖的、客体的和非本质的特征。奴隶也离不开主人,奴隶的依赖的、客体的和非本质的特征正是由于主人的独立的、主体的、本质的特征才产生的。黑格尔这样描述主人和奴隶的产生:在拿生命去拼搏以实现自我意识的过程中,两个同为自我意识的人的搏斗必然存在胜利的一方和失败的一方,这样"作为极端相互对立着,一方只是被承认者,而另一方只是承认者"③,只是失败的一方不得不放弃自己的自由,胜利的一方也不是简单地把失败的一方杀死,而是让他们成为自己的奴隶,受自己意识的支配,从而剥夺他们的意识。于是,"一个纯粹的自我意识和一个不是纯粹自为的,而是为他物的意识就建立起来

---

① [法]波伏瓦:《岁月的力量》(二),黄荭、罗国林译,作家出版社2012年版,第103页。
② [德]黑格尔:《精神现象学》(上),贺麟、王玖兴译,上海人民出版社2013年版,第183页。
③ 同上。

了，这就是说，作为一个存在着的意识或者以物的形态出现的意识就建立起来了。两个环节都是主要的，因为它们最初是不等同的并且是正相反的，而它们之返回到统一里还没有达到，所以它们就以两个正相反对的意识的形态而存在着。其一是独立的意识，它的本质是自为存在，另一为依赖的意识，它的本质是为对方而生活或为对方而存在。前者是主人，后者是奴隶"①。在为主人劳动的过程中，奴隶逐渐认识到自己的价值，为我的意识逐渐产生，对死亡的恐惧也在一刹那间使他看到了自己的本质，他的物的特征越来越单薄，而自我意识则越来越浓厚，他产生了统治他人的欲望。相反，不劳而获的主人由于处于享乐的地位，他反而要依赖奴隶的劳动了。这样，主人就逐渐地从独立意识转化为依赖意识，而奴隶通过劳动认识到了自己的价值，因此奴隶逐渐地从依赖的意识转化为独立的意识。

其实，关注黑格尔的主—奴辩证关系的在法国不止波伏瓦一人，还有亚历山大·科耶夫（Alexandre Kojève，1902—1968）和让·伊波利特（Jean Hyppolite，1907—1968）等人，波伏瓦对黑格尔的主—奴辩证关系的看法直接来源于科耶夫对黑格尔的阐释。而科耶夫对黑格尔的阐释则是结合了马克思哲学后的黑格尔哲学。马克思和黑格尔的综合在法国有一段渊源，黑格尔和马克思的一些著作在20世纪30年代的法国逐渐被翻译传播开去，比如黑格尔的《精神现象学》和马克思的《1844年经济学哲学手稿》《德意志意识形态》等。对黑格尔和马克思思想在法国的传播起到至关重要作用的是科耶夫和梅洛-庞蒂等。虽然黑格尔和马克思在20世纪30年代的法国已经被一些知识分子所知晓，但真正被广泛接受却是在战后。尤其马克思思想在战后法国得到了前所未有的学习、研究和传播。马克思思想在战后法国的广泛接受是与当时法国国内左派势力的发展和他们对苏联的列宁和斯大林思想在政治方面的信仰分不开的。在左派人士看来，苏联的马克思主义是真正的马克思主义，列宁和斯大林才是马克思思想的真正的阐释者。冷战开始的40年代末期的法国，马克思思想对当时的知识分子在认识国内国际大形势方面起到了重要的指导作用。黑格尔哲学和马克思哲学的一个共同点就是对压迫根源的探究。黑格尔把压迫的根源放在人类意识上，而马克思把压迫人类的根源放在私有制经济上，由于马克思无法揭示在私有制之前的压迫根源，而黑格尔则揭示人类意识中的

---

① ［德］黑格尔：《精神现象学》（上），贺麟、王玖兴译，上海人民出版社2013年版，第186页。

统治意识则是压迫的根源正好弥补了马克思没有解释的那部分，因此把黑格尔和马克思综合起来的想法在战后法国流行了起来。萨特和波伏瓦的存在主义思想就包含着黑格尔和马克思思想的某些因子，只是萨特和波伏瓦在对黑格尔的接受上的侧重点不同：萨特强调人类意识中统治的一面，在《存在与虚无》中，萨特就把自我与他者的意识放在对立的位置上；波伏瓦强调主—奴关系转化的一面，她没有沿用主客体的对立思维，而采取了转化的综合思维，波伏瓦在《第二性》中对女性是绝对他者原因的分析中就综合了黑格尔的主—奴关系的转化观点。

科耶夫把一个意识要通过别的意识承认的过程看作人类成为人类的过程，"这样就把它看作是人性和历史的根源"[1]，主—奴辩证关系是"阶级斗争的主题，也是所有阶级社会的循环模式"[2]。科耶夫是法国比较早地认为黑格尔的主—奴关系在劳动中的转化这一点影响了马克思的阶级斗争理论的代表者之一，他认为"是劳动，而且只有通过劳动，人类才能有目的地把自己实现为人"[3]。主人与奴隶最大的区别是，主人为了实现自己的目的敢于拿生命去冒险，如果奴隶要成为主人，他也必须像主人那样敢于用生命去改变处境。"在劳动改变世界的过程中，奴隶也改变了他自己，这样，他创造了一个新的客观处境，让他再一次采取自由的斗争去获得他一开始因为害怕死亡而拒绝去获得的承认。"[4] 在科耶夫的观念里，在主—奴这两个对子中真正起主导作用的其实是奴隶一方，是奴隶的劳动，催生了这一关系向相反方向的运动；也是奴隶的劳动，使得主体性和奴隶性变得非本质化，"完全的、纯粹的自由人将是战胜了奴隶性的奴隶"[5]。马克思说劳动创造了历史，科耶夫说奴隶的劳动创造了历史，这里的奴隶是黑格尔辩证法中的奴隶，它不是指特定历史社会中的人群，而是指具有一定普遍性的关系中的辩证一方，人类社会就是一部主人和奴隶斗争的历史。科耶夫认为当主人和奴隶的斗争停止，人类历史也就终结了，将再也不会有战争，也不会有革命。然而，人类也将停止成为人类，

---

[1] Eva Lundgren-Gothlin, *Sex and Existence: Simone de Beauvoir's The Second Sex*, trans. Linda Schenck, London: the Athlone Press, 1996, p. 63.

[2] Ibid., p. 63.

[3] Allan Bloom ed., *Introduction to the Reading of Hegel: Lectures on the "Phenomenology of Spirit"*, Assembled by Raymond Queneau, trans. James H. Nichols, New York: Cornell University Press, 1980, p. 30.

[4] Ibid., p. 34.

[5] Ibid., p. 26.

"人类将像动物一样活着,同自然和其他物种和谐存在"①,自由地把自己投入"艺术、爱和体育等上面,总之,任何一个让人类幸福的事情上面"②。

波伏瓦接受了科耶夫对黑格尔和马克思的综合,主要有两点:第一,波伏瓦接受了黑格尔把人类意识中的统治欲望看作是压迫的根源,根据这一点,波伏瓦在《第二性》中否定了恩格斯把私有制看作是人类不平等的根源的看法;第二,波伏瓦接受了马克思创造价值的劳动的观念,根据这一点,女性受压迫的原因是因为女性的家务劳动不创造价值,因此也就不会被社会承认。波伏瓦说:"要是根据黑格尔的观点,人们在意识本身发现一种对任何其他意识完全敌对的态度,这些现象就明白如画了;主体只有在对立中才呈现出来;它力图作为本质得以确立,而将他者构成非本质,构成客体。"③反过来说,其他意识也会把另外的意识看作客体,以此确立自己的主体。根据黑格尔的观点,意识本身有统治另外意识的欲望,在波伏瓦看来,这是压迫的根源,它恰如其分地解释了为什么在人类历史的所有形态的社会中女性一直是他者的根本原因。波伏瓦认为女性受压迫的原因正在于人类意识中固有的帝国主义的统治意识,它总在寻找其他被压迫的对象。压迫的手段有暴力,也有意识中对他者意识的蔑视等。在波伏瓦看来,女性之所以是他者,是因为男性总要在视女性为他者的基础上才能确立男性自身的主体性,因为主体只有通过客体才能确立自己的主体位置。

如果按照黑格尔的主—奴转化的关系,女性为什么几千年来没有实现这层转化呢?波伏瓦从这里开始引入马克思的观点,女性之所以没有实现这层转化,是因为女性从来没有像奴隶那样进行劳动,即女性的劳动是不可能让她们逐渐认识到自己的独立性和对主人的依赖性的。波伏瓦看到,女性的活动范围主要是家庭,从事家务劳动和生育生产是女性一生最主要的事情,而家务劳动和生育生产都被看作是自然行为。女性不创造价值,她们要依赖父亲、丈夫为她们提供的物质资料而得以生存下去,而她们以及她们的劳动就如同动物一样,循环往复,既不会为家庭带来财富,也不可能给社会带来价值。女性根本就不属于主—奴链条上的任何一环,她和

---

① Allan Bloom ed., *Lntroduction to the Reading of Hegel: lectures on the "Phenomenology of Spirit"*, Assembled by Raymond Queneau, trans. James H. Nichols, New York: Cornell University Press, 1980, p. 158.
② Ibid..
③ [法]波伏瓦:《第二性Ⅰ》,郑克鲁译,上海译文出版社 2011 年版,第 10 页。

大自然、动物没什么两样,她是绝对的他者,是绝对的客体,而男性则是绝对的主体,男性像征服大自然和动物界一样征服女性,却不用担心她会反抗,因为她以及她的劳动跟奴隶以及奴隶的劳动有根本的区别。奴隶通过自己的劳动能够获得承认,女性的家务劳动和生育生产是不可能获得承认的。波伏瓦虽然接受黑格尔对压迫根源的解释,但不满足于黑格尔的主—奴转化的观点,也不满足于科耶夫对黑格尔的阐释,因为主奴辩证关系和劳动的观点解释不了女性与男性关系为何一直是他者与主体的关系而没有发生变化。

于是波伏瓦在《第二性》中进行了颠覆性的思考,她认为女性不同于奴隶,因为奴隶曾拿自己的生命去冒险,但女性没有,黑格尔说:"一个不曾把生命拿去拼了一场的个人,诚然也可以被承认为一个人,但是他没有达到他之所以被承认的真理性作为一个独立的自我意识。"[①] 波伏瓦还认为女性如同大自然和动物一样,她没有为自己的意识,而只有为他的意识,因此她像大自然和动物一样才会是绝对的他者,男性才会一直以来处于统治地位。因此波伏瓦提出解决这个问题的办法是:女性应当走出家庭,改变自己单一的生育角色,参加有偿劳动,进入黑格尔的主—奴辩证链条中,在有偿劳动中体现自己的价值,建立起为自己的意识。这个解决方案体现了波伏瓦对黑格尔和马克思的综合。

黑格尔的主—奴转化的思想与马克思的经济压迫的思想结合起来之后形成的波伏瓦的女性主义观念又将走向哪里?经过市场劳动而逐渐确立了主人意识的女性是否反过来要压迫另一个性别为奴隶从而确立自己的主人位置?如果是这样,那么波伏瓦只不过把黑格尔的主—奴链条在性别这个对子里颠倒过来,并没有使之产生实质性改变。坚持意识压迫和经济压迫并存的波伏瓦并非仅仅对黑格尔和马克思思想进行一下综合,而是有她自己的独立看法:女性进行有偿劳动实现自己的市场价值,并在此过程中逐渐地确立自己的独立意识,这是一个由外在的劳动实现内在的独立意识的过程,在这一过程中,没有客体、绝对他者的产生,而只有不断超越客体、绝对他者而逐渐走向独立的主体的人。如果按照黑格尔的意识压迫的观念,那么波伏瓦的这一摆脱他者走向主体的过程势必会造成另一个他者的产生;如果按照马克思的经济压迫的观点,那么波伏瓦的这一通过劳动实现主体性的过程同样也是不可能的。那么波伏瓦是如何实现的?即是说

---

① [德] 黑格尔:《精神现象学》(上),贺麟、王玖兴译,上海人民出版社2013年版,第185页。

在意识压迫和经济压迫之外,波伏瓦还坚持什么观念?正如绪论中所说的,波伏瓦的他者是一个网络链条中不同连接点的相互关系。在波伏瓦的观念里,没有绝对的主体也没有绝对的他者,即是说,由于关系不同,每个人都可能成为主体也可能成为他者,因此,人所要追求的不是成为一个主体,而是如何不沦为一个他者,如何不被那些依赖的、被动的、低贱的、卑微的观念所挟持,如何努力去成为一个独立的、主动的、高尚的、有尊严的人;人所要追求的不是去用自己观念里的帝国主义意识去统治他者,而是如何降低自身中的他者因素——观念里的依赖意识。这就是波伏瓦在《第二性》中既没有喋喋不休地抬高女性价值,也没有义愤填膺地批判男性价值的根本原因。

波伏瓦给女性解放开出的药剂最终还是存在主义,她一方面认为女性是绝对的他者,另一方面她也描述了独立的女性。是成为他者还是独立的人,波伏瓦最终的答案是:女性的选择。绝对他者的女性出现的原因不可能完全在男性身上,女性参与了自己成为绝对他者的计划。存在主义的观点就是任何人都是自由的,他或她的现在的处境都是过去选择的结果,而他或她现在的选择也将决定未来的处境。女性之所以是他者,是因为过去女性选择了成为他者,如果要改变这个他者的处境,那么女性只有选择去成为人的行动,波伏瓦在《第二性》中开篇即强调:"我们采用的观点是存在主义的道德观。一切主体都是通过计划,作为超越性具体地确立自己的;它只有通过不断地超越,朝向其他自由,才能实现自由;除了向无限开放的未来扩张,没有为当下存在辩解的方法。"① 这段话已经为该书奠定了基调,波伏瓦不会为女性受到的不公平待遇鸣不平,更不会为女性的他者角色做辩护,也不会谴责男性的帝国主义的统治意识,她要做的就是:清楚地描述历史(过去)给女性遗留的处境是什么,当今女性的处境是什么,女性该如何利用自己的自由去超越当下的处境为未来的处境增添有益的因素。

无论波伏瓦选择用黑格尔的主—奴辩证关系来解释女性受压迫的根源,还是用黑格尔与马克思的综合来解释女性进行社会劳动的重大价值,波伏瓦最终选择的还是用存在主义的自由观去阐释女性的自由选择对改变历史(过去)遗留下来的、对她们不利的处境的重要意义,波伏瓦强调女性的自由选择对改变她们当今和未来的处境、改变她们的他者角色的重要性。总之,波伏瓦选择阐释解决女性受压迫问题的方法是详细的描述和

---

① [法]波伏瓦:《第二性 I 》,郑克鲁译,上海译文出版社 2011 年版,第 23 页。

冷静的分析，而不是激情的控诉，这让很多读者感到不满，她们觉得波伏瓦是男性中心主义的代言人。其实，只有了解波伏瓦的存在主义的立场，我们才会发现波伏瓦采用的方法不是男性中心主义的而是她自己对女性解放的独特的、有效的思考，从《第二性》的被接受和其影响史来看，这一点已被充分证明。

第二节　与海德格尔他者观的比较

德国哲学家海德格尔在法国研究的兴盛始于20世纪30年代，海德格尔最初在法国主要是以阐释人类学和存在主义为主要特征的哲学家，当时把海德格尔引入法国的哲学家主要有亚历山大·柯依雷（Alexandre Koyré，1892—1964）、埃马纽埃尔·列维纳斯（Emmanuel Lévinas，1906—1995）、约翰·瓦尔（Jean Wahl，1888—1974）和亚历山大·科耶夫。波伏瓦和萨特对海德格尔的阅读则开始于1939年。萨特和波伏瓦都接受了海德格尔的"此在"（Dasein，being）的观念。存在主义的核心观念是存在先于本质，从海德格尔到萨特和波伏瓦，这根本的一条是相同的。萨特和波伏瓦对海德格尔接受的重点是不同的，这也形成了两者哲学思想上的差异。波伏瓦主要接受了海德格尔此在中的"共在"（Mitsein，being-with）。海德格尔的"共在"观点对波伏瓦的他者思想影响很大，在波伏瓦早期的论文《碧吕斯与西涅阿斯》《模糊性的道德》和《第二性》中都有体现。

波伏瓦对海德格尔的接受与当时的社会现实有着密切的关系。波伏瓦在回忆录中提到她接受海德格尔的原因："海德格尔曾让我坚信，'人类的真实'是从每个人身上得到完成和体现的；相反，每个人都参与其间并对全体造成影响。一个社会是推崇自由还是感受奴役，这决定了个人是像人群中的一个人一样活着还是像蚁穴中的一只蚂蚁那样活着。不过我们每个人都可以质疑群体的选择，反对它或认可它。"[①] 波伏瓦的这段话既表明了她接受海德格尔的时间和历史环境，也表明了她从三个方面接受了海德格尔：第一，在世界上与他人共在的看法，"我早就认识到我与同时代人是紧密联系在一起的""我获得解放的命运是同整个国家紧密联系在

[①] ［法］波伏瓦：《岁月的力量》（二），黄荭、罗国林译，作家出版社2012年版，第103—104页。

一起的"；第二，选择争取自由是一种责任，"我懂得这种紧密的联系更增加了我的责任感""我也有义不容辞的责任：努力创造解放的条件"；第三，处境是无法完全超越的，"任何一个人都不可能在他所处的社会中超脱""即使是自杀也不能摆脱这种困境"。这三点是波伏瓦的现实体验与海德格尔思想结合的产物。"人类存在的现实"是指人类存在的缺失，人类"不是必须在那里存在，成为普遍的、现存的物"①，人类"是存在的存在性在场的唯一的位置，它揭示了一个共同的意义世界"②。即是说，人类存在的现实就是人必须去创造、发现和揭示意义，因为世界上不存在本质的、不变的意义，人被抛入这个世界，意义必须通过人在世界中的行动去创造、发现和揭示。波伏瓦说："他怎样在地球上获得一个位置？只有通过把他自己投掷入世界中，只有通过他的谋划让他在他者中间存在，他才能找到一个位置。"③ 但我们在波伏瓦这段话里更多地认识到了波伏瓦对海德格尔共在思想的接受，比如，与他人的联系。

在海德格尔的哲学里，自我与他者该发生怎样的联系呢？海德格尔否定了"操劳"的做法，肯定"操持"的做法。所谓"操劳"就是自我越俎代庖，完全把他人排斥在外，这样的"操劳"也有两个极端做法，"……在操劳中自己去代替他，为他代庖〔einspringen〕"④，或者"使自己完全脱卸其事"⑤。完全代替别人去行事或者完全放弃自己的责任都不是自我与他人之间应该存在的关系，因为"在这样的操持中他人可能变成依附者或被控制者，虽然这种控制也许是默不作声的、对被控制者始终掩蔽着的"⑥。海德格尔肯定的是这样的关系："这种操持如其说为他人代庖，不如说是为他人生存的能在作出表率〔vorausspringen〕；不是要从他人那里揽过'操心'来，倒恰要把'操心'真正作为操心给回他。这种操持本质上涉及本真的操心，也就是说，涉及他人的生存，而不是涉及他人所操劳的'什么'。这种操持有助于他人在他的操心中把自身看透并使

---

① Leslie Paul Thiele, *Timely Meditations: Martin Heidegger and Post-modern Politics*, Princeton, N. J.: Princeton University Press, 1995, p. 45.
② Ibid..
③ Simone de Beauvoir, *Pyrrhus et Cinéas*, Paris: Gallimard, 1971, p. 46.
④ ［德］马丁·海德格尔：《存在与时间》，陈嘉映、王庆节译，生活·读书·新知三联书店2006年版，第141页。——引文中的着重号为原文所有。
⑤ 同上。
⑥ 同上。

他自己为操心而自由。"①

海德格尔用"此在"一词来界定这样一种存在者,"这种存在者,就是我们自己向来所是的存在者,就是除了其他可能的存在方式以外还能够对存在发问的存在者。我们用此在〔Dasein〕这个术语来称呼这种存在者"②。什么样的存在才能使得存在者能够对存在本身进行发问呢?那就是"此在"的存在方式。Dasein 中的 Da 既指这里又指那里,sein 指"是",从 Dasein 一词的表象上看,该词是指既可以在这里也可以在那里的"是"。Dasein 是不确定的"是",这种"是"不是永恒的、固定的,而是处在行走之中的一个存在。只有以这样的存在方式,存在者才能对存在本身发问。如此一来,海德格尔的"此在"具有了空间性和时间性,"此在"不是一种固定的自我的存在,也不是他者的存在,而是具体的个体永远在朝向未来的一种存在。在空间中,此在是个体朝向他者的存在;在时间中,此在是个体朝向未来的存在。

为了避免"对他人来照面的情况的描述却又总是以自己的此在为准"③,海德格尔设定了谈论他者的情况:"'他人'并不等于说在我之外的全体余数,而这个我则从这全部余数中兀然特立;他人倒是我们本身多半与之无别、我们也在其中的那些人。"④ 他人在海德格尔这里是和我们没有分别的人。海德格尔就这样把自我与他人共置于此世上,"这个和他人一起的'也在此'没有一种在一个世界之内'共同'现成存在的存在论。这个'共同'是一种此在式的共同。这个'也'是指存在的同等,……由于这种有共同性的在世之故,世界向来已经总是我和他人共同分有的世界。此在的世界是共同世界。'在之中'就是与他人共同存在。他人的在世界之内的自在存在就是共同此在"⑤。他人的位置被海德格尔从黑格尔的奴隶的位置上拯救出来,还原成同我和我们别无二致的存在者。波伏瓦从黑格尔的主—奴关系转化中看到了女性从第二等性别转化出来的可能性,接着海德格尔的他者同我"无别"的观点向前迈到了他者蕴含于我之内的观点上。从这个意义上讲,对他者的论述,其实波伏瓦从传统哲学中借来了两副拐杖:一副是黑格尔的主人与奴隶能够转化;一副

---

① [德] 马丁·海德格尔:《存在与时间》,陈嘉映、王庆节译,生活·读书·新知三联书店 2006 年版,第 142 页。——引文中的着重号为原文所有。
② 同上书,第 9 页。——引文中的着重号为原文所有。
③ 同上书,第 137 页。——引文中的着重号为原文所有。
④ 同上。——引文中的着重号为原文所有。
⑤ 同上书,第 137—138 页。——引文中的着重号为原文所有。

是海德格尔的他者与自我等同。波伏瓦将这两副拐杖用现象学哲学融合在一起，结合自己对伦理和政治的兴趣，在对社会现象和社会个案的考察中，形成了自己独特的哲学体系。

此在既向未来敞开，也向他人敞开，这是"共在"一词的含义。"共在是每一自己的此在的一种规定性；只要他人的此在通过其世界而为一种共在开放，共同此在就标识着他人此在的特点"①，此在就是在世界中与他人共享，每个人都是如此，即使是专制统治者，他也必须在这个世界中与他人共享，这是人类从一开始就具有的处境。在《碧吕斯与西涅阿斯》中，波伏瓦的思考开始具有海德格尔与他人共享的主题。波伏瓦一开始就提出一个关于他者的问题。她举例：一个小孩因为别人的儿子死了而哭泣，他的父母为此很生气，因为"毕竟那个小男孩不是你的兄弟"②。那个小孩听父母这么一说，擦干了眼泪。波伏瓦认为这是一个危险的信息，它让那小孩从此知道了他者对他自己来说是一个陌生的、与他自己毫不相干的存在，他者的存在"不关你的事"③，从此世界也变得与你无关。这是因为我们首先把自己视为一个孤独的存在："如果我自己仅仅是一个物，确实，没有任何东西与我相干。如果我把我自己从世界中抽离，那么，他者也对我关起门。无生命的事物的存在是隔离开的，也是孤独的。在我和世界之间没有事先建立的联系。"④但是波伏瓦认为在自我、他者和世界之间存在一种相互的力量，如果我认识到自己是作为一个人存在于世界上，那么，自己与世界之间的联系就建立在我的行动之中，而我的行动在某一个时空中或许会与他者发生关系，波伏瓦把这种关系界定为"模糊性"。

在《模糊性的道德》中波伏瓦论述了自我与他者这种模糊的关系，"模糊性"是该文的关键词。模糊性就是人类生存的处境，因为人的肉身的有限性与精神的超越性同时存在，"从他出生那刻起，从他被孕育那刻起，他就开始走向死亡；生命正是向坟墓缓缓行进的过程"⑤。人要不断地超越人的生命的有限性，人有不断地揭示存在的欲望与去成为存在的欲望，人类的这种模糊性是无法超越的，因为人的死亡是命定的。人对他人

---

① [德]马丁·海德格尔：《存在与时间》，陈嘉映、王庆节译，生活·读书·新知三联书店2006年版，第140页。
② Simone de Beauvoir, *Pyrrhus et Cinéas*, Paris: Gallimard, 1971, p. 13.
③ Ibid., p. 13.
④ Ibid., p. 14.
⑤ Margaret A. Simons ed., *Simone de Beauvoir: Philosophical writings*, Urbana and Chicago: University of Illinois Press, 2004, p. 289.

的依赖也是不可避免的,这是人类处境的模糊性的根本所在,也是一切伦理道德问题的模糊性的根本所在。波伏瓦介绍了人类存在的模糊性的三个方面:首先,人类有能力与我们的处境保持一定的距离,即使我们深陷不利的处境中,我们仍然有这种能力。而我们也具有依赖处境的内在性,我们人类的惰性,比如身体的有限性,使得我们不得不囿于一定的处境,超越性和内在性构成了人类处境模糊性的一方面。其次,我们同时是超越性的,也是内在性的,它们不是当下给定的,而是在不确定的未来所包含的,"确切地说,人类的存在不是在当下全部打开,而是在现在、过去与未来的实存的模糊性中被界定的。正如波伏瓦认为的,不管现在反映出来的有多么地崇高,如果我们从过去的角度去看的话,它是'不再',如果我们从将来的角度去看的话,它是'尚未',我们发现,我们所经历的现在时刻其实是'虚无'"①。最后,第三种人类存在的模糊性就是在把我的存在理解为独一无二的存在,是脱离他者的孤独的存在,与把我的存在看作是与他者的存在共同分享的存在,二者之间存在持续的张力。"当我把自己很大程度上归入超越性时,我发现我的处境不是独一无二的,而是与那些无数的他者有着相似的处境,他们在我以前、和我一起、在我以后未知的未来存在。"② 人类处境的模糊性可以通过自由去克服,人运用自由去通往超越之路,但在波伏瓦看来这种自由不是绝对的,它也必须受制于他者的自由。在《第二性》中,波伏瓦揭示了他者性是他者身上必须被超越的因素,超越的方法不是通过控制、言说贬低另一性别或另一类群,而是通过对自身肉体局限性的超越使精神达致一种更高的层次。在自我与他者的关系上,波伏瓦在《第二性》中用人类本身固有的超越性去克服女性身上被铭刻的他者性,自我与他者之间不是紧张的对立关系,而是在朝向未来的超越中他们共同承担打破局限、实现超越的目的的关系。海德格尔希望把"操持"真正还给他者,而不是由某一个人代替,波伏瓦把他者与自我的关系界定为互为处境的关系,这与海德格尔把"操持"真正还给他者在理论上是有联系的。

海德格尔"共在"一词虽然揭示了在世界中与他人共存的观念,但海德格尔并不完全认为自我与他人之间是不存在障碍的,而恰恰相反,他认为"共在"中包含了"虚假信念"或"不真诚"(inauthenticity)。"虚

---

① Margaret A. Simons ed., *Simone de Beauvoir: Philosophical writings*, Urbana and Chicago: University of Illinois Press, 2004, p. 283.
② Ibid..

假信念"就是放弃朝向自由的行动,在波伏瓦的小说人物中也有类似的经历,比如《他人的血》中布劳马一开始怀有的就是"虚假信念",他认为抵抗是没有用的,不如回去继承父业,但最终他认识到自己的退缩其实是对自由的放弃,认为抵抗无用的想法不但不会给自己带来自由,反而让自由离自己更远,因为不抵抗就是选择了放弃去争取自由。所以,小说最后布劳马组织了秘密暴力抵抗活动,他选择了行动。海德格尔所谓的不真诚的共在是指他人与自我的关系是冲突的、矛盾的、不友好的,而且海德格尔的共在也主要是指冲突的、矛盾的关系。海德格尔的政治哲学思想与纳粹主义之间的关系甚至在第二次世界大战之前就已为人们所知,20世纪40年代法国学界对海德格尔的共在观念的接受出现了转化,人们希望把海德格尔的共在观念与黑格尔的主—奴辩证关系的转化结合起来,波伏瓦在自我与他人关系上的改进就是她对此种结合的看法。波伏瓦认为与他人的关系既不能用冲突、压迫去界定,也不能用友谊或孤独去界定,而是认为在世界中与他人是一种相互性的关系。相互性关系是指,在自由的意义上,"让自己自由也就是让他人自由"[1];在处境的意义上,我的自由是他人自由的处境,反过来同样成立。正是在超越有限的处境、朝向未来的谋划中,我与他人共享了这项计划的历程。

实际上,波伏瓦接受了海德格尔共在观念中的一部分,这部分包括:坚持自我与他人在这个世界中;发展了海德格尔共在观念中自我与他者联系的部分,把联系的共在发展为相互性的共在。如此一来,波伏瓦暗示了与他人关系的新面貌:尊重他人的自由。波伏瓦说"作为自由人的他者的存在定义了我的处境,甚至是我的自由的条件"[2]。波伏瓦强调的自由是具体的而非抽象的,自由是处境中的而非概念中的,而每个人的处境都是有限的,也是相互联系的,尊重他人的自由也是尊重自己的自由。海德格尔的"此在"表示在这里与那里之间的位置,也可以表示在自我与他人之间的位置,但这个位置更接近"这里"或"我"这一边[3],即是说,从"此在"到"共在",海德格尔更倾向这里、自我的一面。对波伏瓦来说,"共在"是自我与他者的相互性关系,确切地说,波伏瓦对海德格尔"共在"观念的发展就是明确了自我与他者关系的相互性关系,以及自我与他者关系的方向性——无目的、平等地去接近他者,而不是为了确立自

---

[1] Simone de Beauvoir, *The Ethics of Ambiguity*, trans. Bernard Frechtman, Secaucus, N.J.: Citadel Press, 1980, p. 73.

[2] Ibid., p. 91.

[3] 参见陈嘉映、王庆节翻译的《存在与时间》附录一关于"Dasein"一词翻译的说明。

己的主体性这一为己的目的而去接近他者。

但是,我们也必须看到,波伏瓦对海德格尔的发展是有限的,与他者的相互性关系只是波伏瓦伦理思想对海德格尔等人的一个超越,它不代表与他者的关系是一种永久的友谊而没有冲突。因为什么都是有限的,自由、处境、责任都是有限的,与他者的关系也是有限的,这是波伏瓦伦理观的基础。波伏瓦说:"没有人类的行为是无限的;他者以我为基础进行的创造已经不是我的了。那个我治愈的病人或许在第一次出门时就被车撞到;不能说是我的治愈杀了他。我把一个孩子带到世上来,如果他成了一个罪犯,那么我也不是一个坏人。如果我宣布我承担我行动的无限的责任来,我不会想做任何事情。我是有限的;我必须欲望我的有限性。"[1] 有限性是波伏瓦伦理观的基础,这也暗示了波伏瓦伦理观的积极中的悲剧色彩。克里斯塔娜·阿普说:"她视人类处境的模糊性为悲剧。就像希腊悲剧的冲突,它无法被超越,必须面向结束去进行。"[2] 波伏瓦说:"最乐观的伦理都是从强调包含在人类处境中的失败的因素开始的;没有失败,就没有伦理。"[3] 而且,"失败不能被超越,而得去承担"[4],承担伦理的失败是波伏瓦伦理的一个重要内容。这种伦理的失败才是波伏瓦的伦理观得以成立的根本。正是由于波伏瓦在坚持自我与他者以及自我与世界的关系上的所有观念都是以失败为基础的,才使得波伏瓦的伦理观具有了面向未来的可行性。换句话说,波伏瓦的伦理观中具有成功与失败两重性,这凸显了人类努力的重要性。

第三节　与萨特他者观的不同

第二次世界大战期间以及战后的一段时间,萨特的存在主义风靡世界。波伏瓦作为存在主义的一分子,她的思想长期以来被看作是萨特思想的附庸,甚至有学者认为她没有自己独立的思考,完全是萨特的传声筒。这种观念在当代的西方学界已经逐渐被摒弃,而且波伏瓦思想的独特性也

---

[1] Simone de Beauvoir, *Pyrrhus et Cinéas*, Paris: Gallimard, 1971, p. 69.
[2] Kristana Arp, *The Bonds of Freedom: Simone de Beauvoir's Existentialist Ethics*, Chicago: Open Court, 2001, p. 48.
[3] Simone de Beauvoir, *The Ethics of Ambiguity*, trans. Bernard Frechtman, Secaucus, N. J.: Citadel Press, 1980, p. 10.
[4] Ibid., p. 13.

正逐渐被发掘出来。战争期间和战后几年是波伏瓦和萨特创作的高峰期，也是他们合作最密切的时期之一。不仅表现在他们共同创办的《现代》杂志宣扬了他们的存在主义思想，也表现在他们在这一段时间发表了许多思想性和评论性文章，比如波伏瓦的《碧吕斯与西涅阿斯》《模糊性的道德》，当然还包括《第二性》；萨特的重要哲学著作《存在与虚无》，还有一些评论性著作。本节把萨特在《存在与虚无》中所体现的他者观念与波伏瓦在《碧吕斯与西涅阿斯》《模糊性的道德》中所体现的他者观念做一比较，以期在两位最密切的合作者身上发现思想的分歧或交锋。波伏瓦关于他者观念主要体现在她对身体、自由以及与他者的关系的论述上；萨特在《存在与虚无》中通过对自我、自为的分析表达了他对他者的看法。

萨特在《存在与虚无》中提到他人存在的难题是羞耻的存在。如果我承认了我就是他人注视中的那个对象，那么羞耻就会产生，"羞耻根本上是承认。我承认我就是他人所看见的那个样子"①。萨特一开始就把自我与他者的联系放置在注视之上，我在他者眼睛所反映之物里不见得就是我自己对自己的认识，即自我的主体性在他者那里会变为客体性，这样，自我在他者眼里就成了跟桌子等物品一样的存在，自我的自为性被取消了，自我变成了自在之物。注视是萨特十分重视的一个概念，正是由于注视的存在，他者的威胁性也存在了。试想一下波伏瓦切入他者却不是通过注视，而是一个伦理式的切入，比如上帝的不存在，再比如人在自为的创造性活动中必然与他者相遇。波伏瓦首先把他者放置在一个自为的行动中，自为的自我正是由于这种不断超越的创造性活动而遭遇了他者，而不是由于注视而产生他者。波伏瓦与萨特论述他者时都提到一个例子，我们不妨将之做一个对比，以具体考察一下二者对他者问题的切入点。

> 我在公园里。离我不远是一块草地，沿这块草地安放着一些椅子。一个人在椅子旁边走过。我看见了这个人，我同时把他当作一个对象和一个人。这意味着什么呢？当我断言这个人对象是一个人时，我是想说什么呢？
>
> 如果我应该认为他只不过是一具人体模型，我就能把我通常用来给时空"事物"归类的范畴用于他。就是说我把他当作在椅子"旁边"，离草地 2.20 米，对地面有某种压力的，等。他与别的对象的关

---

① [法] 萨特：《存在与虚无》，陈宣良等译，生活·读书·新知三联书店 2007 年版，第 283 页。——引文中的着重号为原文所有。

系是一种纯粹相加的关系；这意味着，我能使他消失而别的对象之间的关系并不因而发生显著的变化……相反，知觉到他是人，就是把握了椅子和他的关系是非相加的，就是记住了我的天地中的诸事物无距离地组织在这个特别优越的对象周围……就人这个对象是这种关系的基本项而言，就这关系走向人这对象而言，这关系逃避了我，我不能置身于中心……①

即是说，他人对于我来说，既具有物的性质，也具有人的性质；当把他者看作与物没有差别时，这时，自我的主体性没有受到威胁；但当他者在同时注视我，并把我也看作物时，自我的主体性就受到了威胁。萨特承认注视是双向的，在我与他人之间存在相互视为客体的可能性。即使我与他人都把对方视为主体，那么对任何一方来说，他人都是自我的威胁因素，因为主体总在寻求着它的客体。在这个意义上，萨特在他者观念上仍然坚持二元对立的思维模式，主体与客体的对立观念是萨特思考他者观念的一个基本立场。

正常的人是不会认为自己是用玻璃或木头做的。他不会认为自己是一个木偶，或一个幽灵，他也不会完全相信他的眼泪或笑声。发生在他身上的一切都不是完全的真实。然而，我即使长时间地关注镜子中的自己和把我的故事告诉我自己，我也永远都不能把我自己当成是一个固定的物体。我感觉自己身体里的虚无就是我自己；我感觉我不是任何的。那就是为什么任何的自我的迷信都是不可能的；我不可命定我自己为我自己……他者很容易达到奇迹般的不可企及的品质，因为他自己经历了他心中的空无……我是虚无，我相信在他的存在中，他也是物之外的一个东西。他也有超越的无限性……

当一个小孩画完一页图，或写满一张纸，他跑到父母面前展示。他需要他们的赞扬，如同需要糖果或玩具一样；那幅图画需要一双观察它的眼睛。这些杂乱的线条必须为了某人而变成一艘船或一匹马。因此奇迹完成了，小孩很自豪地完成了他的彩色画。从那时起，那里就有了真的船，真的马。

……

---

① [法]萨特：《存在与虚无》，陈宣良等译，生活·读书·新知三联书店2007年版，第320—321页。——引文中的着重号为原文所有。

那么，我们期望从他者那里获得什么呢？①

在《碧吕斯与西涅阿斯》中，即使波伏瓦对他者的论述只占了很少篇幅，但它绝非可有可无。在某种程度上，"他者"是全文的指向点，无论是对行动的重视，还是对交流的重视，或者对人性的思索，还有波伏瓦在文中几处提到了我与邻居的关系（比如，一个小孩因为别人儿子的死而哭泣）等，这些都说明在《碧吕斯与西涅阿斯》中，波伏瓦要强调的是自我怎样在这个世界上行动，而行动的任何一方面都离不开特定的环境，而他者就是这个环境的核心组成部分，自我必须与他者共存。波伏瓦切入他者的论题一开始就把自我与他者放置在一个宽容的、需要修正的关系上面。可以说，同为存在主义者的萨特和波伏瓦对处境的理解是大不相同的。这个理解不是指处境本身的轻松或者恶劣，而是指置于处境之中的那些人是必须发生联系的，而且这种联系必须建立在共同面对或轻松或恶劣的处境的基础上，因为这个处境本身就是由他者和自我共同构成，换句话说，自我与他者的关系决定了处境的性质。因此，波伏瓦一开始就把自我与他者的关系置于一个很高的位置，而非如萨特那样，一开始就把自我与他者置于一个相互注视、彼此互为潜在的威胁因素的位置上。切入角度的差异对二者的他者观产生很大的影响，比如在考虑他者自由问题上的差异等。但是，另一方面我们也必须考虑到，萨特对自由的理解与对他者的理解孰为因孰为果并不能被截然分开。因此当我们讲到萨特对自由的理解与对他者的理解相一致时，我们并不能确定是前者导致了后者，我们只能确定这是一种相互影响的关系。

波伏瓦对他者同样采用描述的方式，但她把他者置于与萨特迥然有别的处境之中。首先，她肯定了正常人的主体性。其次，她认为这种主体性的意识是可以交换的，自我的虚无感与他者的虚无感是同样的，他者也有超越性。最后，自我从他者那里有所期望，并会将这种期望看作是真实的，是将与现实发生关系的，而不永远是虚假的。当波伏瓦把自我与他者置于现实的相互交换之中时，她所创造的自我与他者可以凭借活动的处境使身体与意识同在，而非萨特的自我与他者主要是意识的交换，所以带来的是意识的冲撞。波伏瓦从身体与意识两方面发现自我与他者的关系，所以认识到自我与他者是相互性的关系。

萨特在"为他"一卷中专门用一章的篇幅论述身体。萨特把身体置

---

① Simone de Beauvoir, *Pyrrhus et Cinéas*, Paris: Gallimard, 1971, pp. 67–69.

于他者总论述范围内是大有深意的：一方面注视是对身体的注视，身体是跃入对方视线的第一物，正是身体才把对方与周围的椅子、桌子等纯粹固定不变的物体区别开来；另一方面萨特虽然坚持他者与自我的关系是意识与意识之间的关系，但他并不能确切地否定身体在其中的作用，就像他不能完全否认自在在自为的过程中是可以完全没有任何作用的一样，身体对萨特来说是一个难题。如果结合萨特在"身体"一章里接下来论述的是自我与他人的关系，而且这种关系是通过身体达到的，我们就可以发现"身体"在萨特那里的作用永远不是自在的，但它也不是自为的。身体所创造的处境是紧张的，这也暗合了萨特在面对他者时首先考虑到的是注视的问题，因为注视带给人同样是一种紧张感。萨特把身体看作是"作为自为存在的身体"① 并认为认识身体应当从自在与自为的关系出发，而不应该从笛卡尔的那个被意识排斥的身体出发。因为自为本身就是与世界的关系，所以在自为与世界之间没有完全对立的分割线。但萨特仍然坚持世界是要被观察的，而这种观察是不固定的："当我们说自为是在世的，意识是对世界的意识时，应该注意理解，世界是面对意识而存在的，意识就如同相互关系的未定多样性，意识目的地掠过这多样性并且无观点地凝视着它。对我来说，杯子在水瓶左边稍后一点的地方，对皮埃尔来说，它则是在右边稍前一点的地方。甚至不能设想一个意识能遍及这样一种世界，即杯子对它表现为同时在左边又在右边，在前边又在后边的。"② 这个难题的造成是由于身体加入了意识与世界之间，身体的不同位置造成了自我对世界的观察发生了变化，因为身体既是我们认识世界的一个必须考虑的因素，同时它也造成意识对世界观察的多样性。萨特对身体的最后界定是一种处境，他说："因此，身体无异于自为的处境，因为对自为来说，存在和处于是一回事：另一方面，它与整个世界同一，因为世界是自为的整个处境，是自为的实存的衡量尺度。"③ 这样的身体与处境之间还存在微妙的关系：一方面处境不是偶然给定的，"恰恰相反，处境只就自为超越它而走向自为自身而言才显露出来。因此，自为的身体绝不是我能认识的给定物：它在此处被超越，它只有在我通过自我虚无化而逃避它时才存

---

① ［法］萨特：《存在与虚无》，陈宣良等译，生活·读书·新知三联书店2007年版，第380页。
② 同上书，第381页。——引文中的着重号为原文所有。
③ 同上书，第384页。

在；它就是自我虚无化的东西"①，即是说，身体不是一个纯粹的物，而是呈现在自为逃避自在的过程中，是自我超越中的一个必须被超越的而又命定了自为的超越性的处境。另一方面，"身体正好表露了我的偶然性，它甚至只是这偶然性：笛卡尔派唯理论者理应受到这种特性的打击；事实上，身体表现了我对于世界的介入的个体化。柏拉图把身体设定为使灵魂个体化的东西，这同样没有错。只不过，设想灵魂能通过死或纯思想来与身体分离而脱离这种个体化是白费力气的，因为灵魂就是身体正如自为是它自己的个体化"②。即是说，身体标志了我的个体化和偶然性，因此身体是我的处境，而不是他者的处境，通过我的身体这个处境而去介入更大的处境。这样就存在为我的身体和为他的身体，二者不是一回事。因此，我与他者的关系将通过身体而发生关系，萨特不否认这一点。但这种关系是怎样的？萨特是否通过具体的身体关系发展了一种像波伏瓦所坚持的相互性的关系？答案是否定的，身体在爱、语言的环境中变成了互相占有或抗拒占有的关系，变成了局限于偶然性还是超越偶然性的关系。

波伏瓦在《模糊性的道德》中对身体的设定与萨特有很大的不同。波伏瓦认为身体是意识的基础，意识需要依赖身体而存在。对于波伏瓦来说，她并没有把身体作为一个至关重要的概念去论述他者的问题，相反，自由才是他者问题的关键。萨特在"为他"一卷中辟专章讨论身体与他者的具体关系，谈到受虐与施虐，这本身就是身体的遭遇，因此，与其说萨特对身体重视，不如说，萨特希望通过无法绕过去的身体存在，让它成为自我与他者之间冲突的根源，萨特并没有从笛卡尔那里走出多远。波伏瓦同样坚持身体是人类的处境，但她赋予身体以积极的意义，克里斯塔娜·阿普说："对波伏瓦和萨特来说，非意识的存在范畴比意识的存在范畴更有力量……萨特强调自为怎样不断地否定自在或物质现实。而波伏瓦强调的是我们不能逃避我们作为物的存在，并且认为我们有时甚至渴望从属于物的存在。"③身体非但不是意识的负担，相反，身体就是我们的命定因素。正如自我的身体是他者的处境一样，他者的身体同样也是自我的处境，只有视对方为主体，他者才能视自我为主体，这样在自我与他者之间的距离并不是冲突的原因，而是互为尊重的基础。

---

① ［法］萨特：《存在与虚无》，陈宣良等译，生活·读书·新知三联书店2007年版，第384页。
② 同上书，第384—385页。——引文中的着重号为原文所有。
③ Kristana Arp, *The Bonds of Freedom*: *Simone de Beauvoir's Existentialist Ethics*, Chicago: Open Court, 2001, p. 54.

自由是萨特《存在与虚无》中的一个重要概念，萨特的自由观与波伏瓦对自由的认识也有很大区别。萨特认为："我不能描述别人和我本身所共有的自由；所以我亦不能考察自由的本质。恰恰相反，自由才是所有本质的基础，因为人是在超越了世界走向他固有的可能性时揭示出世界内部的本质的。"[1] 自由是自为的基础，自由是人打破身体的限制走向超越性的基础。但萨特认为这个自由只能是我的自由，"这其实涉及的是我的自由。此外，同样，当我描述了意识的时候，涉及的不能是某些个体的共同本性，而是涉及我的独有的意识，正如我的自由一样"[2]，在萨特那里，自由和意识其实属于同一层次上的不同的概念，它们同属于笛卡尔的意识范畴，是相对于身体而言的概念。自由和意识对于身体而言具有绝对的优越性。自由是纯粹的，不随着外界条件的改变而改变，"自由没有本质，它不隶属任何逻辑必然性"[3]。这样的自由超越了处境的范畴，而具有了普遍的意义："自由不是一个存在：它是人的存在，也就是说是人的存在的虚无。如果人们首先想象人是充实的，那么接着要在人身上寻找人在其中是自由的时刻或者心理范围就将是荒谬的：也可以说就像在一个预先就装得满满的容器中去寻找虚空一样。人不能时而自由时而受奴役：人或者完全并且永远是自由的，或者他不存在。"[4] 即是说，人存在的这个事实就意味着人是自由的这个事实，如果否认了人是自由的这个事实，也即意味着人是不存在的。萨特给予自由以纯粹的、绝对的、普遍的意义。波伏瓦却与萨特不同，波伏瓦把自由与身体局限性联系起来，自由要受人的既定的内在性制约，自由也是有限度的、具体的。因此，在具体意义上的自由也就是个体的自由，即让自己获得自由，也让他者获得自由，这二者是联系在一起的。波伏瓦说："让自己自由也就是让他者自由"[5]，波伏瓦认为自由是具体的，是一个伦理范畴，自由关涉身体，而不仅仅关涉意识。当自由涉及他者时，萨特那个绝对的自由必然将他者的绝对的自由视为敌对的，而波伏瓦那个具体的、关涉身体的自由必然期待另一个同样是具体的自由的出现。

---

[1] [法] 萨特：《存在与虚无》，陈宣良等译，生活·读书·新知三联书店 2007 年版，第 533 页。
[2] 同上。——引文中的着重号为原文所有。
[3] 同上书，第 532 页。
[4] 同上书，第 536 页。——引文中的着重号为原文所有。
[5] Simone de Beauvoir, *The Ethics of Ambiguity*, trans. Bernard Frechtman, Secaucus, N. J.: Citadel Press, 1980, p. 73.

我们不能否认的一点就是波伏瓦并没有完全摒弃萨特哲学,至少她在某些概念上还是沿用了萨特的思想。比如波伏瓦在《模糊性的道德》中就坚持了萨特的一些观点,波伏瓦主张"人的自由是道德义务的来源",以及"我们应该充分认识到我们的自由,通过承担责任而不是逃避责任的方式"①,这与萨特对自由的理解有些相似,萨特同样认为自由是人类的命定,一切人都是自由的。但波伏瓦把这种命定的自由看作是一种责任,一种朝向他人自由的责任。萨特把这种自由看作是至高无上的,无论在什么条件下自由都是绝对的、纯粹的,这就把自由限制在哲学概念范畴里。波伏瓦将之放在伦理范畴里,这也可以说明为什么萨特会把他者置于对自我的自由构成威胁的位置上,因为自由的纯粹性必然导致他者的自由威胁到自我的自由,而波伏瓦在道德范畴内把自由看作是朝向他者的责任,这就限制了自由的范围。波伏瓦和萨特之所以在他者观念上表现了很大的不同,是由于波伏瓦和萨特坚持的立场不同,前者坚持伦理的,后者坚持形而上的,这就导致了特殊与一般、具体与抽象等的对立差异。

萨特和波伏瓦观念的差异如果用他们在二战期间的经历来解释也是有一定道理的。20世纪30年代的萨特和波伏瓦身上带有浓厚的知识分子天真的个性。那个十年是人类后来大灾难爆发的前夜,国际上发生的许多重大事情都预示了一场人类灾难的发生。但那时的萨特和波伏瓦对政治都表现出颇为自负的自信,都认为战争是不可能发生的。尽管当时的西班牙内战已经开始,他们仍然认为法国不可能发生战争,巴黎不可能发生战争。当国际形势风云变幻时,他们坚信将来就如同现在一样,他们会一直这样交友、研讨和创作下去。当时的萨特周旋在几个女人之间,波伏瓦忙于纠缠在萨特带给她的痛苦和几个同性朋友带给她的烦恼之间,她的世界中只要有远足、美食和萨特,她认为世界就永远是和平的。战争并没有因为他们的自欺欺人而推迟或消失,而是如期而至。萨特应征入伍,波伏瓦的情人博斯特也加入战争行列。波伏瓦在后方要承担起照顾他们整个大家庭的责任,包括照顾她的朋友奥尔加和萨特的情人万达。战争期间,她的生活几乎发生了根本的转变,死亡时刻伴随着她。战争的处境让她对许多问题进行了重新思考,从《女宾》到《他人的血》,波伏瓦对他者的看法产生根本变化,他人和自我在同样的处境中必须面对同样的问题,自由对于时刻处于死亡边缘的人来说是彼此紧密相连的。在战争中,每个人的仇恨是

---

① Kristina Arp, *The Bonds of Freedom: Simone de Beauvoir's Existentialist Ethics*, Chicago: Open Court, 2001, p. 50.

一样的，每个人的恐惧也是一样的。波伏瓦和萨特，一个在战争的后方，亲历了没有硝烟的战争处境；一个在前方，虽然没有到前线参加一场战斗，但对萨特来讲，他参与了拯救正义的战争，他是其中的一分子，对他来讲，那种在后方虽远离战争却要经历死亡的体验并没有出现。两个人处境的不同，也导致了两个人哲学立场的差异。从这个意义上来讲，波伏瓦和萨特他者观念的差异是有其生活来源的。战争的环境也让波伏瓦对许多哲学观点产生新的理解，如果我们能把波伏瓦以上所说的与她在《碧吕斯与西涅阿斯》和《模糊性的道德》中所主张的观点结合起来看，就不难理解为什么波伏瓦是这样的思想，并能理解波伏瓦为什么与萨特有如此大的差异。

我们考察了波伏瓦与萨特在切入他者的角度、他者与自由以及他者与身体的关系三个方面的内容。萨特和波伏瓦对他者的不同观念，不能不说是他们对各自所创造的范畴运用的结果，即绝对的自由与具体的自由、冲突的身体与命定的身体、否定他者与联系他者之间的差异。

第四节　与莫里斯·梅洛-庞蒂他者观的比较

波伏瓦和萨特第一次接触现象学是通过他们的好友雷蒙德·阿隆。阿隆告诉萨特，如果他了解现象学，那么他就可以把自己的生活世界当作一个客体去进行哲学研究，比如放在眼前的一杯水都可以用现象学哲学去阐释，这深深地吸引了萨特，于是他决定去德国学习现象学。波伏瓦与萨特接触胡塞尔的时间几乎是同时的，也就是萨特在德国学习胡塞尔期间（1934—1935），波伏瓦也开始阅读胡塞尔。波伏瓦说："现象学的新颖性和丰富性使我产生了巨大的兴趣，我感觉到我以前从来没有如此近地接近现实真相。"[1] 而法国现象学哲学家莫里斯·梅洛-庞蒂继承了胡塞尔的现象学，波伏瓦与梅洛-庞蒂是好友，他们之间有思想上的直接交流，两者在思想上也产生相互的影响。波伏瓦的思想到底与萨特的更接近还是与现象学哲学家莫里斯·梅洛-庞蒂的更接近，西方学界对这个问题也经历了一个演变的过程。这个问题实质上是关于波伏瓦的思想更接近萨特的存在主义还是更接近梅洛-庞蒂的现象学哲学的说法；说到底是一个有关波

---

[1] Simone de Beauvoir, *The Prime of Life*, trans. P. Green, London: André Deutsch and Weidenfeld & Nicolson, 1965, p. 201.

伏瓦是否是一个有自己的独立思想的哲学家的论争。最近几年，西方学界在细致考察了作为哲学家的波伏瓦的哲学思想的基础上，发现波伏瓦与莫里斯·梅洛－庞蒂而不是萨特的观念更加接近，尤其是关于他者的观念，波伏瓦与梅洛－庞蒂有更深的渊源。

一 两者的联系

波伏瓦与梅洛－庞蒂在他们的大学时代就已相识，二者的思想交锋在波伏瓦的《一位哲学学生的日记》里也有记载。从日记里，我们可以看出梅洛－庞蒂对波伏瓦在认识自我方面起到了一定的参照作用；对促使她最终走上哲学道路起到了一定的启示作用。波伏瓦是这样认识梅洛－庞蒂的："他仍然是一个学童，他被外在的法则所规训，他没有激情，上帝的王国是为那些激情的人准备的——他行为端正。他很规矩地准备着他的考试，他对每一个人都很宽容，他行走稳健。我感觉我就是如此地多余！如果我愿意，我应该进修道院！"① 日记记录了波伏瓦认识自我的过程，梅洛－庞蒂是波伏瓦认识自我的一个中介。玛格丽特·西蒙说："1927年的日记主题很多是关于波伏瓦与莫里斯·梅洛－庞蒂的友谊的，一段挑战波伏瓦去为她的哲学和她的女性身份进行辩护的友谊。"②梅洛－庞蒂批判波伏瓦对情感的依赖与对宗教的放弃，波伏瓦用中世纪神学家托马斯·阿奎那的话反驳："但是：如果试图不带情感地去思考，那么我要说：'我没有选择绝望的理性，'我还要说：'我没有选择天主教而不选择其他道路的理性。'……相反，因为天主教对我的内心灌输了太多，以至于我的理性不相信它了。"③ 西蒙评价道："这段话揭示了波伏瓦对把哲学看作是纯粹理性的观念的最早的批判，也揭示了她对人类存在处境的重要的哲学理解。"④ 这段话更揭示了波伏瓦接近哲学的自觉性，以及对哲学理解的独特性，更表明了她坚持自己立场的坚定性。而在所有的坚持里面，波伏瓦更表明了她对哲学的理解包含了自己的经验在里面，因为她一开始就把对哲学的理解与她作为一名女性对世界的理解联系起来。也正是波伏瓦对哲学的这种独特的理解使得她在对梅洛－庞蒂发表于1945年的哲学著作

---

① Simone de Beauvoir, *Diary of A Philosophy Student: Volume1, 1926-27*, eds. Barbara Klaw, Sylvie Le Bon de Beauvoir, and Margaret A. Simons, with Marybeth Timmermann, Urbana and Chicago: University of Ilinois Press, 2006, p. 297.
② Ibid., p. 44.
③ Ibid., p. 284.
④ Ibid., p. 44.

《知觉现象学》给予的评论中表达了自己的基本认同。因为梅洛－庞蒂后来的哲学走向"与他后来的立场没有多少相似的地方"①，而更多地接受了波伏瓦关于哲学应该在理性思维之外包含身体的、经验的维度的观念。

身体在莫里斯·梅洛－庞蒂看来，它不是意识的对立面，而恰恰相反，身体是自我存在和主体性存在的基础。正是由于身体的存在，主体和客体才发生了联系。身体不是纯粹的物理客体，而是身体、主体共同面向世界的融合。身体是具体处境中的身体，身体拥有性别，也具有言语和表达的功能，因此，身体不能是纯粹的客观也不会是纯粹的主观，它同时代表了客观与主观，是客观与主观的融合。"一个正常的、置身于人际情境的人，因为他有一个身体，所以就必然每时每刻保持着摆脱情境的能力。"② 而这样一个"置于人际情境"的人，不是孤独的，而是与他人保持了密切的关联："当我生活在世界上，当我关注我的计划、我的工作、我的朋友、我的回忆的时候，我能闭上眼睛，躺下来，倾听我的脉搏在耳边跳动，沉浸在快乐或痛苦中，躲进这种支撑我的个人生命的来源不明的生活。正是因为我的身体能拒绝让世界进入，所以我的身体也能使我向世界开放，使我置身于情境。向着他人、向着未来、向着世界的生存运动能重新开始，就像一条河流能解冻。"③ 梅洛－庞蒂所认为的河流的解冻是指在对立的两端存在经验上的联系，而联系具体表现就是身体的联系，身体的联系也是意识的联系。在这种联系中不应该存在等级之分，因为在"身体空间"中"我"的身体本质上就是我的肢体与外在世界的结合。梅洛－庞蒂的"身体空间"是指"我通过作为一定数量习惯行为的能力的我的身体，置身于作为 manipulanda（被操作物）总和的我的周围环境中"④，具体来说就是，"我既不指向我的身体，也不指向作为在康德意义上的物体，……一方面，有作为我熟知的这些行为的支撑的我的胳膊，有作为我事先知道其领域或范围的确定行为能力的我的身体，有作为这种能力的可能作用点的我的周围环境——另一方面，有作为肌肉和骨骼的身体器官，作为弯曲和伸展的装置，作为用关节连接在一起的物体的我的胳

---

① Simone de Beauvoir, *Diary of A Philosophy Student: Volume1, 1926-27*, eds. Barbara Klaw, Sylvie Le Bon de Beauvoir, and Margaret A. Simons, with Marybeth Timmermann, Urbana and Chicago: University of Ilinois Press, 2006, p. 44.
② [法] 莫里斯·梅洛－庞蒂：《知觉现象学》，姜志辉译，商务印书馆 2001 年版，第 217 页。
③ 同上。
④ 同上书，第 144 页。

膊，有作为我不处在其中、但我能沉思和用手指指出的纯粹景象的世界。至于身体空间，我们知道有一种能归结为一种与身体空间的共存但不是一种虚无的地点的知识，尽管这种知识不能通过描述或通过动作的无声指出表现出来"[1]。梅洛-庞蒂通过健康的人在被蚊虫叮咬后能确切地指出被叮咬的部位来说明人类对外界的感知是通过与身体的协调实现的，即是在"身体空间"中实现的。

梅洛-庞蒂在这里提出客观身体和现象身体两个概念，实质上，它们是"身体空间"的两个面。关于客观身体和现象身体各自的特点，梅洛-庞蒂释疑道："因此，问题不在于了解灵魂是如何作用于客观身体的，因为灵魂所作用的不是客观身体，而是现象身体。从这个观点看，问题转移了；现在的问题在于了解为什么有对我和对我的身体——为我的我的身体和为他人的我的身体——的两种看法，这两个系统如何共存。事实上，说客观身体属于'为他人'，我的现象身体属于'为我'，是不够的，人们必须要提出它们之间的关系的问题，因为'为我'和'为他人'共存于同一个世界中，正如我对一个人的知觉所表明的，因为他人马上又把我放入为他的物体条件中。"[2] 自我与他人，为我与为他其实是共在的，他人和为他是一个与自我和为我同样重大的问题，梅洛-庞蒂在不否认自我重要性的前提下，提高了他人的重要性，并在《可见的与不可见的》中把他人和为他看作是哲学的本质，只是这个本质不是逻各斯中心主义的本质，而是在如此的存在中才能存在的本质。首先，"存在不再是在我面前，而是在我四周，并且在某种意义上是横贯我的"[3] 的存在；其次，存在是系于他者的时间和空间的存在，"时间和空间的任何定位，都系于他者，都是他者的一个变体"[4]。这样的本质具有可流动性，因为它与周围世界是发生联系的，是随之而改变的。

梅洛-庞蒂通过论述身体，实际上探究的是关于他者的问题。因为，正是身体这个既是物理的又是文化的、既是客体的又是主体的、既是内在的又是外在的存在才将自我与世界、自我与他人联系起来；也只有把自我与世界、自我与他人联系起来的身体才是梅洛-庞蒂式的身体，而不是二

---

① [法]莫里斯·梅洛-庞蒂：《知觉现象学》，姜志辉译，商务印书馆2001年版，第144页。
② 同上书，第145页。
③ [法]莫里斯·梅洛-庞蒂：《可见的与不可见的》，罗国祥译，商务印书馆2008年版，第142页。
④ 同上。

元对立的那个纯粹肉身化的客体。梅洛-庞蒂式的身体对心灵不构成威胁,它与心灵的关系是共存的关系;他人也不是自我的次一等级的存在,也不是自我的威胁。梅洛-庞蒂的他者不同于萨特的绝对的他者,也不同于黑格尔那个时刻被另外的意识置于死亡之地的自我意识。

波伏瓦对《知觉现象学》一书的评论是一篇短篇评论,题目为《莫里斯·梅洛-庞蒂的〈知觉现象学〉》。该文一开始就站在认同梅洛-庞蒂的立场上。波伏瓦是这样表达的:"孩子教育提出的一个根本目标是使得他去掉他存在在这个世界中的感觉。伦理让他宣布自己的主体性,在面对他人的时候,放弃他自己作为'我'的特权。他必须把他自己看作人类当中的一员,是主体的,像他人一样……"① 莎拉·荷娜玛说:"《第二性》不是波伏瓦遭遇梅洛-庞蒂思想的第一个文本。波伏瓦为《现代》杂志写作的关于梅洛-庞蒂发表于1945年的《知觉现象学》的评论。它原先只有五个页那么长,但对我们理解波伏瓦的思想很重要。它说明波伏瓦的现象学背景有她自己的思考,对理解《第二性》来说更重要,而很长时间以来,《第二性》都被认为是缺乏哲学内容的。"② 因此对《第二性》的理解首先要从《莫里斯·梅洛-庞蒂的〈知觉现象学〉》一文开始。

第二次世界大战后,波伏瓦对他者的思考转到伦理领域,在《他人的血》中,她通过小说道出了一个存在主义式的伦理,只是这个伦理因为波伏瓦与萨特在有关他者主张上的不同而呈现出波伏瓦式的色彩,不妨称之为波伏瓦的存在主义式的伦理观:那就是自我与他者是相互性的关系。他人的死亡换来了我的自由,在共同的灾难面前,每个人都对他人负有责任,只有每一个人都获得了自由,才有全体的自由,因为我与他人息息相关。波伏瓦用这种伦理思考消除了萨特对他人的拒绝和他人是我的自由的障碍的观点。在《莫里斯·梅洛-庞蒂的〈知觉现象学〉》一文中,波伏瓦论述的脉络准确地抓住了梅洛-庞蒂的论述过程:由身体到他者。她说:"通过对一般的过程和病理学时间的分析,可能在整个作品的绝大部分内容中,梅洛-庞蒂都在强调,把我们的身体看作是一个客体,甚至是一个特殊的客体,都是不可能的。"③ 梅洛-庞蒂引用一个精神病人没有能力指出自己身体的部位的例子,波伏瓦解释道:"那就是说,他把他

---

① Margaret A. Simons ed., *Simone de Beauvoir: Philosophical writings*, Urbana and Chicago: University of Illinois Press, 2004, p. 159.
② Ibid., p. 162.
③ Ibid., p. 160.

的现象学的身体放在一种处境中。他的身体作为他存在的工具完整地在这个世界上。病人失败地指出,在于他把自己的身体看作是一个被他人占有的处在墙壁和桌子之间、在客体世界中的客体。他能够让身体生存,而不是自己为它代言,这清楚地说明被代言的身体是一个二次建构的过程,被加在生活的身体上面。"① 通过这一分析,波伏瓦得出结论:"我们的身体不是世界上的一次安排,就像树木和岩石那样。我们的身体是在世界中生活着的;是我们拥有世界的普遍方式。它表达了我们的存在,它不是表明了我们存在的一个外部世界的伴随物,而是表明了我们的存在在身体中实现了它自己。"② 波伏瓦阐释得再明白不过:我们的存在通过身体得到表达。这个二次建构的身体在波伏瓦的《第二性》中有明确的描述。

生活着的身体是波伏瓦对梅洛-庞蒂身体观的一次创造性运用。生活着的身体相对于客体的身体来说,它是主体与客体的相互运用。波伏瓦也因此在萨特和梅洛-庞蒂之间找到了自己的位置。身体是时间的连接点,联系了历史和前历史。梅洛-庞蒂主张要去描述主体的具体特征,根据梅洛-庞蒂的看法,主体从来不是纯粹自为的。实际上,梅洛-庞蒂认为我们的存在从来没有抓住一个赤裸裸的自己,而是通过我们的身体而表达出来的。这个身体不是瞬间的揭示,而是暗示了整个历史,甚至前历史。索尼亚·克鲁克斯(Sonia Kruks)说:"通过比较,波伏瓦走入了萨特与梅洛-庞蒂分裂的中心。"③ 并最终导致波伏瓦对自己思想体系的重组:"萨特在《存在与虚无》中第一次强调'自为'与'自在'的对立,面对如我们所看到的,上个世纪40年代,波伏瓦自己也对萨特的思想从根本上进行了改造,并且深思熟虑地借鉴了梅洛-庞蒂的思想。"④ 这样:"下面一点变得越来越清晰,波伏瓦的理论中的一些元素不再能被准确地规定在萨特早期哲学——关于'自由的相互依赖'或者共在、内在性、社会习俗、处境和身体的笼统性——那个我们总称之为社会处境中主体哲学的名下,而应该联系在梅洛-庞蒂的现象学本体论下。"⑤

综合来看《莫里斯·梅洛-庞蒂的〈知觉现象学〉》一文,波伏瓦在

---

① Margaret A. Simons ed., *Simone de Beauvoir: Philosophical writings*, Urbana and Chicago: University of Illinois Press, 2004, p. 161.
② Ibid..
③ Ibid., p. 114.
④ Sonia Kruks, *Situation and Human Existence: Freedom, Subjectivity and Society*, London: Unwin Hyman, 1990, p. 115.
⑤ Ibid..

梅洛-庞蒂的处境中的身体那里发现的是一个时间中的身体，而后者——处境中的身体所暗含的自我与他者的空间上的联系——并不明显。至少梅洛-庞蒂让她看到自我身体其实是一个历史建构的过程，正是这一点为波伏瓦日后对女性现象学的历史性描述打开了思路。但同时，波伏瓦所发现的那个历史建构的身体并不是在空间上与他者联系的身体，其实在波伏瓦《他人的血》中已经用小说叙述的形式道出了这一哲理：自由不是单独为我的自由，也是为他的自由，是为我与为他共同存在的自由。波伏瓦的关于自由的观点连接起了我与他人，她的身体观连接起了过去、现在与未来。但实际上，只有把自由的观念和身体的观念联系起来才是一个完整的关于他人的观念：他人既是一个空间上与自我产生联系的存在，也是一个时间（历史）上与自我共在的存在。

波伏瓦由此处进入了梅洛-庞蒂在《知觉现象学》中敞开的世界里，只是她发现的那个世界是一个时间上的存在。"实际上，我不是一个客观的、无限的意识。如果我作为一个主体存在的话，那是因为我有能力试着把过去、现在和未来联系起来；是因为我创造了时间。感觉到空间，感觉到客体，把围绕的时间打开，但是，那种知觉的综合总是未完成的，因为，有限的综合永远不会完成。"[1] 波伏瓦在这里也为梅洛-庞蒂打开了论述的空间，在《可见的与不可见的》一书中，梅洛-庞蒂所提出的那个"身体空间"包含了波伏瓦那个把过去、现在和未来联系起来的身体的思想。这说明了波伏瓦和梅洛-庞蒂之间的思想交锋是非常紧密的，他们之间是相互影响的关系，而不是哪一个是纯粹的影响者或纯粹的被影响者。

二 《第二性》的现象学描述

从《他人的血》到《莫里斯·梅洛-庞蒂的〈知觉现象学〉》，从自我与他人在面对自由时是平等的、自我与他人对彼此的自由负有责任，到身体是一个处境中的存在、是一个历史的而非简单的物理的存在，波伏瓦正逐渐从笛卡尔也是萨特式的自我的天地走向关注身体的文化意义和他者的现象学思考上面。既然身体是一个历史的存在，它既是客观的，也是主观的，说到底，身体就是自我与他者的联系。《第二性》突出了这种联系的方式。

---

[1] Sonia Kruks, *Situation and Human Existence: Freedom, Subjectivity and Society*, London: Unwin Hyman, 1990, p. 163.

如果说身体是一个历史的存在，那么，女性作为次一等性别，她们的身体的历史又是怎样的？如果说身体是自我与他者的联系之点，即是说女性的他者处境的造成必然与那个存在的"自我"有某种不可分割的联系，那么，这个次一等的性别与那个"我"的存在又有什么关系？这两点疑问既形成了波伏瓦在《莫里斯·梅洛－庞蒂的〈知觉现象学〉》与梅洛－庞蒂在《知觉现象学》在身体观念上建立起来的关联，也使得波伏瓦在讨论女性作为次一等性别的原因上扩展开了思路。波伏瓦不仅发现文化的建构意义，也发现在现实社会中次一等性别产生的原因与第一等性别的建构密不可分。只有从这两点出发，才能准确理解为什么在《第二性》中有如此多的现象学描述，以至于这些描述长期以来被看作是波伏瓦大男子主义立场的铁证。实际上，如果我们考虑到在女性沦为第二性的过程中，她们的身体见证与承受了这一过程，那么，我们就会明白，波伏瓦为何对女性的身体要进行如此深入细致的描述。同时，我们还要知道现象学对经验的重视，女性在现实生活中表现出来的行为就是对其他者性的体现，因此对这些现象的呈现变得格外重要。不难想象，如果波伏瓦还是坚持萨特关于他人是自我的障碍的观念，那么，波伏瓦发现的将永远是那个孤独的自我。第二次世界大战的经验使得波伏瓦发现了自我与他人在面对自由时是相互性的关系，而梅洛－庞蒂的身体是有性别的身体也促使波伏瓦去正视现实问题。[①] 梅洛－庞蒂定义现象学是描述体验的，而且要对历史上学者们给出的答案保持怀疑，"不论什么东西，只要它呈现于人类意识之中，它就是现象学分析（描述）的合法'对象'或'主题'"[②]。现象学既重视描述又重视不受已有定论束缚的经验，波伏瓦的《第二性》体现了描述和经验的双重重要性：《第二性》的第二卷"当代女性"正是在波伏瓦对经验描述的基础上形成的；而《第二性》的第一卷"事实与神话"则是对历史上学者们给出的答案进行批判。这样，第二等性别就是一个身上镌刻着历史印痕的，在当下体现出行为的，是一个过去、现在并联系着将来的身体现象学。而他者性正隐藏在女性的身体里，她们的行为将这种他者性体现无遗。

波伏瓦在《第二性》的第一卷"事实与神话"中的任务是批判历史上那些曾对他者进行排斥性论述的、把女性固定在不可改变的他者位置上

---

① [法] 莫里斯·梅洛－庞蒂：《可见的与不可见的》，罗国祥译，商务印书馆2008年版，前言第1页。
② [美] 丹尼尔·托马斯·普里莫兹克：《梅洛－庞蒂》，关群德译，中华书局2003年版，第14页。

的哲学话语、心理学话语和文学话语等。这些话语一直以来充当了我们看世界的经验话语。黑格尔哲学、弗洛伊德的精神分析、神话的演变和蒙特朗、D. H. 劳伦斯、保罗·克洛岱尔、布勒东和司汤达等一些具有大男子主义思想的作家都参与了把女性固定在他者性上面的历史建构过程。

波伏瓦充分利用了现象学哲学中对经验的无比重视,《第二性》第二卷从某种意义上来说是对波伏瓦生活时代的女性经验描述。从女孩的教育开始,女性的建构过程已经开始,"女孩""结了婚的女人""母亲""社交中的女人""妓女""女性同性恋""中老年女人""情妇""修女""自恋的女人"、"独立的女人"等。可以想象,这个序列还可以无限地进行下去。就经验来说,每一个女人都具有不同的经验,波伏瓦用某一类的女性综合了那一类的经验。更可以想象,这个序列还可以无限地丰富下去,因为在每一类女性里面还会有无数个女性的个体经验。正如梅洛-庞蒂所说,现象学"是这样一种哲学:在它看来,在进行反省之前,世界作为一种不可剥夺的呈现始终'已经存在',所有的反省努力都在于重新找回这种与世界自然的联系,以便最后给予世界一个哲学地位"①。波伏瓦利用了"已经存在"的经验,在某种程度上,波伏瓦创造了一种现象学的女性主义哲学,或现象学的性别哲学。如果说世界上任何一种经验都有值得思考的地方,那么,性别经验就是其中之一。在波伏瓦之前,西方主流哲学参与创造了二元对立的话语,却忽视了二元对立的等级秩序在性别中的现实性。波伏瓦只不过打破了谎言,证实了现实,消解了存在主义哲学上所说的虚假信念。正如最早把波伏瓦从萨特的哲学体系下分离出来的法国波伏瓦研究专家米歇尔·勒·德勒芙(Michèle Le Doeuff)认为,波伏瓦所说的虚假信念与存在主义的哲学家比如海德格尔、萨特等的虚假信念是不同的,波伏瓦说的虚假信念宁可是:"社会谎言的一种形式,比如,资产阶级的乐观,它种植了一种幸福的信念,闪耀在年轻妻子们的眼中,但这种信念与年轻妻子们接下来将遭遇的现实是完全没有关系的。"②在波伏瓦看来,虚假信念来自社会,而不是他者。

《第二性》第一卷与第二卷既形成了鲜明对比又是互为阐释的关系。第一卷男权社会对女性的界定往往与第二卷中女性的切身经验差异很大。第一卷解释了女性体验形成的原因,第二卷解释了女性社会建构的最终实

---

① [法] 莫里斯·梅洛-庞蒂:《可见的与不可见的》,罗国祥译,商务印书馆 2008 年版,前言第 1 页。
② Michèle Le Doeuff, *Hipparchia's Choice*: *An Essay Concerning Women*, *Philosophy*, etc, Blackwell, 1991, p. 93.

现。这两卷都存在一个大的前提条件，那就是女性是他者，女性被认为具有了他者的一切特性，因此，他者性就成了女性的历史，她在现实中被迫或自愿接受他者性，导致她的将来走入无尽的沉默中。对他者来说，二元对立的思维模式是一个巨大的环形迷宫，在其中的人都将被这条无尽循环的路线所规训，在其中的人不仅包括女性，也包括男性，甚至包括整个人类。女性不是天生的，男性同样也不是天生的，现象学哲学试图开辟在我们文化之前的前文化形态。梅洛－庞蒂以此试图建立一个互为主体的哲学形态。波伏瓦在《第二性》中也试图开辟这样的领域，她首先批判男权的二元对立话语在性别话语上的建构，其次她非常细致地描述了现代女性在面对种种被男权社会加以神秘化建构的一些事件时——堕胎、怀孕、哺育等——所表现出的截然相反的体验。波伏瓦最后没有忘记女性的出路，从她为女性量身定做的解决方案来说，是政治性的，她描述了"独立的女人"这一特殊的女性群体，并认为女性全体的解放之路就体现在经济上、精神上都能够独立自主的女性身上。

波伏瓦和梅洛－庞蒂都坚持身体是处境中的，而非纯粹的物理实体，因此它具有历史性。身体能够清晰地体现出过去与现在的印记，并能或清晰或模糊地展现出将来的走向，可以说，身体融合了自身的历史，同时也联系了他者的历史。反过来说，同样成立。他者的历史，从某种意义上说，就是一部身体史。波伏瓦所说的"犹太人对反犹主义者来说，黑人对美国的种族主义者来说，土著人对殖民者来说，无产者对有产者来说，都是'他者'"[1]等，即使结合有限的历史真相，我们同样能够发现这样的事实：波伏瓦所说的那些歧视哪一个不是加诸身体上的？犹太人集中营、血汗工厂、殖民侵略等暴力哪一个能够被一个哲学理念可以轻松地纳入纯粹概念范畴里？他者性具有实在的性质，而且只有那些具有实在性质的他者性，才能体现等级差别的理念，才能为那个主体的"我"服务，而那个主体的我同样具有现实的性质。也正是在这个意义上，波伏瓦所发现的女性作为第二等性别的问题才具有现实的重要性。波伏瓦第二性的发现同样要归功于她哲学理念的转变，即从萨特的哲学转向梅洛－庞蒂的现象学哲学。

以上论述了波伏瓦的他者思想的哲学根源。波伏瓦既从黑格尔那里借来了意识压迫的观点，从海德格尔那里借来了自我与他人共在的观点，又从梅洛－庞蒂那里借来了现象学的方法，那么，波伏瓦的他者思想是这些

---

[1] ［法］波伏瓦：《第二性Ⅰ》，郑克鲁译，上海译文出版社2011年版，第10页。

观点的混杂，还是有自己的哲学立场呢？当我们提及波伏瓦的他者哲学时，我们会问这种提法能够成立吗？要回答这个问题，就必须弄清楚波伏瓦他者哲学的根本立场在哪里？

波伏瓦的他者哲学是一种处身性的哲学，所谓处身性有三层意思：一是波伏瓦关注他者是从自身的生活体验出发的，它具有切身性；二是波伏瓦论述他者从来没有脱离身体这个制约因素，在波伏瓦看来，身体是构成他者处境的一个重要因素；三是他者性不是远离自我之外的某个东西，而是内在于自我的一个不可或缺的构成因素。这三点决定了身体是波伏瓦的他者哲学的重要内容，也最终决定了波伏瓦的他者哲学的政治性。

但处身性并不是波伏瓦的他者哲学的独有特征，她的好友莫里斯·梅洛-庞蒂同样是一位关注身体在他者性中的重要作用的哲学家，在波伏瓦之前和之后都有哲学家关注过，比如尼采和福柯。因此，如果把处身性作为波伏瓦的他者哲学的根本立场显然并不合适，包括伦理性、政治性同样不是波伏瓦的他者哲学的根本立场。波伏瓦他者哲学的根本立场是表明波伏瓦的他者哲学的独特性的根本之点，是波伏瓦的他者哲学的最原始的支撑点。

波伏瓦在回忆录《清算已毕》中说过这样一段话：

> 我早就说过（见《时势的力量》），要是今天写《第二性》，我会为"同一类"和"另一类"之间出现的对立提供一个唯物主义的、而不是唯心主义的理论基础。我就不会把对"另一类"的拒弃和压迫建立在敌对意识的基础上，而会从对短缺的经济学的阐明中找原因。正如我早先也说过的那样，这不会改变书中的观点——男子的所有意识形态目的都在于说明对女子的压迫理所当然，而妇女们是那样受社会的制约，以至于赞同这种压迫。[①]

我们从波伏瓦这段话里可以得到一个重要的信息，那就是在探讨自我与他者问题时她在立场上有所不同。前期波伏瓦沿用的是黑格尔意识压迫是所有压迫的根源的说法，像小说《女宾》和论著《第二性》，我们的确能从中读出这样的信息来；后期波伏瓦沿用了历史唯物主义的观点，经济压迫是所有压迫的根源的说法。波伏瓦认为这两种观点在讨论女性之所以为第二性的根源上是不存在矛盾的，也即是说，黑格尔的意识压迫和唯物

---

① ［法］波伏瓦：《清算已毕》，陈际阳等译，江苏人民出版社1992年版，第504页。

主义的经济压迫都可以解释为女性受压迫的根源，但是波伏瓦在后期倾向于经济压迫是根源，而早期则倾向于意识压迫是根源。而且，后期的波伏瓦宁可用经济压迫的根源去代替意识压迫的根源来解释女性为第二性的原因。难道这仅仅是因为经济学的阐释是唯物主义的意识的阐释是唯心主义的吗？难道是波伏瓦为了采用唯物主义的观点摒弃唯心主义的观点而相应地去采纳经济学的而非意识的阐释吗？

波伏瓦在晚年曾表达过，在她所有的作品中，她会不惜一切代价维护《第二性》；同时，晚年的她主持的《女性主义新问题》杂志始终坚持从唯物主义的观点去分析女性问题，"把父权制作为一个社会系统去分析，在这个社会系统中，男性和女性因为对立的利益而构成了不同的阶级"[①]。晚年的波伏瓦同时还表达过这样的意思：社会主义社会的建立不等于女性解放的到来，女性解放运动要比一场社会革命来得困难得多。这层意思揭示了波伏瓦并没有把女性解放的命运放置在社会政治、经济和文化的一场革命上。正如资产阶级推翻封建主义的资本主义革命没有解放女性一样，无产阶级推翻资产阶级的社会主义革命也不可能瞬间解放女性。然而，即便如此，波伏瓦仍然把阶级的、经济的观点作为分析他者的最重要的依据，这又是为什么？唯物主义的阶级的、经济的观点是波伏瓦的他者哲学的立场吗？

波伏瓦说用唯物主义的经济学阐释女性是他者的问题与之前用黑格尔的意识压迫的观点去阐释女性是他者的问题，这两者并不矛盾。那么，在什么意义上，这两者并不矛盾呢？要回答这个问题，我们就必须回头思考一下波伏瓦是如何接受黑格尔的。本章的第一节讲到波伏瓦在接受黑格尔的过程中直接受到科耶夫的影响，而科耶夫对黑格尔的阐释则结合了马克思的阶级斗争观。如此，波伏瓦接受的黑格尔已经是黑格尔和马克思结合的形态了，所以，我们在《第二性》中读到了这两种观点的结合：在《第二性》第一卷中，波伏瓦用黑格尔的意识压迫的观点摒弃了弗洛伊德的精神分析、恩格斯的经济论等对女性压迫作出过解释的以往观念；但在《第二性》第二卷中，我们明显能读出马克思的唯物主义的阶级斗争观念的回归，比如波伏瓦把女性解放的前途放在一场社会主义的革命上就是证明。实际上，《第二性》就是波伏瓦把黑格尔的意识压迫和马克思的经济压迫结合起来去阐释女性压迫根源的著作，这是波伏瓦分析他者的创造性立场，而且这个立场在波伏瓦创作的前后期始终没有变过，只是前期较倾

---

① Ursula Tidd, *Simone de Beauvoir*, London and New York: Routledge, 2004, p. 80.

向于黑格尔的意识压迫论，后期较倾向于唯物主义的经济压迫论。但波伏瓦从来没有单独采用某一个论点，前期的《第二性》没有，后期的《暮年》也没有。波伏瓦对女性问题立场的双重性或多重性恰恰表明了女性问题本身的复杂性，仅仅用一种思想观或一种方法是不可能完全而恰当地理解这个长久以来的问题的。

波伏瓦的他者哲学是一个立足于黑格尔的意识压迫论和马克思的经济压迫论之上、学习其他哲学家——如海德格尔等——对他者的研究，借用现象学的方法，并通过波伏瓦自己的处身性经验熔炼而成的体系，它表明了波伏瓦哲学不是萨特哲学的附庸，而是一个独立的系统。

第五章　与后现代理论的对话

相较于波伏瓦的女性主义思想，波伏瓦的他者观对后现代理论家的影响更深刻。第三次女性主义理论思潮中，性别理论的发展离不开对波伏瓦女性主义理论的创造性阐发和运用。法国性别理论家露西·伊利格瑞（Luce Irigaray）与美国性别理论家朱迪斯·巴特勒（Judith Butler）的理论敏锐地阐释了波伏瓦独特的他者观，并从中发展了自己的理论体系。除了对第三次女性主义理论思潮的深刻影响，波伏瓦的他者观与解构主义和后现代主义理论家在他者问题上都存有对话关系。讨论波伏瓦与后现代哲学的对话关系，是为了从中阐释波伏瓦他者观的历史性以及其未来的生长空间。

第一节　与列维纳斯他者观的比较

列维纳斯（Emmanuel Lévinas）作为后现代主义解构思想家当中最有影响力者之一，对当今诸多后现代主义理论家都产生过深刻的影响。作为与波伏瓦的同代人（波伏瓦生于1908年，列维纳斯生于1905年），列维纳斯的思想显然比波伏瓦的思想要先锋和激烈得多。这不能理解为波伏瓦的思想不够先锋和激烈，而是相对于他者观念来说，列维纳斯对他者的认识已经远远超过了与其同代人的观点，其中也包括波伏瓦对他者的认识。波伏瓦视他者为包含主体性与客体性的存在，而自我与他者一样，也是包含主体性与客体性的存在。在波伏瓦那里，自我与他者的关系是相互性的关系，相互性不仅体现在自我与他者都是兼具主体性与客体性的存在，而且体现在自我与他者的互动关系上：如果自我将他者视为主体，那么他者也会将自我视为主体；如果自我将他者视为客体，那么他者也会将自我视为客体。所以在波伏瓦这里，自我与他者的相互性是前提，也是关键。波伏瓦的这种自我与他者相互性的关系，本质上还是自我与他者之间要存在一种相互尊重的关系，就两性关系而言，波伏瓦的这种观点尤其能说明波伏瓦女权思想的实质。波伏瓦的女权思想并非像人们想象的那样激进，也并非像波伏瓦与萨特的关系那样超越了当时人的理解限度，反而波伏瓦的女权思想在自我与他者关系上体现了一种难得的宽容、理解和信任。就这一点来说，列维纳斯的他者观要激进得多。

列维纳斯的他者是一种异质性、外在性和陌生化的他者，是一种绝对性的他者，是欲望的客体，是不可超越的伦理维度，它面向的是上帝的位置，他者就在自我面对上帝的方向中出现，是自我的一种责任。列维纳斯特别提到欲望这个词。在列维纳斯看来，欲望就是对绝对性他者的他者的欲望，是不可真正实现的欲望，"欲望与'需要'不同（比如，需要的对象是食物），在某种程度上，确切地说欲望是不可能被满足的"①。也只有对他者的不可实现的欲望才能称之为欲望。因此，自我与他者之间的联系是欲望，而这欲望却是不可实现的。这种自我对他者的不可实现的欲望构成了列维纳斯自我与他者的关系的实质。这与波伏瓦自我与他者之间的关系是相互性的是不同的。波伏瓦的自我与他者共同面对未来，而不像列维纳斯的自我与他者是面对面的关系。在这个意义上，波伏瓦的他者是政治的他者而非伦理的他者，在政治实践层面上，波伏瓦的他者与自我有一个共同的目标：超越人类固有的客体性的一面，成为主体。列维纳斯的他者更多的则是神性的一面，是自我存在的另一面，并且不会因为自我行为而有所改变，因为"这种被公认的、不可改变的外在性不是人类生命中暂时的、内在的突变，不是灵魂状态，也不是孤独，都不是。它是'他者的存在本身'"②。而且，这种他者的存在本身"没有与自我共同构成一个外部可定位的整体，因为整体中存在着差异，同一物质也包含着多个方面"③。即是说，这个他者的存在本身不与自我有任何交互关系，也不可能与自我构成一个共同体，而是他者就是他者，自我就是自我："他者决非另一个自我，参与我、与我共在。与他者的关系不是一个田园牧歌式的、和和美美的交往或同情关系，借此同情我们处身于他者的位置；我们看到他者与我们相似，但又是外在于我们的；与他者的关系就是一个秘密的关系。他者的全部存在都是由其外在性，或者无知说，由其他异性所构

---

① Peter Atterton and Matthew Calarco, *On Levinas*, Thomson Wadsworth 2005, p. 23.
② [法] 居伊·珀蒂德芒热：《20 世纪的哲学与哲学家》，刘成富等译，江苏教育出版社 2007 年版，第 321 页。
③ 同上。

成，因为外在性乃空间之属性，借着光它将主体引向自身。"① 列维纳斯的他者与自我是两个并不在同一整体中的因素，而是两个单独成为一个整体，并不存在任何可以比较的因素。这样一来，自我不可以从自己的角度去做出任何与他者有关的经验性或感悟性的认识或论断。

在列维纳斯那里，虽然自我与他者不能共同构成一个整体，也不能被看作相互补充的两个因素，但是自我与他者的位置又是有区别的。他者是自我面对上帝时必须面对的一个对象，而且他者不可能进入自我的经验性或感悟性的范畴之内。由此他者不是自我的感性经验的对象，而是自我的理性思考不得不面对的一个对象，在这个意义上，他者类似上帝，是自我理性层面的一个对象。但是这个自我理性层面的对象，不是自我构成的一个部分，不能与自我共同构成一个整体，却是自我理性思考的对象，因此他者的位置高于自我的位置，他者与上帝等同。

在波伏瓦那里，自我与他者的形而上的含义不深。与列维纳斯的他者相比，波伏瓦的他者没有类似上帝的位置。确切地说，波伏瓦的他者实际上是一种他者性，自我实际上是一种主体性，他者与自我具有一种共同的特性：他者与自我的内部都具有他者性与主体性。因为他者与自我都不是绝对的存在，他者与自我的相对性因二者的共同特性而具有了相互依赖的性质。波伏瓦的这种他者观其实更多地体现在现实层面上，比如社会性别、老龄化问题、家庭教育问题上等。波伏瓦对他者问题的提出贯穿在她整个创作过程中，从她的第一部小说《女宾》开始，到最后一部小说《美丽的形象》。波伏瓦的《第二性》集中探讨了女性问题，她把女性问题归结为这个社会的问题，而不仅仅是女性的问题。这在当时是一种卓见，在现在看来也是一种真理之论。在《第二性》之前，波伏瓦还写一些评论性的文章。波伏瓦通过她一生的学术和创作，更通过一种社会实践，来创造和发展一种关于女性与社会、老年人与社会、孩子与父母之间关系的观念：二元之关系，不是对立，而是相互的。相互的原因是自我与他者的内部都是由他者性与主体性构成的。

列维纳斯还明确区分了自我、你、他者这三者的关系，他者不可以被泛泛地认定为自我的对立面，也不可以与你相等同，你也不可以与自我等同，而你与自我的对话呼唤着他者的出现。自我与他者虽然不是一个整体，不能用同与异的差异范畴去限定它们，但是它们之间不是没有关系

---

① Emmanuel Levinas, *Time and the Other*, trans. Richard A. Cohen. Pittsburgh, P. A.: Duquesne University Press, c 1987, pp. 75 – 76.

的。列维纳斯将这种关系界定为相互尊重的关系,居伊·珀蒂德芒热(Guy Petitdemange)将这种关系定为"对外在性(他者性、他者)的尊重是列维纳斯思想的基石"①。同样,波伏瓦的他者观同样是以自我与他者的相互尊重为基本原则的。在这一点上,列维纳斯与波伏瓦的他者观是一致的。

在现实层面上,尤其在国际政治方面,他者与自我的冲突是不可避免的,他者意味着冲突的受害者或者发起者,总之,他者与暴力不能分割。如何在冲突与暴力的伦理层面上,思考自我与他者的关系,这是一个伦理思想家必然要思考的,列维纳斯和波伏瓦都对这个问题进行过思考。耐人寻味的是,列维纳斯和波伏瓦对暴力与他者关系思考的对象都是二战那段历史,意味着两个人的思考动力和来源是一致的。但是两个人思考的方向和结果却有差异,这或许是因为作为犹太人的列维纳斯与作为法国人的波伏瓦所背负的文化、宗教、民族或许还有性别的差异所导致的。无论是哪种暴力,实际上都是自我对他者的一种有害的行为,波伏瓦在这一点上主张对他者的暴力是不道德的,都是一种恶。在此基础上,波伏瓦还区分了根本的恶与一般的恶。波伏瓦认为,根本的恶就是将他者置于绝对他者的位置上并加以残害,这是一种像对待牲畜一样的毫无人性的恶。波伏瓦举例说,纳粹的恶就是根本的恶。除此之外,哪些恶是一般的恶,波伏瓦举例说,比如偷窃是一般的恶。波伏瓦将纳粹的恶看作是一种根本的恶,是针对他者的不可饶恕的绝对的暴力。那么换言之,在波伏瓦的伦理观中,如果将他者看作是绝对的他者并加以残害,即是一种根本的恶;若只是视他者为一种绝对的他者,即使不加以残害,是否也是一种根本的恶?问题是,在波伏瓦那里,若将他者视为一种绝对的他者,即是将他者看作是绝对的客体、绝对的低贱、绝对的非人类,即已经为尽管还未或将为实施的暴力做理由上的铺垫,波伏瓦仍然将之视为一种根本的恶。正是因为纳粹一开始就将犹太人视为绝对的他者,才有后来惨绝人寰的大屠杀,这一前一后实际上是一个整体不可分割的行为。也正是在这个意义上,波伏瓦主张自我与他者的相互性关系,自我与他者同样都具有超越客体的属性,他者只有不断超越自身的他者性才能成为主体。这实际上是他者思想上的自救意义,才有现实实践中的拯救自我的意义。但波伏瓦同时还指出,自我不是绝对的主体,若自我将他者看作客体,那么他者也必然会将自我看作

---

① [法]居伊·珀蒂德芒热:《20 世纪的哲学与哲学家》,刘成富等译,江苏教育出版社 2007 年版,第 321 页。

客体，自我身上也有不可克服的他者性，而自我只有克服这个他者性才能成为主体。在这个意义上，波伏瓦的他者与暴力的关系取决于自我与他者的相互性是否达成，实际上取决于每个人内心的道德观。

列维纳斯将他者放置在一个无限的位置上，他者不会被自我、同一性、主体性所同化，这种无限的他者体现在不可以被剥夺的死亡上。"死"是不被计划的、不能被超越的，"死"是一切不可知中最不可知的，"死是我们筹划的不可能性。这一对死的研究指明，我们所碰到的是一个为绝对之他者的东西，一个承载他异的东西，它不是作为一个暂时的限定，我们通过享受就可以化解它，而是一个其真正的存在就是由他异所构成的东西。我的孤独由此不是被死所证实，而是被它所打破"①。如果用一种计划之内的行动置他者于死地，则是一种最大的罪恶，因为它打破了他者对未来的筹划，是对他者不可能性之未来的暴力干预。那么应当如何对待他者？在筹划未来、面向自由的过程中，自我与他者将以何种方式对待彼此的"面容"？既然他者是一种无限的他者，那么对于不能同化之、包容之的自我或主体来说，如何实施对于他者的责任则是一个不可能的问题。就像有限的自我不能对无限的上帝实施某种具体的责任一样，对无限的他者来说，有限的自我也无法对之实施责任。那么无限的他者应当对自我实施何种责任？在列维纳斯看来，对他者的死之干预往往是以往哲学和实践的一种，面对自我的压迫，他者只能逃离这种有限性的束缚。因为面对自我，他者只能出于逃离。那么他者与自我到底是一种怎样的关系？列维纳斯将他者与自我的关系概括为"一种无关系的关系"②。列维纳斯自此使用了一种看似无逻辑的逻辑性表示，自我与他者无关系表现在自我与他者是不可能被相互包含甚至同一的，因此自我与他者虽有关系，但是是不可交集的。自我与他者在时间上不可交集，但是二者在筹划未来的空间结构中是可能相互面对的，这种面对的过程包含了对彼此之死的干预。因此彼此之间仍然在伦理上存有一种责任的问题。

列维纳斯将他者观与自我的关系概括为"一种无关系的关系"，如果套用列维纳斯的话，我们也可以说，列维纳斯的他者观与波伏瓦的他者观之间的关系也是"一种无关系的关系"。无关系表现在列维纳斯的他者观是宗教、形而上学性质的他者观，而波伏瓦的他者观更多的则是实践的他

---

① Emmanuel Levinas, *Time and the Other*, trans. Richard A. Cohen. Pittsburgh, P. A.: Duquesne University Press, c 1987, p. 74.
② Ibid., p. 84.

者观。然而两种他者观之间又是存在联系的，体现在列维纳斯与波伏瓦对自我这个问题的思考上，列维纳斯与波伏瓦都认为在自我与他者之间存在着责任的关系，这种责任不仅是爱、宽恕，也包含着对他者暴力干预的拒绝。

第二节 与德里达他者观的比较

雅克·德里达（Jacques Derrida）的解构主义对于西方哲学和西方文化的影响比起波伏瓦对西方女性主义理论和整个世界的女性主义运动的影响来说，二者似乎没有什么可比性，但是无人能否认二者的重大意义。就对他者这一问题的关注、推进和影响来说，波伏瓦的他者观念对女性主义理论的影响不可谓不大，而德里达的他者观念对西方哲学的影响同样很大。显而易见，在他者观念上，与波伏瓦相比，德里达的他者观念的影响要更大。但是波伏瓦与德里达的他者观似乎并没有太大的可比性，毕竟二者的切入点、发展思路和最终指向都是很不同的，要比较二者的他者观，似乎要在两条路径上进行，而这种比较的价值又值得怀疑。因此，我们只能从总体思路上进行泛泛的比较，从女性主义的意义上，我们能发现他者是一个很复杂的概念，每一个关于他者观的进程，都将同样影响到女性主义理论和实践。

"延异"是德里达哲学思想的一个核心概念。由"延异"这一概念出发，德里达解构了传统哲学的逻各斯中心主义，并在后期的思考中，转向了对他者的思考。由"延异"到"他者"，德里达从解构走向更大的解构，或者说从解构走向建构。在德里达那里，解构同时也是为了建构，德里达的解构从来都不是目的，而建构才是目的。这也是为什么德里达不同意人们将他归为后现代主义哲学家的行列的原因，但德里达对后现代主义哲学的影响非常大，德里达对解构与建构的辩证关系之说也深刻地影响了后现代主义。后现代主义的学者在"9·11"事件后也开始思考如何建构的问题。"延异"（la différance）在西方语言中本无该词，是德里达独创的，表示差异、延迟之意，意谓意义不在既定当中，而在由书写文字的差异（能指与所指之间的差异）之中无限延宕下去，意义是多义的、复杂的、无定的。由"延异"这一概念出发，他者不可避免带有延异之意，意谓他者的非单一性、限定性的特点。德里达的"延异"、差异和他者等概念，其实也可以用"不可算计"（uncalculate）这一德里达特别爱用的词语来形容。"不可算计"也可以解释为"意外",意义就是"意外",就是不可规划性。在人类的规划之外总有"意外"发生,而且意外不可避免,随时都可能发生。而哲学的最大意义就在于思考这些意外发生的不在算计之内的"不可算计"事物,这些事物的意义在延宕之中,在他者之中。列维纳斯说:"……与他人的关系即正义",德里达赞成这个观点。但正义在德里达看来又分成相对正义和绝对正义,绝对正义是不可能实现的,实现的是相对的正义,因为对他者的绝对正义是不可想象的,而只有相对的。德里达说:"绝对没有这样一个时刻,此时此刻,我们能说一个决断是正义的。"[1] 那么,面向他者的正义也必然不是绝对的。在这个意义上,德里达的他者观念最终只能是伦理的,而非政治的,虽然德里达的正义观解构了传统意义上的正义观,但建构起一个新的正义观却并不只是德里达一个人的任务,而是有许多后现代主义哲学家和理论家都参与了这场宏大叙事。这多少有些不可思议,以解构为任务的后现代主义因为承继了德里达解构主义的内容,所以建构同样也是后现代主义不可或缺的任务。

德里达前期的延异和后期的绝对正义的理论都为人们对德里达他者理论的理解提供了一种思路。在德里达的意义上,他者不是对这样一些问题的理解,这些问题包括"他者是谁?"或者"他者是什么?"或者"他者包括哪些人或物?"。询问以上问题就已经是对他的误解。正如绝对正义一样,他者是一种伦理的责任,正如绝对正义是不可算计的、不能被限定的一样,他者以及对他者的责任同样是不可算计的也是不能被限定的。如果一定要给德里达的他者提出一个术语去界定的话,那么他者是一种延异,一种散播,一种绝对正义。他者之于德里达的整个理论大厦的意义正是他者是一种去中心的存在,是解构的要义,是解构的需要。在这个意义上,德里达的他者观是从自身的解构主义整个理论体系的需要出发的,这与列维纳斯是完全不一样的两种情形。

在哲学的层面上,或者在理论建构的层面上,波伏瓦是无法与德里达相提并论的。但这只是在哲学(男性领地)理论面前。在女性主义理论建构面前,波伏瓦却是独一无二的。在女性主义理论建构上,无论是萨特还是德里达都不能与波伏瓦相提并论。波伏瓦之于女性主义的意义在某种程度上相当于女性主义之于男性哲学的意义,都具有划时代的意义。波伏瓦对于女性主义理论的意义就在于波伏瓦将对他者的阐释带入了女性主义

---

[1] Jacques Derrida, *Acts of Religion*, London and New York: Routledge, 2002, p.252.

理论当中。本来，他者是男性哲学中的一个挥之不去却又不能挥去的东西，就如批判社会和政治如此激烈的萨特等人，当面对他者这个问题的时候，萨特仍然坚持他者就是地狱的，仍然坚持与传统哲学对待他者如出一辙的态度。然而在女性主义理论层面上，波伏瓦虽然没有直接反驳萨特，却通过女性问题，将自己的他者观与萨特的他者观做了截然不同的阐释。相对于德里达和列维纳斯，波伏瓦对他者问题的阐释时间上更早，而且波伏瓦将他者问题与现实中的性别歧视问题联系起来，他者不再是男性哲学中一个令人讨厌的东西，而是一个实实在在需要被重新认识的问题。

比起德里达的延异、差异、绝对正义、不可算计的偶然性、他者，这些在一个层面上相联系起来的概念，波伏瓦的他者是一个例外，可以说是一个与德里达的他者完全不同的他者。波伏瓦力争把他者问题明晰化和实践化，甚至真实化。如果说，德里达、萨特他们还把他者问题力争哲学化、伦理化和偏离实践化，那么波伏瓦则认为，在现实当中存在这么一些人，他们就是男性哲学中的他者的活生生的现实版。这一些人是这样几类人的合体，包括女人、失去市场劳动价值的男人、儿童、被殖民者、家庭中的孩子，总之包括一切被排斥被压制的人。这类人的对立面，就是男性，而且是具有市场价值的男性。他们同时具有社会地位，还在家庭中具有至高无上的地位，只有那样的男性才是主体，除此之外，其他的都是他者。将他者现实化，是波伏瓦对女性主义理论的重大贡献。对男性哲学来说，哲学化的隐藏起来的面孔被揭去面纱，露出原本被看作遥不可及的真面孔，他们的理论曾经是意识形态的帮凶，曾经是血淋淋事实背后的刽子手，哲学不是在字面背后温情脉脉的老学究，而是现实中戕害他者的凶手。波伏瓦将所有的理论包括他者的观念都拉到现实中来，退掉所有的面纱，除掉伦理和政治的喋喋不休，揭开日常生活的虚伪面纱，露出他者、自我、客体、主体的本来面目。波伏瓦认为男性哲学所谓的他者、自我、客体、主体的分辨只是等级秩序建立的需要，实际上这些在现实中实存的他者、自我，都是相互补充的，而且自我如何对待他者体现了自我的本质。在现实中，女性如何被对待体现了这个社会平等与否；失去市场价值的老人儿童如何被对待，体现了这个社会是否人道；殖民地的人民如何被宗主国对待，体现了社会公正与否。这个社会在现实层面无不体现了国与国之间、民族与民族之间、人与人之间的一种相互性关系。波伏瓦与德里达的他者观体现出了一种有趣的对抗或者补充的关系。德里达的他者是差异中的他者，由差异体现出他者的意义，正是他者才是差异的根本性表现，是差异内在的、固有的、不可算计的因素。因为差异，他者才不会被同化，才成为他者；因为他者，差异才成为差异。对他者的关注是德里达的差异哲学转向伦理学的一个标志。有趣的是，德里达没有因为关注差异而导致对他者的排斥，正如萨特所做的将他者列在一个对立的位置上，德里达将他者看作是差异的内在因素，是差异得以存在的因素，也是差异不得不面对的因素。可以说他者才是德里达哲学最终的归宿，但是他者只能是他者，而不能处在与自我相互补充的位置上，唯有如此，他者才具有意义。

与德里达不同，在波伏瓦的观念里，他者实际上并非男性哲学中那个被排斥、被压制的他者，而是与自我并无二致的存在，或者说他者与自我要因为彼此的存在而存在。这里有两重意思：他者与自我是并无二致的存在，是在主体与客体传统哲学二元对立观点的层面上来说的，他者并非客体，自我也并非主体，他者既是主体也是客体，自我也既是主体也是客体；换言之，他者和自我可以同为主体同为客体，也可以一方为主体一方为客体，他者与自我的关系并非固定为客体与主体的单一的关系，而是有多重关系。在波伏瓦的他者观里，他者与自我的关系与位置是可以转换的，并非固定的，这种相互性的关系是波伏瓦面对女性问题的有力支撑。当面对一个他者时，自我不可能是纯粹的主体，他会被作为纯粹客体的他者所影响，并具有了客体性的一面。在现实中，还有被压制、被排斥的人存在，那么那些压制、排斥别人的人也不可能是纯粹的"主人"，因为作为主人的人会时刻受到那些被压制、被排斥的人的威胁。波伏瓦将黑格尔的主—奴辩证关系进一步发挥，把女性问题提高到整个社会问题的层面。任何一个面对充满性别歧视甚至年龄歧视社会的人，都不可能成为真正的主人，也不可能有所谓的公正、平等与自由。

第三节 与拉康他者观的比较

雅克·拉康（Jacauto Lacan）的精神分析理论结合了结构主义语言学，对20世纪许多重要的理论家都产生了深刻的影响，这些理论家包括朱莉叶·克里斯蒂娃（Julia Kristeva）、斯拉沃热·齐泽克（Slavoj Zizek）和朱迪斯·巴特勒（Judith Butler）等。在20世纪的现代哲学位置中，拉康毋庸置疑占有重要一席。作为存在主义哲学代表的理论家，波伏瓦相较于拉康来说，她在20世纪哲学中还远未像拉康那么重要，但这不意味着两者没有什么可比较之处。就他者来说，波伏瓦在女性主义哲学理论中具有举足轻重的地位，在女性主义哲学中，波伏瓦的重要性显而易见。拉康的他者观与波伏瓦的他者观相比较，我们会发现在20世纪的哲学中，他者其实是一个意义丰富而复杂的概念，不同的理论家对他者的理解不同、表述不同，20世纪的他者观也自然呈现出差异性。就波伏瓦与拉康的他者观来说，具体有三点差异。

首先，拉康的他者是语言中的他者，或者是结构主义语言学中的他者。拉康的精神分析最独特的地方在于拉康认为无意识是像语言那样被结构的。无意识就像一部机器，它将词语转换成症状，表现在要么将词语嵌入肉体中，要么将它们嵌入思想或强迫性冲动之中，总之，无意识将词语嵌入身体之中，因此通过对身体语言的观察，无意识思想和观念可以在语言之中被阐释。拉康的无意识理论是20世纪意识流小说创作和批评的重要理论依据。因为意识流小说无非就是对无意识的冲动的描写，而无意识是一个巨大的黑暗的角落，语言如何能够探及这样的角落，一直以来受到质疑，拉康的语言无意识论无疑揭示了无意识具有语言能指的性质。既然无意识能够在语言中被阐释，那么，无意识是构成主体的重要部分，主体无疑也具有结构语言学上的意义，主体也是由词语能指所构成的，这样一来，作为主体的对立面，他者同样也是词语能指之中的，他者仍然离不开词语的结构。而词语的结构本质上是一个差异性的结构，唯有差异性，才能显现其意义，因此他者与主体也是一个差异性的存在，唯有差异性，他者与主体才具有各自的意义，才能不被同一性所同化。主体的意义在于主体差异于他者，而他者的意义在于他者差异于主体，他者与主体之间互为存在的基础。或者说，主体是经由与之差异的他者的介入而形成的，而他者则经由与之差异的主体的介入而形成的。拉康说："无意识的话语具有一种语言的结构""无意识是他者的话语"[1]，即是说，作为主体的自我不是固定不变的、一有永有的，而是由他者语言构成的，自我的性质、变化取决于他者的语言，自我与他者的关系不仅密不可分，而且自我离不开他者，离开了他者，自我什么都不是。

拉康的无意识是一个语言结构。现代语言学将语言分成能指与所指两部分，拉康的无意识是指语言结构中的能指部分，具体是指无限运动之中的能指部分。因此拉康的无意识具有不稳定性、多义性、差异性等后现代主义的特征，换言之，拉康的自我是由无限运动中的能指构成的，自我是多义的、差异的、复杂的。那么，既然自我是他者的话语，那么他者同样

---

[1] 刘放桐等：《新编现代西方哲学》，人民出版社2000年版，第421页。

也是一个多义的、差异的、复杂的能指结构。相比拉康的他者观，波伏瓦的他者显得直接而单纯。对波伏瓦来说，他者是一个需要被拯救的存在，而且是具体的存在。波伏瓦的他者是有具体所指的，是指被边缘的、排斥的、压制的群体，这些群体当中不仅有女性，还有没有市场价值的老年人和儿童，以及残障人等。波伏瓦的他者观同样要在主体观中言说，只是就波伏瓦来说，无论是主体还是他者，都没有超出西方传统意义上那个主体与他者的二分法。波伏瓦面对传统意义上的主体与他者二分法来言说她的他者观，传统哲学认为主体高于他者，而波伏瓦则认为主体与他者是平等的，不仅政治地位平等，伦理领域同样是平等的，任何违背了这个原则的观念都被波伏瓦视为歧视性观念。在这个意义上，相较于拉康，波伏瓦的他者观与精神分析的他者观或结构主义语言学上的他者观是两个具有差异性的部分，可以互为补充，但绝不是一回事。波伏瓦也主张主体与他者是不可分的，但她并不认为主体是由他者构成的，或者主体就是他者的话语，因此在这一点上，波伏瓦与拉康的他者观具有根本性的差异。

其次，对于女性解放这个话题来说，拉康的他者观可以为女性主义理论提供有力的补充。从女性主义理论的角度来看，波伏瓦的他者观和拉康的他者观可以互为关照，互为阐释，可以为女性的解放提供一条较为合理的途径。拉康所谓的无意识是他者的话语或者说主体是他者的话语，换言之，女性是他者的话语。有意味的是，当拉康的主体是他者的话语用在女性身上时却有讽刺的意味，女性是他者的话语。在波伏瓦的意义上，女性才是一个他者，而且是一个绝对的他者，然而这个作为绝对他者的女性则是由作为绝对主体的男性的话语构成的，简而言之，女性是主体话语构成的。讽刺的是，由主体话语构成的女性却是一个客体，或者说一个他者。在波伏瓦的意义上，这个他者是由社会文化塑造的，是后天形成的。在这个意义上，在女性问题方面，拉康与波伏瓦的他者观却具有异曲同工之妙。虽然拉康属于后现代主义的精神分析哲学代表，而波伏瓦则属于存在主义哲学的代表，不同的哲学流派，在很多方面虽然具有对话的性质，但实际上也有很多大的不同。不同的语言表述、不同的问题意识以及不同的现实问题，都让不同的哲学流派行走在不同的轨迹之上，然而在女性问题上，不同流派的代表拉康与波伏瓦却走到了相同的轨道上，这不能不说颇有深意。

女性作为一个他者几乎是无须争辩也没有任何争议的事实。拉康的精神分析哲学虽然不直面女性问题，但是无意识是他者的话语则充分表明了女性被压制、被排斥的低下的社会身份和地位已经作为一种症状深深地嵌入了女性肉体之中,经过无意识这部邪恶的转换机器,社会文化所强加在女性身上的一切异化的成分已经成为女性肉体、思想、观念、冲动中的一部分甚至全部。甚而言之,女性就是社会文化的言说客体,女性的无意识症状是对社会文化加诸她身体的种种表现。通过语言结构的分析,我们能够发现女性被压抑的部分,发现女性身上想象界与象征界中的种种虚假成分,探索女性实在界的可能性成分,这是拉康给予女性主义理论的重要启示。透过拉康的无意识理论,我们能够发现波伏瓦的他者观尚有不足之处,那就是虽然波伏瓦指出了女性作为他者是社会文化塑造的结果,但她没有进一步指出是如何塑造的;虽然波伏瓦在《第二性》第二部中详细叙述了女性从儿童时代开始就被社会种种规范所框范,但她没有进一步揭示这些社会规范是通过什么途径进入了女性意识当中的;波伏瓦虽然指出母亲的蛮横和父亲的威严还有教育的施压都是女性接受社会文化规范的原因,但她没有进一步分析社会文化规范如何能够在社会权力之外起作用。通过拉康的无意识理论,我们实际上可以为波伏瓦的问题提供结论:社会文化通过语言进入了女性话语中,并进入女性的无意识中,进而成为种种症状,嵌入了女性的肉体、思想、意识和冲动之中,从而造就了女性自身,也就是波伏瓦所说的社会文化塑造了女性。弄清了这一点,我们实际上也发现了这样一个事实,拉康的精神分析理论虽然并非为女性问题的解答而设立,但是它在女性主义理论的发展方面却功不可没。波伏瓦没有进一步阐释的问题,在 20 世纪 70 年代以后的女性主义理论中都得到了进一步的发展,比如克里斯蒂娃发展了拉康的无意识是他者话语的结论,露西·伊利格瑞(Luce Irigaray)极度推崇的性别差异理论,还有埃莱娜·西苏(Héiène Cixous)的女性书写,都是在拉康的意义上实现了女性试图冲破社会文化对其肉体和意识的渗透,探索女性没被社会文化渗透的实在界。从这个意义上说,女性主义理论与拉康精神分析理论的结合促进了女性主义理论的深入发展,所以女性主义理论必须与其他哲学理论互为学习、融合,才能有进一步发展的机会,因为女性问题说到底绝不是女性自身的问题,而是整个社会文化的问题。

最后,从波伏瓦的视角来看拉康的他者,我们会发现女性解放在未来是否有可能,这是一个颇为费解的问题。拉康的他者分为小他者和大他者。拉康把婴儿的前六个月称为"前镜像阶段",也就是小他者,此时的婴儿是一个未分化的非主体,婴儿是通过镜子中的作为他者的自我镜像和作为他者的母亲形象的认知认识到自己的身份的。这一阶段是一个混沌的状态,是自我与他者尚未完全分化的阶段,是想象界阶段。而大他者的阶段则出现在象征界，此时的婴儿在十八个月之后进入了语言阶段，婴儿开始接受成年世界的文化，也就是父之名文化。从小他者到大他者是婴儿从非主体向主体成长的过程，也是每一个正常的人都要经历的成长阶段。在成为大他者之后，主体也将被嵌在社会文化之中。在这里，拉康的主体已经不是具有反抗性的主体了，成为大他者都失去了反抗性的存在。正如有评论者批评的那样："如果说康德是从客体上提出并论证了存在着我们不可认识的物自体，那么拉康则第一次从主体上彻底提出并论证了我们自身的不可能的存在之真。从本体论来说，拉康哲学与近代物理学的'测不准原理'不无关系，它揭示了主体在本体论上的'不完备性'。"[①] 主体这种不完备性或说不固定性，是社会文化的变迁使然。主体随着社会文化的变化而变化，那么主体的反抗性何在？这是拉康没有给我们指出的。从波伏瓦的他者观来看，他者要变成主体必须经由自身个体的选择，还得经由社会习俗的变革，这两点缺一不可。然而波伏瓦否定一场激进的社会革命能够改变女性的他者地位，因为一场社会主义革命从来不会在社会中产生新型的女性，只不过产生了新的政权而已。对女性来说，社会革命远没有一场习俗的改变更有利于女性的解放。他者要变成主体，个体的自由选择同样重要。个体只有积极地选择去成为一个主体，并承担后果，才能真正成为一个主体而存在于世。言外之意，女性要想改变他者的命运，只有通过自身的努力，而不可能从外部（男性）那里获得。相较于拉康，波伏瓦为女性解放给出了一条出路，并且这条出路看上去是可行的。相较于波伏瓦，拉康的理论没有为主体如何成为真正的主体指出努力的方向，反而看似这是一条永远没有出路的不归路，在这个意义上，拉康理论的悲观基调要远甚于波伏瓦。

通过以上三点比较我们可以发现，作为后现代主义精神分析的拉康与作为女性主义理论奠基鼻祖的波伏瓦，二者虽然在很多方面不可通约，但是在他者观方面还是有许多值得比较和相互诠释的地方的。通过比较，我们发现在女性主义问题上，人们可以思考得更多，未来的可能性也会更多。

第四节　与伊利格瑞他者观的比较

同为法国女性主义理论家，波伏瓦与伊利格瑞分别代表了最初的与后

[①] 邓习议：《论拉康他者理论的隐性实体主义》，《江西社会科学》2008年第10期。

来的理论立场。在观念与理论方面，波伏瓦与伊利格瑞可以进行比较的地方很多，尤其在如何界定和阐释女性作为他者这一文化和历史的事实上，两者的异同更有可比性。比较法国两代女性主义者在他者问题上的异与同，可以看出，作为世界范围女性主义及性别理论之方向标的法国女性主义理论在不同阶段的坚持或扬弃。在此基础上，在历史纵向的维度上，也可以获得女性主义理论发展与变化的脉络趋势之经验与知识。

一 共同的批判资源

波伏瓦与伊利格瑞在建立自己理论体系过程中都有一套批判与对话的哲学资源。波伏瓦本身是存在主义哲学家，存在主义哲学家代表海德格尔、萨特，以及围绕着存在主义哲学体系出现的其他哲学流派，还有传统哲学的终结者与现代哲学的开启者黑格尔，都是波伏瓦在建构自己的理论体系中批判性继承与对话的哲学理论资源。而对于精神分析师、女性主义理论家伊利格瑞来说，弗洛伊德和拉康的精神分析理论始终是其绕不开的理论资源和理论建构的基石。两位女性主义理论家因为批判与对话的理论资源不同，虽然都对传统父权理论给予回击，并试图构建一套与传统父权话语不同的理论体系，但是二者的理论路径、思考方式与解构或建构的体系都迥然有别，尤其在如何认识、界定、反思与阐释他者这一问题上，二者的理论都可圈可点，颇有比较研究的价值和意义。弗洛伊德的理论是二者共同关注过的，因此审视二者对弗洛伊德精神分析理论的批判有利于发现二者持有的他者观的立场，从而发现二者对他者问题思考方向上的差异。

波伏瓦对弗洛伊德理论的批判是有针对性的，《第二性》是波伏瓦理论集中阐释之作。在此著作中，波伏瓦对黑格尔理论的批判贯穿始终，这也是她对女性为何为他者这一问题作出自己的独特见解之作。同时，波伏瓦在《第二性》中也重点批判了弗洛伊德的理论。对弗洛伊德理论的批判是与对恩格斯的经济决定论、朴素的生物学一起进行的，显然波伏瓦将弗洛伊德的精神分析学说看作是禁锢女性解放的阻力之一，所以专门辟出一章对其进行批判。波伏瓦质疑弗洛伊德对女性的界定。在弗洛伊德对女性的界定逻辑里，女性之所以为女性，是因为她们不是男性。这似乎是一个悖论性的、同时也是毫无价值的逻辑判断，却是西方长久以来对女性界定的核心逻辑。男性是女性的对立面，男性所拥有的一切，就是衡量女性的标准，哪怕是弗洛伊德建构自己精神分析体系重要一环的男性的阴茎，也成了女性崇拜的对象物，并成为女性后来恋父情结的一个重要诱因。波伏瓦显然从弗洛伊德的逻辑里发现了女性被界定的随意性,波伏瓦说:"在精神分析学家那里,只有男人被定义为人,而女人被定义为女性:每当女人作为人行动时,就被说成她模仿男性。"[①] 要么是女人,那就意味着是客体,是他者。要么成为一个人,但那样就被说成模仿男性,那样仍然不是一个人,而是一个人的模仿而已。即是说,要么是他者,要么是一个人的模仿,那么对女性来说,出路在哪里?波伏瓦说:"女人被两种异化方式吸引;十分明显,扮演成为一个男人,对她来说会是失败之源;但要扮演成为一个女人的游戏也是一个诱饵:成为女人,就会成为客体、他者;而他者在放弃中仍然是主体。对女人来说,真正的问题是拒绝这些逃避,而作为超越性自我实现,于是问题在于要看到所谓男性态度和女性态度向她展示了何种可能性。"[②] 波伏瓦要告诉我们的是,不去扮演一个男人,也不去成为一个女人,而是要超越这两者,要去实现自我那种超越性。波伏瓦这句话的含义既明确又含糊。明确的是,波伏瓦指出,男人、女人,对于女性来说是可以去扮演的。含糊的是,如何定义男人、女人。如果说男人、女人都是可以扮演的,那么,去扮演的角色又该如何界定呢?后来的性别理论在这一点上进行了发展,没有所谓本质的男人、女人,只有被文化界定为本质的男性气质、女性气质。对于一个从生理上被区分了的人来说,成为一个男人还是女人,实质上是成为具有男性气质的人还是成为具有女性气质的人。作为后现代女性主义理论的代表者,伊利格瑞对女性这一概念曾努力用后现代主义的思维方式做出一番解释,虽然困难重重,但伊利格瑞发展了波伏瓦的某些含糊的理论表述,为女性主义理论的进一步拓展做出的贡献不容小觑。

《第二性》是波伏瓦批判西方传统话语的理论战场,却并不是成熟的理论建构之著作。可以被看作波伏瓦比较成熟的理论建构的著作应当是《模糊性的道德》。在该著作中,波伏瓦提出了一种新型的自我与他者的关系,那就是自我与他者是相互性的关系,而非对立的、对抗的关系。这种新型的自我与他者关系的建构,可以看作波伏瓦对女性问题的一大贡献。在《第二性》中不能解决的概念问题,波伏瓦用一个带有策略色彩的方式模糊了自我与他者之间的界限。传统哲学中,如果把自我看作是一个男性,那么他者相当于一个女性,当然这种对比并非那么简单。波伏瓦在对黑格尔的批评中指出女性根本就不是黑格尔主—奴链条中的一环,因

---

① [法]波伏瓦:《第二性Ⅰ》,郑克鲁译,上海译文出版社2011年版,第75页。
② 同上书,第74页。

此在女性身上，也从未发生从他者转变为自我、客体转变为主体的奇迹。女性的出路，在波伏瓦看来，首先要从绝对的他者进入相对的他者，从而达至与自我可以进行对话，甚至角色调整。从波伏瓦对弗洛伊德的批判中，我们能看到，波伏瓦在如何界定女性这一历史特殊角色上所做的努力，并在她后来的著作中可以看到波伏瓦这种努力的理论建构之实践。

后现代女性主义理论的代表者伊利格瑞本身是精神分析科班出身，她把建构自己理论的基础奠定在对自己知识体系的批判上，表现在对弗洛伊德精神分析与对拉康精神分析的批判上。与波伏瓦不同，伊利格瑞明确提出她对概念不感兴趣，她并非要界定什么是女人，什么是男人，而是用德里达的解构理论，将那些界定消解，然后附之以流动的、没有本质的状态。伊利格瑞在这种不界定、不概括的理论消解中表达女性作为差异性的存在。差异性在弗洛伊德那里是作为一种对性别不平等的界定依据的，在波伏瓦那里，性别的差异性是作为生理性别的确定性出现的。而在伊利格瑞这里，性别的差异性是不再具有等级之分的依据。甚至在弗洛伊德那里小女孩因阴茎的缺失导致对男性的崇拜，在伊利格瑞这里，女性身体的所谓的缺失恰恰是一种优势，而非劣势。伊利格瑞说："必须要质疑并打乱哲学话语规则，因为它给他者设置了法则，并且形成了一套关于话语的话语。"① 伊利格瑞将西方哲学话语界定为元话语，是给所有他者设定规范和法则的元话语。而女性作为他者，如何突破这套无所不在的元话语的钳制，伊利格瑞提出女性作为差异性的存在，是对抗元话语的一种方式。伊利格瑞从弗洛伊德精神分析中发现了对抗哲学元话语的信息。但她发现精神分析的对抗方式只不过是二元对立颠覆之后的旧秩序的一种而已。伊利格瑞说："弗洛伊德的理论的确给了我们一些动摇整个哲学话语秩序的启示，但是悖论的是，当弗洛伊德对性差异进行界定的时候，他仍然保留了那套话语，只不过颠倒了个。"② 从伊利格瑞对弗洛伊德的批判中，我们能够看出，伊利格瑞对女性差异性高扬的背后所小心谨慎地避开的陷阱是什么，同时也说明伊利格瑞对这种差异性的肯定或许将面对的批判的预

---

① Luce Irigaray, *Speculum of the Other Woman*, trans. Gillian C. Gill, Ithaca, N.Y.: Cornell University Press, 1985, p.72.
② Luce Irigaray, *This Sex Which Is Not One*, trans. Catherine Porter with Carolyn Burke, Ithaca, N.Y.: Cornell University Press, 1985, p.70.

示。① 近年来，波伏瓦将对他者的思考从精神分析理论中解放出来，而转向对社会文化的反思。伊利格瑞的两本著作《东方与西方之间：从独立到融合》和《共享世界》，是这一转向的代表作。这一转向，对伊利格瑞的理论建构来说有深刻的内涵，一方面她将对他者的思考从后现代主义内在的悖论中挣脱出来，女性作为他者、差异者，如何从非界定的虚无缥缈的危险中挣脱。伊利格瑞将这种危险的挣脱放置在文化、伦理、政治这一基石之上，既让自己的理论不至于虚无缥缈，也能让自己的理论有的放矢。

二 存在主义的理论基础

伊利格瑞在《共享世界》一书中提到"超越"这一理念，而超越恰巧是波伏瓦始终提倡的一个观点，波伏瓦用超越之身份和立场启示绝对他者——女性——走出自身的文化陷阱，走向与男性同为主体的未来。

波伏瓦在其代表性理论著作《第二性》《碧吕斯与西涅阿斯》和《模糊性的道德》中都提到"超越"这一关键词。综观波伏瓦的《第二性》，"超越"有三重意义：第一重含义，超越女性作为绝对他者的角色，进入黑格尔所谓的主—奴链条中，从而实现主人与奴隶的相互转化，女性能从一个他者转化成一个主体。波伏瓦说："黑格尔的定义尤其适用于女人。'另一个（意识）是从属的意识，对他而言，本质的现实是动物的生命，就是说，由另一个实体给予的存在。'……她们今日所要求的，就是作为与男人同样的生存者得到承认，而不是让存在屈从于生命，让人听命于动物性。"② 第二重含义，超越女性自身的局限和缺点，从而朝向一个真正的人之方向迈进。波伏瓦在《第二性》的结尾重申："正是在既定世界中，要由人来建立自由的领域；为了取得这最高一级的胜利，男女超越他们的自然差异，毫不含糊地确认他们的友爱关系，是必不可少的。"③ 第三重含义，超越传统哲学的二元对立，打破人为的隔阂和障碍，让二元对子中处于客体一方能够实现与主体一方的相互转化，这处于客体一方的不仅有女性，还有老人、孩子，更有跨文化、跨国界的东方。前两重含义，波伏瓦在《第二性》里有深入的阐释和论述。最后一重含义并非那么明

---

① 伊利格瑞为了避免陷入本质主义的窠臼，始终规避任何概念界定，但这也导致了她的理论走向神秘主义，就这一点，被许多学者指出和批判。参见 Toril Moi, *Sexual/Textual Politics: Feminist Literary Theory*, London and New York: Routledge, 2002, pp. 137-147.
② ［法］波伏瓦：《第二性Ⅰ》，郑克鲁译，上海译文出版社2011年版，第91页。
③ ［法］波伏瓦：《第二性Ⅱ》，郑克鲁译，上海译文出版社2011年版，第599页。

显，但是波伏瓦提到女性革命与社会革命的关系问题，这隐约表明波伏瓦对女性问题的思考绝非局限在女性本身，而是跨出女性这一范畴，思考更大的社会文化问题。这一思考路径在波伏瓦后来的哲学性理论著作中明显表露出来。波伏瓦对自我与他者这一对子的表述就蕴含着超越的意义，正是超越这一行为的存在，才让自我与他者这一在传统哲学中处于对立关系的双方打破了不可逾越的界限，实现了沟通。波伏瓦是这样阐述的："正是因为我的主体性并不是惰性，不是向自身折服，也不是分离，恰恰相反，它是朝向他人的运动，所以我和他人的差别才得以消除，我才能把他人称之我的什么；将我和他人连接起来的东西，只有我自己才能创造它；我能创造它，是因为我不是事物，而是我朝向他人的投射，是一种超越。"① 自我只有超越自我与他者这一界限，才能真正具有超越性的自我，只有这样的自我，才是真正的自我，而非封闭的"事物"，才是真正意义上的"人"。从自我到他者的路径，波伏瓦的意图是消除自我与他者的差别，而非消灭自我与他者任何一方。黑格尔从他者身上确立自我，其客观目的是巩固自我与他者之间的差异，以及自我的主体性与他者的客体性的属性；其主观目的是维持自我与他者之间的不平等，加深自我与他者之间的二元对立关系。波伏瓦给自我赋予具有朝向他者的超越性的存在，实质上打破了黑格尔的自我与他者之间的界限和不对等的关系。无论从何种意义上说，波伏瓦的这一理论具有深刻的意义。

虽然伊利格瑞对超越这一个理念的重视一直到后来才体现，她并不像波伏瓦那样从一开始就尤其重视超越这一理念的意义，并用此意义对抗传统哲学。但伊利格瑞对"超越"这一关键词的引入却对自己的理论具有深刻的修复甚至重建的意义，因此对伊利格瑞来说，超越的理念不可谓不重要。伊利格瑞在前期著作中都强调性别差异，认为男性话语与女性话语是两种不同的话语模式，男性话语是抽象的，单调的，是完整的主体性的，而女性话语则是另外一种模式，是具体的，是用来确认男性的主体性的。② 在后来的著作中，伊利格瑞又认为，这两个话语模式的差异不是绝对的，是可以超越的，"自我与他者，在差异中彼此认识，这种差异既是自然的，也是可以超越的"③。伊利格瑞前后观念差别巨大，前期伊利格瑞强调差异的不可通约性，其理论基础是弗洛伊德的精神分析学。弗洛伊

---

① ［法］波伏瓦：《模糊性的道德》，张新木译，上海译文出版社2013年版，第162页。
② Lucy Irigaray, *Je, tu, nous: Pour une culture de la différence*, Paris: B. Grasset, c1990, pp. 37–38.
③ Lucy Irigaray, *Sharing the World*, London; New York: Continuum, c2008, p. 16.

德通过将男孩与女孩身体差异设定为等级之分的方式进一步确立了男性中心主义,"虽然弗洛伊德的理论在动摇整个哲学话语秩序这个方面给了我们一定的理论启示,但是悖论的是,当他在定义性别差异时,他仍然屈从于那种秩序"①。而伊利格瑞对弗洛伊德的批判恰恰也是在这一点上建立了自己的理论模式,那就是抬高弗洛伊德所谓的女性身体缺失的那一部分,认为女性的缺失正是女性的特点之一,这种特点只表明女性特质可以成为一个挑战逻各斯中心主义的存在,而非其他别的任何界定。后期伊利格瑞对性别差异的看法的转向表明其对前期理论的补充而非否定,因为伊利格瑞仍然不否认性别差异的必要性和重要性,而是在此基础上,性别的差异才是可以超越的,没有了差异,也就无所谓超越。在《共享世界》中,伊利格瑞指出:"一个女性气质的世界应当将他者的超越性考虑进去,并将之作为基础和合法性的存在。"②伊利格瑞前后思想的转化与其理论基础的转变有着很大的关系,前期的伊利格瑞主要的理论基础是精神分析理论,而后期则转向存在主义理论,是结合了当代政治伦理之后的对女性存在的思考。伊利格瑞说:"在世界中存在,意识中不能仅仅只有自我,应当将他者以及自我与他者的关系包含在其中,……应当将自我转向他者,尊重他者。"③伊利格瑞思考的是:"怎样在已经摆在我们面前的差异性——民族之间、传统之间、文化之间,以及代际之间、性别之间的差异性——的共识层面上,实现共同存在?"④显而易见,伊利格瑞的思考已经远远超出了精神分析的范畴,而具有了存在主义的范畴。这也将不可避免地使得伊利格瑞的思想与波伏瓦的思想渐趋重合,至少在她们思考的问题上面,伊利格瑞和波伏瓦有着共同的理论基础和相似的立场。

伊利格瑞和波伏瓦都寻求自我与他者之间差异的超越性存在,都试图在男性中心主义的理论罅隙中寻求一线他者的生存之地。波伏瓦力图让他者超越自身的局限性成为主体。伊利格瑞力图让他者与自我的差异性成为一种可以被超越的鸿沟,并让差异性与超越性共存,让他者与自我共存。伊利格瑞的努力方向或许也是波伏瓦一生努力的方向。在他者与自我关系上,波伏瓦与伊利格瑞的立场是一致的。

---

① Lucy Irigaray, *This Sex Which Is Not One*, trans. Catherine Porter and Carolyn Burke, Ithaca, N. Y.: Cornell University Press, 1985, p. 70.
② Lucy Irigaray, *Sharing the World*, London; New York: Continuum, c2008, p. 17.
③ Ibid., p. 63.
④ Ibid., p. 64.

第五节　与朱迪斯·巴特勒他者观的比较

对于从事女性主义理论、性别理论原创性工作的思想家或学者来说，不可避免地要从福柯的意义上（从理性霸权话语中唤回非理性的声音）钩沉那些被男权或父权话语压抑的另外一种声音，不可避免地要从原有的秩序、规则、法律、习俗甚至思维方式之外唤回另外一种思维方式的可能性。而且在现实指向性上，女性主义理论家、性别理论家获得了另外一项使命，即不仅仅是倾听另外一种声音那么容易，而是要从纷繁芜杂的现实处境中为他者的基本生存权和生命权进行辩护，并试图从根本上进行思考和颠覆霸权逻辑思维方式的陷阱，试图寻找与传统的霸权思维逻辑不同的另一种思维方式。作为20世纪不同时代的领军人物，法国女性主义理论家波伏瓦与美国性别理论家朱迪斯·巴特勒分别用不同的方式思考那另一种思维方式的可能性维度。作为20世纪90年代崛起的性别理论家，巴特勒在很多方面延续了波伏瓦的思考。两位理论家之间存在多方面的对话关系，比如在性、性别、身体和他者等概念的界定和阐释方面，尤其在对他者这一概念和理念的阐释上，波伏瓦与巴特勒之间存在着深刻而隐秘的联系。波伏瓦是如何界定和阐释他者的，而巴特勒又是从什么样的角度切入对他者的理解的？波伏瓦的自我与他者是相互性关系的理念在现实实践中是如何体现的，而巴特勒对他者的理解是如何导入对生命伦理的新解的？本节试图从以下三个方面加以阐释：波伏瓦是如何阐释自我与他者是相互性关系的；巴特勒是如何在波伏瓦所理解的自我与他者的相互性关系的基础上向前进了一步，进而理解对他者生命的责任问题的；联系以上两点，在对他者的现实介入方面，波伏瓦与巴特勒之间有着怎样的联系，巴特勒又是在什么意义上超越波伏瓦的。通过思考波伏瓦与巴特勒在他者这一问题上的对话，我们可以发现女性主义理论、性别理论发展变化的历史轨迹，以及向未来展开的方向。

一　波伏瓦与他者

在波伏瓦的认知意义上，女性作为第二性（另外一种性别）是低级的、轻微的、被塑造的、被压抑的代表。波伏瓦认为第二性别不是纯粹的他者（纯粹的他者仍然是纯粹的主体的对立面，它使得纯粹的主体得以存在），因为它的存在不构成男性主体存在的必然条件；它也不是男性美德得以成立的条件。即是说,男性作为主体、作为美德而存在是超越性的,是纯粹的,是确定无疑的,是不需要以女性作为条件去加以辅助和说明的。那么女性到底是什么?在哲学的意义上,如果说女性不是纯粹的他者,也不是纯粹的客体,那么女性到底是什么?在现实角色的意义上,如果说男性是父亲、丈夫,是第一性别,那么女性到底是什么角色?是母亲?女儿?情人?修女?还是什么都不是?或者全都是!波伏瓦的名言:"女人不是天生的,而是后天形成的。"① "后天"是确定无疑的吗?如果是的话,那么女性应当有个本质。那这个本质是什么?波伏瓦认为,女性不是一个纯粹的他者,只是被塑造的而已,至于被塑造成什么模样,那只能看"后天"的需要,女性本身是没有什么本质的。她认为:"任何生理的、心理的、经济的命运都界定不了女人在社会内部具有的形象,是整个文明设计出这种介于男性和被去势者之间的、被称为女性的中介产物。"②也就是说女性只是被整个文明设计出来的一个产品而已。长期以来,主导文化是男性(父权)文化,女性的一切都是根据男性文化的需要被塑造的。女性成为一个纯粹的消费品,要被制作成什么模样,必须根据作为消费者的男性的需要来进行。这是多么可怕的逻辑啊。从这个意义上来看,女性即使有本质也与无本质一样,只是产品、二次加工品、三次加工品……或者次品、精品、奢侈品,或者田园风格产品、中产阶级风格产品、贵族皇室风格产品……在波伏瓦看来,女性根本就不是黑格尔所说的主—奴关系链条中的任何一环。

黑格尔对主—奴关系转化的阐述在《精神现象学》一书中占有的篇幅不大,但却在一定程度上反映了该书的主要观点。根据黑格尔的观点,自我意识标志了人类与动物之间的不同。人类之所以与动物不同,是因为人类具有自我意识。自我意识的特征是欲望,这种欲望与动物对食物和对其他动物的肉体的欲望是不同的,人类的欲望则是意欲统治他人,占有和摧毁他人,以获得统治权。黑格尔将通过另外一个自我意识得以满足自我意识的过程称为"相互地承认着它们自己"③的过程。当两个自我意识相遇时,为了树立自己的意识,彼此都要通过对方的意识,即要通过另外一个自我意识的他者性来确立自我意识的主体性。因此两个自我意识的相遇必然产生冲突,总有一方要处在依赖的、客体的、他者的位置上,而另一

---

① [法]波伏瓦:《第二性Ⅱ》,郑克鲁译,上海译文出版社2011年版,第9页。
② 同上。
③ [德]黑格尔:《精神现象学》(上),贺麟、王玖兴译,上海人民出版社2013年版,第183页。

方会处在独立的、主体的位置上，黑格尔称这两方分别为奴隶和主人。主人是独立的、主体的、本质的一方；奴隶则是依赖的、客体的和非本质的一方。然而，主人离不开奴隶，因为主人之所以为主人，是因为它的独立的、主体的、本质的特征源于奴隶依赖的、客体的和非本质的特征而获得的；奴隶也离不开主人，奴隶的依赖的、客体的和非本质的特征又是源于主人的独立的、主体的、本质的特征才产生的。在黑格尔的主—奴关系链条里，奴隶可以通过自己的努力成为主人，主人也可能因为自己的堕落而沦为奴隶，主人与奴隶的关系是相互的。然而在波伏瓦看来，女性与男性的关系不是奴隶与主人的关系，不能相互转化。女性连奴隶都不是，她永远是被塑造的，永远成不了主体。自波伏瓦开始，女性主义理论、性别理论的主要任务就是要打破被塑造的命运，让消费与生产、消费者与生产者之间的界限模糊，且可以互相交换。对此，波伏瓦是通过将他者与主体之间的界限模糊化来实现的。

在波伏瓦看来，女性是一种特殊的他者，这个他者既不是主体的补充，也不具有超越性，女性作为他者只是一个毫无反抗性与反思性的"自在"而已。萨特将存在分成自在的存在与自为的存在。自为的存在是有意识的、有目的的，具有超越性和反思性，这种存在是人之所以为人的根本性的存在。而自在的存在是意识之外的、固定的、确定无疑的存在。就性别来说，波伏瓦认为，女性还不是自为的存在，因为女性不具有超越自身处境的意识力量。在此意义上波伏瓦指出："每当超越性重新回到内在性，存在会贬抑为'自在'、自由贬抑为人为性；如果这种堕落为主体所赞同，那么它就是一种道德错误；如果它是被强加的，它就会采取侵占和压迫的形象；在这两种情况下，它都是绝对的恶。"[①] 这两种情况简单说来就是：自在的存在，如果是主体自愿成为的，那是一种道德上的恶；如果它是被外在的力量强加的，那就是一种暴力的恶。不管是哪种恶，波伏瓦都认为这是一种根本的、绝对的恶。波伏瓦总结这种恶是"蓄谋把他人贬低到物的位置上"[②] 的恶，即把他人压迫、贬低到自在的存在的位置上，而且他者认同了这种自在的存在的命运。长期以来，女性一直认同其作为自在存在的命运，并无任何反抗。波伏瓦从存在主义哲学观出发，认为女性要摆脱自在存在的现状，就必须从自在走向自为，通过有目的

---

① [法] 波伏瓦：《第二性Ⅰ》，郑克鲁译，上海译文出版社 2011 年版，第 23—24 页。
② Margaret A. Simons ed., *Simone de Beauvoir: Philosophical Writings*, Urbana and Chicago: University of Illinois Press, 2004, p.253.

的、有计划性的、有超越性的步骤,不断地朝向不确定的、无限敞开的未来迈进,只有这样女性才能成为自由人,成为自为存在的人。波伏瓦研究学者苏珊娜·莫泽(Susanne Moser)认为,波伏瓦指出的存在主义的朝向未来自由之境迈进的女性可以获得与男性并驾齐驱的机会,并且这种机会将会使女性从男性的塑造品的命运之中脱离出来,获得与男性相互交换的能力,这将会使女性获得幸福。苏珊娜·莫泽说:"波伏瓦似乎发现了两种不同的承认模式。一种承认模式带给主体外在的目的性;另一种模式使得建构的主体与自发的自由联系在一起。"① 换言之,正是由于波伏瓦认定每一个人都具有自发的基本的自由渴望,才打破了女性永远被塑造命运的怪圈。女性无须像奴隶那样必须通过暴力斗争才能赢得对主人的抗争,女性可以因为自身命定的自由性与男性站在一起。这种自发的自由向自觉的自由的迈进,正是女性走向解放的必由之路。波伏瓦说:"拒绝女人属性,并不会因此获得男人属性,甚至女扮男装也不能使她成为一个男人:这是一个打扮成男人的女人。"② 因此,女性的解放不是最终走向男性身份的解放,而是自发的自由向自觉的自由的解放。

要想成为那个自为存在的人,波伏瓦是通过模糊他者的他者性与主体的主体性来实现的。她认为主体从来都不是绝对的,而是包含了主体性与客体性的统一。人类在面对死亡、思考真理的同时,也被自身的内在性所拘囿。在所有的生物当中,人是一个特殊的族群:"在一个充满客体的世界中,他是最高的也是唯一的主体,他也只能与自己的所有同类分享这个世界;对他人来说,他也是一个客体,处在他赖以生存的集体之中,仅仅是该集体的一个个体。"③ 正是因为人的命定的死亡本质使得每一个个体的存在变得模糊而非透明,在朝向未来的计划中人类必须时刻同自身的内在性相碰撞,因此个体是一种超越性与内在性同时存在的个体,死亡的存在使人类走向未来的计划变成有限的而非无限的计划。但是人类必定是要面向未来进行计划的,因此整个人类计划的无限性与个体计划的有限性使得个体的存在包含了有限性与无限性,朝向未来的计划也使人与人之间的关系变得紧密。每一个个体都有自己的计划,在他者眼里,自我也仅仅是无数中的一个他者而已。在波伏瓦这里,超越性与内在性的界限模糊了,无限性与有限性相互交织了,他者与自我之间的位置可以相互交换,一切

---

① Susanne Moser, *Freedom and Recognition in the Work of Simone de Beauvoir*, Frankfurt; New York: Peter Lang, 2008, p.148.
② [法]波伏瓦:《第二性Ⅱ》,郑克鲁译,上海译文出版社2011年版,第546页。
③ [法]波伏瓦:《模糊性的道德》,张新木译,上海译文出版社2013年版,第3—4页。

都变得不透明、不纯粹，一切都模糊了。他者与主体、他者性与主体性是相互的，离开了一方，另一方将不成立，不存在不包含他者性的主体，也不存在不包含主体性的他者，他者性和主体性同时存在于他者与主体之中，主体与他者之间的界限模糊了，主体与他者之间的关系不再是对立的关系，而是相互的关系。波伏瓦打破了传统思维逻辑中将女性排斥在他者与主体可以相互转化的链条之外的规定，而将他者拉入了这一链条中，从而将女性也拉入了可以转化为主体的链条中。在波伏瓦之后的女性主义理论家当中，以露西·伊利格瑞、朱丽娅·克里斯蒂娃和朱迪斯·巴特勒等为代表，她们都继续行进在波伏瓦所开辟的路上。

通过将女性这个在黑格尔的意义上都算不上主—奴链条中的一环的特殊的他者重新拉入主—奴链条里，波伏瓦实现了将女性从他者位置推向主体位置的目的，而且将男性这个主体从绝对的、独一无二的位置上拉了下来，让主体与他者、主体的主体性与他者的他者性之间实现相互交换，从而也实现了女性作为社会人的价值。法国后现代理论家让·波德里亚在《象征交换与死亡》一书中概括了人类历史中存在着三种仿象（仿造、生产和仿真），揭示了这三种仿象的局限性，并指出要超越这种局限性，只有"发明一种更高逻辑（或非逻辑）等级的仿象，超越现存的第三等级，超越确定与不确定"[①]。这种更高级别的仿象就是交换，就是确定性的死亡代之以超越确定性的流动的、交换的模式。在这个意义上，波伏瓦他者观模糊了作为女性与男性之间的界限，模糊了他者与主体之间的界限，实际上也就是在波德里亚意义上实现了他者与主体之间的相互性的关系，也就是超越了他者与主体之间原先那种确定的关系，使之可以交换，宣告了性别之间确定性关系的死亡。

二　巴特勒与哀悼伦理

后现代性别理论家朱迪斯·巴特勒的理论是后现代理论的重要组成部分，对他者问题的思考同样是巴特勒学术著作中的一条主线。从本质上来说，性别理论本身回避不了对他者的思考，因为性别问题同时也是一个关于他者的问题。这也就是为什么自波伏瓦以来，那些著名的女性主义理论、性别理论或者从事后现代主义理论研究的女性理论家都对他者问题进行过思考的深层原因。巴特勒与波伏瓦都对黑格尔的哲学理论进行过思考，而且巴特勒的博士学位论文即是《欲望的主体：黑格尔在20世纪的

[①] ［法］波德里亚：《象征交换与死亡》，车槿山译，译林出版社2006年版，第5页。

法国》。因此在某种意义上，可以说巴特勒和波伏瓦对女性问题的思考源于黑格尔的他者观念。所不同的是，随着时代的变迁，波伏瓦成为西方女性主义理论的鼻祖，巴特勒是女性主义理论发展到第三阶段（即性别理论阶段）的重要理论家。不同时期的女性主义理论者关注的问题是不同的。在波伏瓦时代，研究者主要研究女性是如何从一个毫无市场价值的客体转变为具有市场价值的、能自主命运的人的问题；而巴特勒时代对女性问题的研究就更全面和深入，不单研究女性是否具有市场价值，还研究女性如何在波德里亚所谓的后现代社会里保持冷静而不被重新卷入波伏瓦所谓的被塑造的命运中去。可见女性作为他者的问题不仅是波伏瓦时代研究的，也是当下亟须重新思考的。他者问题是存在主义哲学思考的一个重要问题，海德格尔、萨特和波伏瓦等存在主义哲学家都对他者问题进行过研究。波伏瓦对他者问题的研究一直体现在其各种创作中，从第一部小说《女宾》到《他人的血》等，以及《第二性》和后来的四部长卷回忆录，波伏瓦的思考内容一直都没离开过他者这个问题。在某种意义上，对他者问题的探索是波伏瓦进行创作的精神原动力。而巴特勒持续思考他者问题的动力则源于现实政治的刺激与一系列哲学理论家的对话，这些哲学家包括黑格尔、列维纳斯等，当然也包括波伏瓦、克里斯蒂娃、伊利格瑞等。由此可见，巴特勒的他者理论与波伏瓦的他者理论之间存在对话关系。

  巴特勒是一位优秀的理论家，她的理论现实性强，理论发展阶段泾渭分明。她前期关注同性恋、性别、身体问题，近十年来关注伦理、政治、他者问题，其分水岭为2001年发生在美国本土的"9·11"事件。2004年和2005年，巴特勒发表了与此有关的理论著作《脆弱不安的生命：哀悼与暴力的力量》《解释自身》。2009年发表了《战争框架：何时哀悼生命？》。在这三本理论著作中，巴特勒首先思考的是关于哀悼的问题，然后是暴力、他者的问题。"9·11"事件之后的美国乃至世界形势中，哀悼和暴力问题都与他者问题密不可分。这是一个关于他者或施与他者暴力，以及如何回应暴力，并且如何看待在报复与反报复的暴力较量中死去的那些无辜的生命的问题，即如何哀悼那些生命才是对无辜的生命最好的方式的问题。巴特勒在《脆弱不安的生命》前言中指出：尽管对"9·11"事件人们可以有各种反应，"但是，如果人们企图建立另一种公共文化与另一种公共政策，在其中人们会遭受未知的暴力、损失以及对抗打击报复,这样的文化与政策仍然不能作为政治生活的标准"①。可见,巴特勒在思考公共文化政策之时实际上关注的是政治伦理问题。这与波伏瓦有着明显的不同,波伏瓦是一位存在主义哲学家,她对政治生活的关注来自对女性现实状况的不满,而非自觉地思考政治生活中的道德准则问题。巴特勒在《脆弱不安的生命》中提出:"谁算作人?谁的生命算作生命?最后,什么才有利于一个哀伤的生命?"②后来,在《战争框架》里对这些问题的思考又进了一步。在《脆弱不安的生命》一书中,巴特勒开始思考什么是引起哀伤与牺牲的对象,即他者问题。这个他者可以指一个具体的对象,也可以指一种文化,一种制度。巴特勒思考他者问题和波伏瓦有别,一是她开始由对性别(包括身体)的关注转向了对政治道德规范问题的关注;另一个是从更大范围来思考自我与他者的关系问题。巴特勒的这个思考实际上涵盖了她之前对性别的思考。巴特勒理论前后关注重点的不同使得评论者在对巴特勒前后理论的认识上产生了两种不同的说法:一说巴特勒前后理论是断裂的,一说是连续的。断裂说是指巴特勒在"9·11"事件之后学术思路发生了根本的转向,由原先关注性别、身体、同性恋之类的问题转向了关注政治伦理问题。连续说是指巴特勒虽然在"9·11"事件之后学术思路上与之前相比发生很大变化,但前后仍然是连贯一致的。不管是哪种说法,其实巴特勒"9·11"事件前后的学术研究的一个重要方面始终没变,那就是对他者问题的追问和思考。巴特勒作为一个同性恋哲学家,一开始就关注同性恋问题,并由此也开始关注他者问题。实际上巴特勒后来的学术关注点虽然从同性恋问题转向了政治游戏中牺牲的平凡的个体生命,但这仍然是在宏大的政治话语下关注渺小的个体(他者),因此从某种意义上来看,巴特勒对他者关注的目光始终没有离开过。也正是从这个意义上来看,巴特勒和波伏瓦是站在同一战线的,她们都将目光聚焦于弱者、边缘者、被代表者、被排斥者等他者身上。这或许是女性主义者自始至终都持有的立场。巴特勒说:"我认为,当代性别政治地图已经被各种相互竞争和对抗的观点所超越,这使得性别政治时代成为一张脆弱而紧绷的网络。从发展的角度来看,这张网的一缕有足够的理由说明它已进入了危机时期。"③或许正因为如此,巴特勒需要获得一

---

① Judith Butler, *Precarious Life: the Powers of Mourning and Violence*, London; New York: Verso, 2004, p.14.
② Ibid., p.20.
③ Judith Butler, *Frames of War: When Is Life Grievable?* London; New York: Verso, 2009, p.104.

个更大范围的理论审视域。与波伏瓦一样,巴特勒在其许多著作中都对他者这一问题进行过思考。在《解释自身》一书中巴特勒指出,作为一个列维纳斯式的或者阿伦特式的疑问我是"什么",这一疑问中的"我"主要还不是一个自反的我,这个问题的中心指向或者暗示的是"你是谁?"[①]换言之,巴特勒认为"你"是一个与"我"不可分割的存在,"我"要认识我自身,首先要认识与"我"相对的那个"你"。"你"与"我"形成了不可分离的对子,正是在这个意义上,巴特勒在黑格尔的意义上实现了对他者的认定,即他者与自我处于相互性认知之中,如果要认识"我",那首先要知道那个我们事先并不知晓也不能完全理解的他者。不过这里似乎出现了一个悖论,即当问及我是什么的时候,我们在列维纳斯或者阿伦特的意义上实际上在问:你是谁。不管这个第一发问者是自身还是那个"你"或者是他者,在列维纳斯或者阿伦特的意义上都将首先并且必然指向那个"我"之外的一个对象。而这个由"我"及"你"的自我认识过程,恰恰又暗合了黑格尔意义上的主人与奴隶在自我与他者这一关系链条上的斗争与转化。但也正是在彼此指向的意义上,巴特勒实现了对黑格尔的扬弃,并批判地接受了列维纳斯的他者观。列维纳斯的他者观最终指向的是伦理的他者观,是在政治规范保障之外的来自对自我与他者之个体之间的互为主体性的力量。自我与作为群体的他者之间的关系之外,列维纳斯更倾向于思考这样的一种人际关系,这种人际关系不是群体与群体之间,也不是自我与群体之间,而是此时此地,自我与一个他者之间的关系。在此时此地,当自我与一个他者相遇时,自我能从这个自我不甚了解的他者的面容之中看到所有人,即从一个个体的他者看到全体人,也包括我自己,即那个自我。列维纳斯的研究者阿瑟·施密特(Arthur Schmidt)说:"虽然我不可能以具体的方式成为一个人的奴隶,但是,处境会使我有必要汇集起所有关于他者的普遍范畴,从而可以让我用一般术语讨论他们。"[②] 按照施密特的说法,在黑格尔意义上的主—奴辩证关系,变成了在列维纳斯意义上自我可以透过一个具体的他者获得关于他者的普遍范畴,从而获得对这个具体的他者的认知。也即是说,作为现象学家的列维纳斯,他更多关注的是个体现象学,而非精神现象学。如果说黑格尔关于他者的思考最终指向的仍然是哲学层面,那么列维纳斯对这个此时此

[①] Judith Butler., *An Account of Oneself*, New York: Fordham University Press, 2005, p. 31.

[②] Adriaan Peperzak, *To the Other: An Introduction to the Philosophy of Emmanuel Levinas*, West Lafayette, Indiana: Purdue University Press, 1993, p. 31.

地的个体性存在的他者的思考，则最终指向伦理层面。施密特对列维纳斯这一伦理指向的总结是："所有的社会目标都是恰当的面对面关系和良好的沟通的结果和预期。如果社会目标不是直接指向这一结果，那么，集体的行动将失去人性，因为社会目标最终将遗忘或者掩盖现实的面容和真实的言辞。这种遗忘将是暴政的开始。"[①] 即是说，社会规范和集体组织都不能忽略此时此地他者与自我之间这种面对面的直接关系，如果忽略这一点，那么暴力的伤害将在所难免。列维纳斯对纳粹暴政的反思通过对自我与他者之间关系的反思而达致一种伦理的新高度。这一珍贵而丰富的遗产，让同样作为犹太人后裔的巴特勒不可能不继承并发展，巴特勒对自我与他者关系的思考也始终离不开对此时此地的具体他者的认知。在他者问题上，列维纳斯比任何一位西方哲学家都走得要远，列维纳斯颠覆了传统哲学对他者的看法，将他者推到一个主体的位置上，而且认为他者才是主体，而自我只不过是他者的陪衬而已。列维纳斯对他者问题的思考是一种伦理式的思考，他认为对他者的责任是每一个人都必须行使的。巴特勒在后来的思考中对他者问题的关注也提到责任问题，同时也提到对他者的责任是每一个人都必须履行的。巴特勒对关塔那摩监狱里的囚犯的关注则进一步表明了巴特勒在他者问题上的立场：关注他者是每一个人的责任。面对"9·11"事件以及后来美国政府的报复战争，如何实现对每一个他者的责任？巴特勒指出，每一个逝去的生命都值得哀悼，而不仅仅是那些被当权者认可的生命。因此，解构传统的哀悼观，重建一种新的哀悼观显得尤为必要和急迫。在新的哀悼观之下，他者与自我不再是敌对的，在此时此地，他者与自我是相互的关系，哀悼一个逝去的他者的生命，也是对自我生命的尊重。

三　他者：现实介入与个体责任

波伏瓦与巴特勒对政治生活的介入都有自己鲜明的个性特征。波伏瓦参与了当时轰动法国的"布帕查事件"，而巴特勒则剖析了关在关塔那摩监狱里的囚犯创作的诗歌。现实与文学表述可以被看作是两位理论家对他者问题关注的一个鲜明例证。

波伏瓦介入布帕查的案件是她思想指向现实的必然结果。20世纪60年代阿尔及利亚爆发反殖民主义斗争，当时贾米拉·布帕查是一个21岁

---

① Adriaan Peperzak, *To the Other: An Introduction to the Philosophy of Emmanuel Levinas*, West Lafayette, Indiana: Purdue University Press, 1993, p. 31.

的阿尔及利亚女孩，她是阿尔及利亚民族解放阵线的成员。当时的穆斯林世界的女孩被禁止获得文凭，她们也被剥夺了进一步受教育的权利，布帕查因为是解放阵线的成员，为了反对这样的禁令，她参加了一系列反抗性活动，包括偷运药品物资，搜集情报，把解放阵线的成员藏匿在家中等。后来，法国军队逮捕了她，把她关押在一所军事监狱里，说她在一所大学的餐馆里放了炸弹。在被关押的三十三天里，她遭到了非人的虐待：被电击、被烟头烫、被强奸、被窒息、被击打、常被吊在竿子上浸泡在水缸里就像一只"被猎杀的牝鹿"①。在非人的虐待下，她妥协同意在"所有她承认的记录中签下了字"②。布帕查因为是被逼承认那些自己没有犯过的罪，所以当大学餐馆里的两名服务生为她出庭证明她没有放置炸弹，律师吉杰米·哈里米和波伏瓦为她做辩护时，她否认自己放置过炸弹，并坚持说以前的供状是在自己被强迫之下做出的，最后她被无罪释放了。《贾米拉·布帕查》一书的作者这样评价波伏瓦："波伏瓦用政治行动和伦理观念展示了采取立场的必要性。"③

　　波伏瓦在布帕查事件中表明了其立场：伦理的视点与政治的行动。首先，波伏瓦认为布帕查的遭遇是因为社会加诸女性身上的处境异于社会加诸男性身上的处境。换言之，社会从未将女性的身体与男性的身体等同看待，而是将女性身体看作是低于男性身体的。因此波伏瓦从女性主义的角度去警示社会加诸不受保护状态下的女性的特殊待遇："我们还能够被发生在一位年轻女孩身上的遭遇而感动吗？毕竟——正如公共安全委员会的主席帕坦先生所微妙暗示的那样，在那场采访中我也在场——贾米拉·布帕查仍然活着，因此她的苦难经历不会全都是那么令人毛骨悚然。帕坦先生暗示在布帕查身上使用了酒瓶，他说：'起先我害怕她所受到的侵犯是通过肛门，就如在印度—中国的东南亚国家里发生的情况一样：这样的对待能导致肠穿孔，是致命的。但是，这里的情况是完全不同的，'他微笑地加了一句：显然，类似的事情永远不会发生在他身上。"④ 若真如公共

---

① Simone de Beauvoir and Gisèle Halimi, *Djamila Boupacha: The Story of the Torture of a Young Algerian Girl Which Shocked Liberal French Opinion*, trans. Peter Green, New York: Macmillan. , 1962, p. 40.

② Ibid. .

③ Lori Jo Marso and Patricia Moynagh eds. *Simone de Beauvoir's Political Thinking*, Urbana and Chicago: University of Illinois Press, 2006, p. 8.

④ Simone de Beauvoir and Gisèle Halimi, *Djamila Boupacha: The Story of the Torture of a Young Algerian Girl Which Shocked Liberal French Opinion*, trans. Peter Green, New York: Macmillan. , 1962, p. 43.

安全委员会的主席帕坦先生所言,在审讯布帕查时使用了酒瓶,因为女性身体与男性的不同,就意味着侵犯女性阴道要比侵犯男性肛门会让受害者受伤害更少的话,那么是否就意味着布帕查所受到的侵害就应当被忽略或者被轻视?若果真如此的话,女性身体上所遭受的任何来自社会的伤害都是不值一提的,换言之也都是无社会价值的,因而女性的任何努力和反抗都是次于男性的,这是显而易见的谬误。波伏瓦和吉杰米·哈里米用详细的、具体的叙述来展示布帕查的遭遇,分析也是建立于事实的基础上,"具体表现在此文本中是绝对必要的,因为波伏瓦和哈里米把布帕查的遭遇看作只是在女性身上才会发生的事情来讲述"[1]。波伏瓦对布帕查事件的描述再次运用了她在《第二性》中使用的现象学的具体描述方法,该事件是她界定女性处境,分析女性是他者的另一个有力证据。

波伏瓦除把布帕查遭遇的事件当作女性异于男性特有的遭遇来看待之外,波伏瓦把伦理的视点和政治的行动结合起来,认为布帕查事件关涉每个人的选择。布帕查的处境就是他者女性的处境,而改变这种处境的关键就是不能轻视、忽视甚至遗忘发生在布帕查身上的苦难,因为其他女性的生存环境正和布帕查的生存环境一样。这个社会加诸布帕查身上的苦难从一个方面折射出整个社会对女性的不公正。怎样才能改变社会对女性不公正的问题,波伏瓦对待"布帕查事件"的态度就充分代表了她的观点。正如波伏瓦在《贾米拉·布帕查》一书序中所表达的,意在让读者(尤其女性读者)关注那些正在被迫害的女性,并采取立场,因为那些女性受迫害的事实就是全体女性生存于其中的现实,如果不采取立场,那么现实就永远不会改变。波伏瓦用实际行动的方式介入了对阿尔及利亚女性布帕查的营救行动,也通过这种实际介入的方式实现了她对女性社会伦理的思考。这一行动的指向是从具体的自我到具体的他者,再从一个具体的他者到更多的他者,这样的指向也使得波伏瓦的他者观最终在自我与他者互为处境、互为主体的意义上获得了区别于黑格尔以及后来的存在主义哲学家海德格尔、萨特的他者观的独特意义。

巴特勒的他者观虽然从理论资源、现实处境方面与波伏瓦的他者观有所不同,但在现实介入方面,巴特勒同波伏瓦相似,都极力钩沉被边缘化的他者,并在此基础上实现理论与现实的结合。巴特勒在《战争框架:

---

[1] Simone de Beauvoir and Gisèle Halimi, *Djamila Boupacha: The Story of the Torture of a Young Algerian Girl Which Shocked Liberal French Opinion*, trans. Peter Green, New York: Macmillan., 1962, p. 9.

何时哀悼生命？》一书中深入分析了那些来自关塔那摩监狱的诗，这在某种意义上体现了来自关塔那摩监狱的诗是巴特勒对哀悼伦理的思考的一个现实维度，或者说边缘的、被压制的生命之音是巴特勒所谓的需要去哀悼的生命中的一部分，是她的哀悼伦理关注对象的一部分。在这个意义上，巴特勒对生命的哀悼体现了在后现代时代对渺小的个体生命的关怀，也是巴特勒作为反犹太复国主义与反对国家暴力的有识之士的一个介入现实的路径。关塔那摩是美国设在古巴的一所关押极端政治犯的秘密军事监狱，是神秘而冷血之地。"9·11"事件之后，被投入关塔那摩监狱的政治犯暴增，管理这些政治犯的手段无所不用其极。这里有真正的犯罪者，但也有无辜的冤屈者。几位代理律师、社会学家、知识分子用尽各种方法收集了大量有关监狱的材料，在政治高压之下出版了这样的一本小册子，书名为《来自关塔那摩的诗：被压迫者的声音》。书中的每首诗都很简短，是通过特殊方式书写并传递到外界的，在美国引起了各个阶层的深刻关注。这种生产和传播途径本身就具有反抗的价值，同时也体现出个体在与政权的对抗中虽弱小却坚定的生命力。巴特勒曾引用其中一首《他们为和平而战》："和平，他们说。/意志的和平？/地球上和平？/什么样的和平？

我看到他们谈论、争论、战斗——/他们寻找什么样的和平？/他们为什么杀戮？他们到底要干什么？ 仅仅是谈论吗？他们为什么争论？/杀戮如此简单吗？这就是他们想要的？ 是，当然是！/他们谈论，他们争论，他们杀戮——/他们为和平而战。"① 巴特勒在《战争框架》中引用关塔那摩监狱里的囚犯的诗歌，意欲说明和平、自由等人文主义的理念在某种意义上成了某个政治权力组织以维护个体生命为借口对另外的生命进行屠杀的修辞。这样一来，巴特勒说："作为对边缘者来说不可动摇的条件，或许我们应当重新思考自由，即使是强制性的自由，同时也要认识到，在对战争进行颠覆性批判的框架下，重新构建性别政治的必要性。"② 对失去自由的边缘人的关注，包括对来自关塔那摩监狱里的犯人的关注，巴特勒意图从根本上重新思考自启蒙运动以来西方极其珍视的自由、平等、博爱、和平等与个体生命密切相关的理念。

巴特勒解读这些来自高压之下的声音的角度颇为特别。她谈到了个体责任的问题，巴特勒所说的这种个体责任是指个体对于那些被剥夺发声的

---

① Marc Falkoff ed. *Poems from Guantánamo: the Detainees Speak*, Iowa City: University of Iowa Press, 2007, p. 20.

② Judith Butler, *Frames of War: When Is Life Grievable?* London; New York: Verso, 2009, p. 135.

人的责任，这是一种在集体政治之外寻求个体对个体负责任的表述。在此基础上，巴特勒还提到了在政治暴力的框架之下如何对个体生命进行应有的哀悼的问题，也即是对逝去的生命即使是极其反动的生命也应当有恰当方式去哀悼。哀悼还表现出对那些活着的人也应当被视为一个活生生的个体生命去尊重的意思。巴特勒反思现有的针对个体生命的政治框架，她认为要达致一种真正意义上的哀悼，"需要生产一种新的体系，结果也就是一种新的表达内容的方式"①。这种新的表达内容"是一种关于生命权的批判"，② 由此可见巴特勒对《来自关塔那摩的诗》的关注不仅是出于对于弱者的同情，更是希望通过对来自关塔那摩监狱中被压制的声音的关注而初步建构一种对生命关注的新的思维方式。这种思维方式建立在个体责任（道德）的基础上，通过个体对个体负责的方式建构起一条可以与传统的政治权力体系相抗衡的体系，这种体系承认生命的脆弱性，从而"重新思考危险、脆弱与伤害"③，最终重新思考与生命相关的身体、道德、政治、语言、经济等各个领域的既定范畴。这样的一条思维方式在巴特勒《安提戈涅的诉求》一书中已有比较成熟的阐述。波伏瓦从哲学出发实践其他者观，巴特勒却从对现实他者的关注实现其哲学理论的表述。这不过是理论与实践之间的两种甚为模糊的相互实现的途径，但细察二者的途径，我们不难发现较之波伏瓦，巴特勒要建构的体系远远超出了性别框架。

波伏瓦与巴特勒都从自身的理论体系中的他者观念出发，介入或者思考现实中的他者问题，然后再由现实中的他者问题的具体表述，进一步反思理论中的他者观念。由理论到现实再到理论，波伏瓦与巴特勒所走的路径看似相似，却也有微妙的不同：波伏瓦最终思考的是女性在社会中的位置，以及女性如何摆脱被塑造的命运而成为一个主体；而巴特勒最终思考的则是个体对个体的责任，以及如何在现有的政治伦理规范之外，寻找另一种尊重生命的方式。然而说到底，波伏瓦与巴特勒都试图在传统的思维框架之外建构一种新的看待生命的方式，这里的生命不再是传统思维逻辑中等级有别的生命（只有男性的身体和思想才是值得尊重的，女性的则可以被轻视和忽略），而是人类全体。

同为思考女性问题的著名理论家，波伏瓦与巴特勒分属于两个不同的

---

① Judith Butler, *Frames of War: When Is Life Grievable?* London; New York: Verso, 2009, p. 12.
② Ibid., p. 15.
③ Ibid., p. 12.

时代。波伏瓦是女性主义运动起始阶段的女性主义理论的奠基人，巴特勒则属于女性主义运动已进入第三阶段之后的阶段，她的理论思考模式已由女性主义理论进入性别理论、身体理论、后现代主义理论等诸多理论交互繁杂阶段。通过以上对波伏瓦和巴特勒对边缘他者的思考和现实介入的阐述，我们不难发现，关于女性问题的研究在很多方面都在发生改变。路易·皮埃尔·阿尔都塞（Louis Pierre Althusser）在《保卫马克思》一书中提出"问题式"这一关键词，意思是说提问题的方式比寻找所谓的唯一的答案更重要。在这个意义上，虽然同为对边缘他者的关注，相较于波伏瓦，巴特勒的问题式发生了深刻的改变。波伏瓦的问题式是：女性是怎样被塑造的？而巴特勒的问题式是：对待个体生命的方式是怎样被建构的？波伏瓦对问题的答案是：女性是后天被塑造的。巴特勒对问题的答案是：需要一种新的生命秩序，以此重新思考和定义生命、身体。巴特勒以一种后现代主义的批判式提出和回答问题，然而从巴特勒的思考中，我们仍然能解读出巴特勒所谓的新的生命秩序是面向个体的哀悼，而非仪式化、制度化的过程。纵观西方女性主义理论与性别理论，虽然时代改变、问题式改变，但是就边缘他者这一问题来说，无论波伏瓦还是巴特勒对它的关注都没有改变。边缘他者这一称谓已不仅仅指女性单一范畴，而是指包括了儿童、老人、被囚禁者、被排斥者等更大的范畴。波伏瓦和巴特勒对他者的思考以及她们对理论资源的批判接受，实际上标志了20世纪西方理论整体的走向。

波伏瓦与后现代主义理论家的对话体现了波伏瓦他者观在20世纪的理论轨迹上的意义：对于波伏瓦来说，她的他者观与其他后现代主义理论家的他者观共同组成了20世纪人们对他者与自我以及这个世界的表述，体现了在20世纪实践浩劫之后人们对人与人之间关系的思考；对于后现代主义理论家来说，尤其是对于后现代主义女性主义理论家来说，波伏瓦的他者观无疑是她们重启女性主义新航标的一个重要基点。

第六章　他者与性别理论

性别理论是20世纪90年代以来在西方兴起的研究女性问题的理论。确切地说，性别理论就是社会性别理论。或者性别/社会性别理论的另一种说法，也是比较常用的称谓。性别理论是历史上对包括女性在内的边缘（相对于西方哲学思维的二元对立而言）属群问题关注的一个活跃的领域，是对女性主义理论各种形态的主义（比如自由主义女性主义、马克思主义女性主义、激进女性主义、精神分析女性主义等）的统一性和批判性的反思，是对包括女性问题在内的所有边缘属群问题在后现代主义理论大背景下的综合性的"有效范畴"[①]。有效性，不仅意味着及时性，还指它对现实问题的解决能力。

性别理论是一系列理论范畴的建立，这无疑是一项长期而艰巨的过程，甚至夹杂着乌托邦式的决绝。然而，抛开性别理论的理论性取向，它的现实指向性更让众多理论家甘愿为之进行艰巨的理论开拓性工作做奠基性工程。性别理论抛开马克思主义女性主义的解放论，也抛开自由主义女性主义和激进女权主义片面强调一面的偏激，直接将理论指向现实，将问题的解决对象现实化。性别理论所要解决问题的对象即为边缘属群，这是一个庞大的综合体，不仅包括女性，还包括儿童、老人、有色妇女、阶级和种族。总之，边缘属群是在西方形而上学的二元对立（中心/边缘）的边缘的位置上的那一面。基于这一点，我们可以发现性别理论产生于西方后现代主义理论蓬勃发展时期的必然性，也会发现它受到20世纪八九十年代西方文化研究的影响，自然它源于西方自启蒙运动以来一直流传的女权主义传统。就西方形而上学的二元对立（中心/边缘）来说，很多的组合关系都源于这一对立之说，比如主体与客体，自我与他者。而且他者越

[①] 性别理论家琼·W. 斯科特的一篇为性别理论的合法性和有效性正名的论文，是性别理论研究文章颇有分量的一篇，该论的题目即为："性别：历史分析中的一个有效范畴。"参见［美］佩吉·麦克拉肯主编，艾晓明、柯倩婷副主编《女权主义理论读本》，广西师范大学出版社2007年版，第167—186页。

来越成为西方自二战以来的哲学家们关注的关键词。他者研究的吸引力不仅在于它的理论开创性工作的艰巨，也在于他者问题实质上是一个具有很强烈的现实指向性的对象性问题。他者，简单来说，是自我之外的人或物质。复杂来说，他者恰好正是后现代主义理论、性别理论对传统中心主义反思的一个关键的中枢支点。

在某种意义上，对他者问题的研究每每都必将直指现实问题的核心。具体来说，他者实质上也包括所有的边缘属群：妇女、有色人种、被排斥的阶级和种族、被市场经济排斥的老人、孩子、残障者、被异性恋中心主义排斥的同性恋、双性恋者等。在这个意义上，他者问题与性别理论问题有着颇多相似的范畴，换言之，他者问题和性别理论问题或许只是研究的侧重点有所不同，但实质上并没有多大区别。然而，毕竟他者是西方哲学一直就有的一个术语，而性别理论则只是近来产生的概念。因此从他者的角度对性别理论进行一番考察，或许我们能发现在他者视域中，性别理论一些纠缠不清的问题能够很好地被厘清和理解，这无疑将对性别理论的研究进一步规范化起到推动作用。他者概念和范畴是一个非常复杂的问题，单就20世纪哲学思想来看，他者也不是一个可以用单一的术语和标准加以统一化概括的问题，因此从他者视域探讨性别理论如果没有一个坐标的话将无法实现。从性别理论发展演变的历史出发，波伏瓦是在其中起着关键点的女性主义者，而且波伏瓦的理论也的确对后来的性别理论的某些理论建构方面有着重要的意义。基于此，从波伏瓦的他者视角探讨性别理论就具有了可以实现的途径，而且从波伏瓦的他者视角反观性别理论，也可以为我们提供一个反思性别理论的角度，对性别理论的建构也将具有一定的价值。

波伏瓦的他者理论与性别理论的关系，综合起来，有三重范畴可以概括：关系范畴、差异范畴和政治范畴。具体分析这三重范畴要做到以下三个方面：分析波伏瓦他者理论与后来的性别理论之间有怎样的嵌合与疏离？在哪几个关键词上反映了波伏瓦的他者理论与后来的性别理论之间的对话关系？后来的性别理论又在什么层面上超越了波伏瓦的他者理论而在西方思想理论范围内实现了超越性？

第一节 关系范畴

20世纪现代语言学以及后来的结构主义语言学，奠定了整个20世纪的理论走向和基调。巴赫金的多层次结构在叙事学意义上、在文本结构中实现了一个统一的意义表述体系。多层次结构实质上可以理解为关系，"周围与视野的相互关系、我与他人的相互关系"① 是多层次结构在语言艺术与现实历史的具体表现，这导致了文本意义的复杂性和多样性。第二次世界大战之后的世界形态，突出的表现是无论在现实中还是在文学文化哲学中都在寻找一个关系调节网络，以此安放遭受苦难的心灵和肉身。如何调节关系在哲学层面成为一个激烈对话的关系网络。在巴赫金多层次结构与意义复杂之间的关系的表述上，战后西方的存在主义哲学、后现代主义哲学以及一系列冠之以"后"的主义、思想和流派等，都在如何表现自我与他者的关系以及由自我与他者的关系而推衍出去的一系列关系的探究和思索上颇费一番心力。存在主义哲学家萨特是这样认识他者的："事实上，我们的经验只向我们表明了一些有意识有生命的个体；但是理论上必须指出，他人之所以是对我而言的对象，因为他是他人而不是因为他以一个身体—对象的方式显现；否则我们将重新落入我们前面说过的空间化幻觉中。这样，对作为他人的他人来说本质的东西是客观性而不是生命。"② 萨特将他者看作是一个客观性存在的对象，这个对象不是生命形式，而是它有可能将成为我的生命走向超越性未来的障碍，即"他人是地狱"是萨特看待他者的一个形象化的概括。深受萨特存在主义思想影响的波伏瓦，在她的理论表述体系中随处可见萨特思想的核心，但是恰恰在他者这一问题上，波伏瓦与萨特在核心观点上截然不同。概括言之，波伏瓦认为他者不是一个无生命的客体，而是一个关系网络中的一系列位置互换关系，每一组关系中都会产生一个他者、一个自我。而每一组中的他者与自我的关系是相互性的、移动的和可以互换的。

在这种相互性关系中，他者与自我的位置、重要性和本质（如果有本质的话）都是可以相互转化的。波伏瓦承认作为在历史上被无数次认定为他者的女性是具有内在性的，波伏瓦说："她注定是内在性；通过自身的被动性，她散布平静与和谐；如果她拒绝这种作用，她就成为螳螂、吃人的女妖。无论如何，她像有特权的他者一样出现，主体通过它得以实现：男人的尺度之一、他的平衡、他的得救、他的历险、他的幸福。"③

---

① [俄] 巴赫金：《巴赫金全集 第四卷 文本 对话与人文》，白春仁等译，河北教育出版社1998年版，第2页。
② [法] 萨特：《存在与虚无》，陈宣良等译，生活·读书·新知三联书店2007年版，第309页。
③ [法] 波伏瓦：《第二性Ⅰ》，郑克鲁译，上海译文出版社2011年版，第338页。

女性作为有特权的他者（女性的特殊作用导致她在历史上是一个永远被拘囿在内在性之中的他者，这是历史上女性被给予的永恒的位置），就在于她的作用永远是在男性的需要之后。男性需要她作为一个什么样的角色出现，她就必须在那个位置上并扮演那个被需要的角色。这是女性的内在性。然而，波伏瓦所承认的女性的内在性是另外一重内在性，它不是永恒的，也不是被需要的，而是主体性的内在性。即是说，这种内在性是主体性的必然内容之一。如果说，主体性是客体性的对立面，内在性在传统意义上是客体性的内容之一，那么波伏瓦则打破了这重思维局限。在波伏瓦的他者概念中，他者不单单属于客体性的范畴，他者也不单单跟内在性相联系，他者也是主体性的内容之一。换言之，他者具有主体性的所有性质，但同时也摆脱不了客体性的所有性质。他者兼具主体性与客体性，同时也兼具内在性与超越性。在波伏瓦的观念里，他者的角色、性质和内容都不是固定的。波伏瓦说："……每个男人仍然需要意识到自身，哪怕是为了超越自身的情况下，女人作为他者仍然起作用。"[①] 只是这个仍然起作用的他者已经不是原来的那个被动的他者，而是在意识到自身被塑造的情况下，女性对自身进行重新塑造的结果。波伏瓦所塑造的这个他者即是兼具主体性与客体性、在一系列相互性关系中的主体。

性别理论认识到女性作为主体的重要性。在性别理论中，女性作为主体，不仅是女性作为发言人，也意味着女性要为他人代言。为女性自己以及为他人代言还不够，用斯科特的观点来看，性别理论要真正实现它的价值，就必须做到四个方面，这四个方面相互联系，分别是：揭露文化象征的多种表现；批判规范化概念，因为这些概念大多反映了在宗教、教育、法律、科学和政治教义中刻板的性别认识；分解固定的概念、提示争论的实质，从而探明两性对立的表现形式的本来面目；从心理学和历史学的角度分析性别的主观认同。[②] 斯科特的观点代表了性别理论家整体的观点。这四个方面对于任何一个从事性别理论的理论性建构工作的学者来说都是绕不过去的。总结起来，斯科特所提出的这四个方面可以归纳到一点：对整个文化（历史、现实）进行一番重新梳理。即是说，在建立主体的地方，重新打碎，重建主体。如果这样的一项建构将不可避免地作用于人们的意识和观念，是阿尔都塞意义上的意识形态，那么性别理论就是一种对

---

① ［法］波伏瓦：《第二性Ⅰ》，郑克鲁译，上海译文出版社2011年版，第342页。
② ［美］佩吉·麦克拉肯主编，艾晓明、柯倩婷副主编：《女权主义理论读本》，广西师范大学出版社2007年版，第180—181页。

意识形态打碎、熔断，并重新建构另一种意识形态的过程。由波伏瓦的他者兼具主体与客体的性质的一种存在，到性别理论面向整个人类文化以重建主体，毫无疑问，这不仅是女性面对问题的勇气更加坚定，更是女性面对问题方式的重大转变。女性开始由侧面的迂回（波伏瓦侧重于强调他者也具有主体性的一面）到直面问题（性别理论强调女性本身就是主体，在她们批判整个压制女性成为主体的文化开始，她们已经开始了成为主体之路）。实际上，任何关于女性问题的套路都将不可避免面对造成女性问题的整个文化事件，如何面对才是由关注女性问题开始从事这一研究的学者不断探索的。如何看待、认识和阐释传统文化，这是包括波伏瓦和性别理论家都始终关注的问题，这个问题实际上就是他者与主体的关系问题。波伏瓦认为他者也具有主体性，他者换言之也是主体。性别理论家认为女性就是主体，所有的他者都是主体，而她们之所以在历史上没有被看作主体，那是因为传统文化作祟的结果。性别理论也是一套关系范畴，琼·凯丽说："女人的领地，即我们的性别/社会性别体系所指定给女人的位置，不是一个独立的领域或生存之地，而是社会存在总体内的一个位置。"[①]也就是说，性别理论关注的不是一个个别的事实或个体的现象，而是一个在社会关系之内的性别关系。

因此，性别理论所要关注的不仅是主体与客体、他者与自我的关系，它还必须在与传统文化的关系之外，弄清并关注以下关系才能将女性问题深入探讨下去。这重关系是：性别理论与现实的关系。这重关系实际是关于性别理论如何解决现实问题的任何一套理论都必须在理论建构与解决现实问题这两个方面上进行一番探讨，而性别理论对这两个方面的探讨方式与波伏瓦对他者问题的思考方式有着很多相似之处。

波伏瓦认为他者也具有主体性，那么这个具有主体性的他者如何摆脱客体性而获得主体性呢？作为存在主义哲学家，在个体选择与行动的理念上，波伏瓦与萨特是一致的，都主张个体在自由选择的基础上可以选择行动也可以选择不行动，但选择不一样，结果也将不一样，并且人必须承担选择的后果。如果他者选择做一个主体，那么他者就不会是一个纯粹的客体，前提是他者必须去行动，去为了成为一个主体而行动。而且这种去为了成为一个主体而选择行动的行为必须持续下去，一旦冲突停止，成为主体的行动也将停止，他者也将只是纯粹的客体。波伏瓦的表达为："有欲

[①] [美] 佩吉·麦克拉肯主编：《女权主义理论读本》，艾晓明、柯倩婷副主编，广西师范大学出版社2007年版，第181页。

望的人，理智行事的人，他在欲望中是真诚的：他想得到结果，在得到结果时排斥其他任何目标；但他得到结果后并不停止不前，也不是为了享受得到的结果：他得到结果是为了超越结果。结果的概念是模糊的，因为任何结果同时又是一个起点，但这并不影响它被确定为目标：人的自由正好处于这种能力中。"[1]

美国性别理论家、同性恋女性主义理论家朱迪斯·巴特勒在建构性别理论体系的很多方面都思考和反思了波伏瓦的理论，而且在针对现实行动方面，巴特勒与波伏瓦都积极介入现实生活。波伏瓦与巴特勒对政治生活的介入都有自己鲜明的个性特征，波伏瓦参与了当时轰动法国的布帕查事件，而巴特勒则剖析了关在关塔那摩监狱里的囚犯创作的诗歌。这两则现实与文学表述可以同时看作两位理论家对他者问题关注的一个鲜明例证。

性别理论家特里莎·德·劳里提斯（Teresa de Lauretis）说："尽管在种族、民族、性别界限内，以及在这些界限之外，围绕着女权主义总有各种争论，有各种各样的分歧，有政治上和个人间的差异，还有痛苦。但我们仍然觉得，有理由希望女权主义会继续发展一种激进的理论，探索一种改变社会文化的实践。"[2] 这也会是所有从事性别理论研究者的希望，也是包括波伏瓦和巴特勒在内的致力于解决包括女性问题在内的社会上的歧视问题的所有研究者所正在努力的。

第二节 差异范畴

性别理论家琼·W. 斯科特认为，在性别理论中，性别之所以能作为一个分析领域，是因为："性别是组成以性别差异为基础的社会关系的成分；性别是区分权力关系的基本方式。"[3] 性别理论家特里莎·德·劳里提斯也认为："我们无法通过使社会性别脱离自然性别（使社会性别仅仅成为一个比喻、一个差异问题、一种完全的话语效应），或通过使社会性别阴阳同体化（或双性化，即坚持在特定的阶级、种族、文化内男女对物质条件的体验是相同的）来解决或驱走同时处于社会性别之内与之外

---

[1] ［法］波伏瓦：《模糊性的道德》，张新木译，上海译文出版社2013年版，第172—173页。
[2] ［美］佩吉·麦克拉肯主编，艾晓明、柯倩婷副主编：《女权主义理论读本》，广西师范大学出版社2007年版，第214页。
[3] 同上书，第180页。

的不舒服情形。"① 显而易见，两位性别理论家对性别理论的基本理论的看法一致，都认为性别理论不能离开性别（自然性别）差异；性别理论不是对统一性的要求，而是对差异性的追求。

我们首先要弄清楚性别理论所重视的差异到底是指什么性质上的差异，要弄清这一点，离不开对作为后现代理论诸多关键词之一的差异的追根溯源，同时我们还要结合波伏瓦是如何理解差异的，波伏瓦是如何通过思考差异来思考他者的。透过波伏瓦的思考来反思性别理论对差异的思考，或许会带给我们很多有益的启示。

后现代主义的多元思维方式给理论创新带来很多便利的途径，多元在某种意义上也意味着差异，只有差异，而不是统一或一致，才会有多元化的局面出现，才会出现一大批后现代主义哲学家，包括福柯、德里达、巴尔特在内，差异是后现代主义哲学思考和探讨的关键词之一。综合福柯与德里达对差异的思考，我们会发现差异主要有以下三层意思：差异是意义生产的场所；差异是对权力的解构；差异是政治策略。福柯在知识断裂处发现了许多概念和理念不是自然的，而是具有生产性的，换句话说，差异是意义生产的场所，没有差异就没有意义的生产，也就没有意义。福柯说："总之，我关心的是相似性的历史：在什么条件下，古典思想能思考物之间的相似性关系或等同性关系，能思考那些为物的词、分类、交换体系提供基础和验证的关系？什么样的历史先天性提供了这样一个出发点，从此出发，人们才有可能限定明确同一性的巨大棋盘（le grand damier），这里的同一性是在模糊的、不确定的、面目全非的和可以说是不偏不倚的差异性背景下确立起来的。"② 福柯在古典思想知识构型中发现了相似性的知识类型，而相似性的知识类型恰恰是在差异性的背景下产生的，换句话说，在差异性的知识背景下产生了相似性的知识构型。结合福柯早期著作《疯癫与文明》《规训与惩罚》等，我们不难发现，福柯在发现权力的生产性之时也揭示了差异的力量，权力的生产性正是通过对差异的事物的排斥而维持了同一性的知识生产。统治者通过惩罚犯人而达到巩固统治的目的。对于知识生产来说，主流知识（男权或父权知识）的生产是通过对非主流知识的排斥实现的。排斥的方式可以是显而易见的压制，也可以是喋喋不休的言说。在福柯看来，知识的生产就在于它的生产性质，它的

---

① [美] 佩吉·麦克拉肯主编，艾晓明、柯倩婷副主编：《女权主义理论读本》，广西师范大学出版社2007年版，第180页。

② [法] 米歇尔·福柯：《词与物》，莫伟民译，上海三联书店2002年版，第13页。

生产性质的最好体现就是对差异的事物的言说以达到排斥的目的。这是知识生产的逻辑，它以悖论的方式呈现。对犯人的惩罚不是以纯粹赤裸的暴力实现的，而是以看似仁慈（让犯人面对神父忏悔）的方式掩盖赤裸裸的暴力，以达到惩戒的以及宣扬所谓的仁慈的力量的目的，这才是权力实施的逻辑。换句话说，权力实施的逻辑恰恰在于它从不彰显自己纯粹赤裸裸的暴力一面，而是通过将犯人与犯人的罪透明化，以及将观众拉入惩罚这一领域，实现惩戒之目的。这是权力实施的逻辑，同时也是权力难以被觉察，但又无处不在的性质。这种性质的权力具有无限的生产能力，它能将犯人、刽子手、神甫、官吏、看客等统统拉入其中，因此生产变得无边界。看似自上而下的暴力，实际上，是自下而上的生产动力推动着权力的生产潜力。所有人都被裹挟其中，并在其中被塑造，这就是自下而上的权力生产的可怕所在。其中，必须有一个差异的前提存在，通过对差异的界定，权力巩固了同一性和相似性的因素，而排斥了差异性的因素。

产生在后现代社会形态下的性别理论显而易见地必须思考差异问题。性别理论的差异甚至是更为显著、激烈的差异：性的差异（自然的性还是性的自然属性）、社会性别（男性气质与女性气质）、性别理论（话语、意识形态还是权力生产场域）等。这些概念关涉的是在传统社会形态中向统治权力场域寻求权力话语，同时也关涉的是如何在传统社会形态的统治权力场域之外平衡多元化的相对权力之间的话语。换言之，性别理论的差异问题实质上是如何平衡与男性话语的关系问题，以及如何平衡在男性话语之外的多元话语之间的关系问题。性别理论其实还是一个他者与主体的关系问题，如果说男性话语是一个主体性话语形态，那么男性话语之外的话语则是他者性话语形态。如何让他者性话语形态具有主体性话语形态，这就需要研究主体性话语形态并与之分享既有成果，同时也需要在他者性话语形态内部分享所获得的主体性话语形态的成果。这实际上仍然是一个从他者走向主体的过程，差异仍然是寻找主体、走向主体并最终成为主体的过程。波伏瓦将女性看作是一个兼具主体性与客体性的他者，从另一个方面说，男性如果被认为或自认为是主体的话，那么这个主体也是一个兼具主体性与客体性的主体。这样一来，波伏瓦的他者理念实际上预示了一个不分差异的个体存在的世界。在这样的世界里，谁能成为主体，谁会沦为他者，都是个体如何选择的问题，这又回到了存在主义哲学的立场上了。选择成为一个主体，即使是一个他者，这个他者是一个正在从他者走向主体过程中的他者，那么这个他者就摆脱纯粹的客体性，而成为一个主体性的存在。但是，如果这个他者一旦停止了超越自身客体性的行动，那么他无疑将再次沦为一个纯粹的客体。对传统意义上的主体而言,波伏瓦的理念同样预示了这样的逻辑:如果主体不能保持成为主体的行动,那么这个主体也将不再是一个主体,而是一个客体。因此,在波伏瓦的观念里,他者不是一个否定的、消极的概念,而是一个不断生成中的、变化的、内部具有差异性的存在。在这个意义上,波伏瓦的他者也只是一个词语而已,它的概念已经与传统意义上的他者完全不同了。也正是在这个意义上,波伏瓦的他者观具有了后现代主义的意味,生产、变化、差异等内容让波伏瓦的他者的内涵更加变动不居。但是有一个根本的方向没有变,就是波伏瓦所认为的他者应当是一个超越性的个体,超越的方向是主体,是具有反思能力、坚强意志、自我调节、独立自主的自我。

由波伏瓦的他者观思考性别理论,我们会发现很多具有波伏瓦色彩的思考轨迹,同时也更多地有后现代对差异理解的色彩。正如帕维恩·亚当斯(Parveen Adams)所说:"就性别差异而言,应该把握的恰恰是,差异是通过再现体系而产生的;再现的作用产生预先无法知道的差异。"① 再现体系产生了差异,而性别的差异同样是再现体系产生的结果。通过再现体系产生的性别差异到底是一种什么状况,亚当斯说:"我们不需要将性别区分看成是'总是已经'存在的;我们可以探讨男性特征与女性特征这些类别的历史建构,但我们不需要否认,尽管它们有历史的具体不同之处,它们当今却是以系统的、甚至可预知的方式存在着。"② 米歇尔·巴莱与亚当斯的观点类似,巴莱将性别差异(男性特征、女性特征)看作是历史建构的产物,而非自然而然"总是已经"存在物,而且都是以系统的、可预知的方式生产,因此性别差异实际上是一种总是在生产的过程当中的状态。这种对固定的、单一的性别差异的否定,实际上是一种后现代的思维模式的产物。即是说,性别理论实际上是后现代视域下的一种理论,因此关于差异的阐释对于性别理论来说将不可避免。性别差异,说到底就是对性别差异的理解,而性别差异的表征却与性、性别、身体等概念密不可分。朱迪斯·巴特勒是后现代体系中的性别理论颇有建树的一位理论家。巴特勒的很多理论概念建立在对波伏瓦理论的阐释与批判上。巴特勒说:"在审判他者之前,我们必须要与他者建立某种联系……在某种方式上,我们要问'你是谁?'如果我们忘记了那个与我们有关的被审判者

---

① [美]佩吉·麦克拉肯主编,艾晓明、柯倩婷副主编:《女权主义理论读本》,广西师范大学出版社 2007 年版,第 208 页。
② 同上书,第 209 页。

的话，那么我们就会失去一个通过思考他们是谁、他们的人格所表现的人性存在的可能性范畴的途径而去进行伦理训练和言说的机会，甚至失去了支持或反对这种人性可能性范畴的自我准备的机会。"① 性别理论对男性气质与女性气质差异的思考，其实联系着一个古老的哲学命题：自我与他者的关系。在传统哲学中，他者是自我的一个差异性因素，而且是一个处在自我之下的差异性的、被动性存在。在传统哲学之外的传统社会中，这个作为差异性、被动性存在的他者，实际上代指所有的除了男性之外的女性。在波伏瓦看来，这个作为差异性、被动性存在的他者，实际上代指的不仅是女性，也包括没有市场价值的老人、儿童。在波伏瓦的意识中，他者是一个现实中的代指，而不仅是哲学中的一个概念。在巴特勒看来，他者在当今世界仍然是一个需要被拯救、需要去倾听其声音的弱者，认识自我首先要认清他者，只有首先认清他者，才能认识自我。

　　性别理论家莫尼克·威蒂格比其他任何一个性别理论家走得更远。威蒂格从阶级观出发，认为性别理论无非是要对传统的性别概念进行重新洗牌，即所谓的男性和女性都不存在，存在的是男人阶级与女人阶级，而作为性别理论家要做的是如何拒绝成为男人、男人阶级或者女人、女人阶级。威蒂格说："拒绝成为（或者拒绝继续成为）一个异性恋者，通常意味着自觉或不自觉地拒绝成为一个男人或一个女人。对于一个女同性恋者来说，这样做比拒绝'女人'角色走得更远，是对男人经济、意识形态和政治权力的拒绝。"② 对威蒂格来说，异性恋、同性恋都是身份选择的结果，对于这样的身份，如何拒绝成为一个男人或女人，才是这样的身份对现有的性别观念的巨大革命。而对于非同性恋的女人来说，如何对现有的性别观念进行改革，如何逃脱开对既有的性别观念的臣服，威蒂格从阶级视点出发，指出："我们的历史任务在于，用唯物主义的术语来定义我们所说的压迫，明确认识到女人是一个阶级。也就是说，'女人'这个类别像'男人'这个类别一样，都是政治和经济的类别，而不是永恒的类别。我们斗争的目标在于攻击作为阶级的男人，这一斗争的途径将不是种族灭绝，而是真正斗争。一旦'男人'阶级消亡了，'女人'作为一个阶级也会消亡，因为主人没有了，奴隶也就不复存在了。"③ 威蒂格从阶级

---

① Judith Butler, *Giving an Account of Oneself*, New York: Fordham University Press, 2005, p.45.
② ［美］佩吉·麦克拉肯主编，艾晓明、柯倩婷副主编：《女权主义理论读本》，广西师范大学出版社2007年版，第192页。
③ 同上书，第194页。

观出发认为消灭了男人阶级也就消灭了女人阶级。消灭了男人和女人阶级，也就消灭了传统概念中刻板的男人与女人的观念，也就消灭了所谓的性别差异，以及由性别差异带来的所有的不平等的观念。威蒂格从阶级观出发在性别理论领域提出了对性别差异以及如何消灭性别差异的看法。思想较为激进的威蒂格的观点为性别理论可谓注入了一剂强心剂。但是如何看待性别差异，不是消灭性别差异那么简单。正如露西·伊利格瑞指出的，对性别差异的尊重实际上体现了文明发展的程度。实际上，性别理论不是要如何消灭差异，而是如何在差异的基础上寻求一个平等公正文明的制度体系和道德伦理的观念。

第三节 政治范畴

深层次说，政治范畴是波伏瓦他者理论的一个重要范畴；对于性别理论来说，政治范畴是其本质。性别理论若不是对他者的关注，就不可能实现对二元对立思维的批判和颠覆，也就不可能实现对原先的性别二元对立所负载的那些消极的文化因素的批判和解构。他者理论，若不涉及传统性别二元对立的、权力结构、政治伦理等关键问题，也不可能真正解决什么问题。在这个意义上，波伏瓦的他者理论实际上奠定了后来的性别理论的基础，波伏瓦的他者理论试图从纯粹的理论建构走向政治实践的干预，波伏瓦多次对女权运动的介入和她对社会主义革命对女性命运改变的悲观论断都表现了波伏瓦对政治的敏感和对权力在实质上的不可能通过一次革命实现转变的深刻认识。

女性主义学说最早出现与政治有着密不可分的联系，这从女性主义运动历史的进程中不难得出。法国女性主义学说的最早创立者奥兰普·德·古日（Olylnpe de Gougdes）与英国女性主义学说的最早创立者玛丽·沃斯通克拉夫特，其学说的本质离不开对启蒙思想的创造性运用。启蒙思想家的思想和学说对一切思想禁锢的权力提出了挑战，而且为最早的女性思想家在建构女性思想学说方面比如女性同样享有天赋人权、人人平等、民主自由的理念提供了最早的思想基础。

德·古日提出《女权宣言》，是为了与当时法国大革命时期提出的《人权宣言》相抗衡，在这份宣言中主张取消男性的所有特权。波伏瓦也提到了法国大革命期间女性斗争的历史，我们从波伏瓦的描写中可以清楚看到波伏瓦对这段时期女性斗争本质的认识："这些努力都流产了，奥兰普死在断头台上。除了她创办的《不耐烦者报》,还出现了其他小报,但都昙花一现。妇女俱乐部大多与男性的俱乐部一样纷纷涌现,却被后者吸收。1793年雾月二十八日,当共和与革命妇女协会主席、女演员萝丝·拉贡布在妇女代表团的陪同下,强行进入省议会时,检察官肖梅特在议会中发表讲话,这篇讲话好像从圣保罗和托马斯·阿奎那的言论中得到启发:'从什么时候起允许女人放弃她们的性别,成为男人呢?……(大自然)对女人说过:做女人吧。照料孩子,做细碎的家务,忍受生育的各种不安,这就是你工作。'人们禁止她们进入议会,不久甚至禁止她们进入俱乐部理事会,她们曾经在那里接受政治上的初步训练。"[1] 从波伏瓦的描述中,我们大致能了解到那时候女性争取政治上的权利斗争是在男性的训练之下开始的,但当女性要进一步争取政治权利时却被男性封锁了前进的道路。波伏瓦对这段女性争取政治权利斗争的历史的评价可谓深刻无比:"资产阶级的女人与家庭结合得太紧密,以至她们相互之间没有具体的团结;她们不构成一个能强行提出要求的、分隔开来的阶层;在政治上,她们过着寄生的生活。因此,当那些本可以不顾性别参与政治的女子因自己所属的阶级受到遏止时,那个行动阶级的女子却被迫作为女人待在一边。当经济权力落到男性劳动者的手里时,女性劳动者要获得过寄生生活的妇女——不管是贵族还是资产阶级的女子——永远得不到的权力,就变得可能了。"[2] 除了对法国大革命时期女性争取政治权利斗争的历史进行了评价,波伏瓦还进一步评论了革命与女性政治权利的问题:"人们可能认为要等待大革命来改变女性命运。根本不是这么回事。这次资产阶级革命尊重资产阶级的制度和价值;它差不多专门由男人来完成的。"[3]

  女性的包括政治权利在内的权利在随着启蒙运动资产阶级掌握了局部乃至全球势力范围之后仍未能根本上实现。但这不能否认女权思想的诞生是在启蒙运动之内的必然要求,在启蒙运动作为一场运动实现之后,女权的启蒙运动仍然要继续进行下去。波伏瓦说:"如果我们对这部历史投以鸟瞰式的一瞥,我们会从中得出几个结论。首先是这个结论:整部妇女史是由男人写就的。同在美国一样,没有黑人问题,这是一个白人问题;同样,'反犹不是一个犹太人问题,这是我们的问题';因此,妇女问题始终是一个男人的问题。可以看到,男人一开始是为何以体力取得精神的威

---

[1] [法]波伏瓦:《第二性Ⅰ》,郑克鲁译,上海译文出版社2011年版,第158页。
[2] 同上书,第159页。
[3] 同上书,第157页。

信;他们创造了价值、风俗、宗教;女人从来没有跟他们争夺这种支配权。"① 但是从启蒙运动开始,女性就已经开始了这种争取权利的斗争。而且正如波伏瓦所说,女性的问题,从来是男性的问题。换言之,性别问题必然包含一个他者问题。或者,性别问题本身就是一个他者问题,而不可能是一个纯粹的关于自我的问题,它是一个关于他者与自我的相互性问题。在政治方面,就是一个关于两性之间如何协商、斗争的问题。这是一个相当复杂的问题,也是需要经历漫长历史过程解决的现实问题。正如波伏瓦所表达的,一次革命不能解放妇女,资产阶级革命不能,社会主义革命也不能。或许可以这样理解波伏瓦的论断,女性争取权利的斗争不是历史上历次政治夺权的流血暴力革命,而是另外一种形式的斗争;女性争取权利的斗争本身不是推翻另一个性别的斗争,而是要在斗争的历程中引入协商、讨论甚至妥协的机制;因为女性争取权利的斗争本身就是一次次如何改变自我(女性)与他者(男性)的相互关系的问题。这个问题的复杂程度远比一场流血的暴力革命更甚。

其实启蒙运动时期的女权运动的斗争目标直指政治权利,这本身无可厚非,也是必需的。但是争取的过程却是异常艰难的,其中的原委除了如波伏瓦所说的历史和现实原因,还有一个很重要的原因,就是启蒙运动时期的科学家和哲学家参与了对女性次等类别的界定。美国女性主义理论家约瑟芬·多诺万(Joseph Donovan)提到启蒙运动时期的女权运动时说:"牛顿学说模式假定,所有不遵循理性、不遵循机械论的数学原理的事物都属于他者,是不重要的、第二位的,甚至不值一提的。以此类推,在男性自由主义思想家的眼中,女人也是第二位的。"② 而沃斯通克拉夫特对女性被界定为非理性的事物时说:"她们必须通过批判能力和理性的发展,为获得她们的'不朽的灵魂'作准备。"③ 这是沃斯通克拉夫特对女性获得权利的途径的一个认识,女性只有抛开非理性的一面,获得理性的一面,才能成为与男性一样的人。耐人寻味的是,波伏瓦的《第二性》中持有与之类似的观点。但波伏瓦比启蒙运动时期的女性在思想上进步的一面表现在,波伏瓦没有过分强调理性与非理性的对立,而是通过将他者与自我理解为理性与非理性的合体来实现他者与自我的相互转化。也正是在这个意义上,波伏瓦将女性问题从一个政治问题转移到一个他者问题,

---

① [法]波伏瓦:《第二性Ⅰ》,郑克鲁译,上海译文出版社2011年版,第186—187页。
② [美]约瑟芬·多诺万:《女权主义的知识分子传统》,杨莉鑫、赵育春译,江苏人民出版社2002年版,第4页。
③ 同上书,第14页。

这扩展了女性问题的讨论范围：不再拘囿在政治领域。而且还扩展了一个女性问题的新范畴：女性问题同时也是哲学问题，不仅仅是政治问题。

波伏瓦的断言"整部妇女史是由男人写就的。……妇女问题始终是一个男人的问题"，现在来看，更能觉察到波伏瓦此句断言的敏锐之处。目前西方女性主义在后现代主义思潮的时代面临着前所未有的挑战，许多启蒙运动时期开启的问题面临被解构的危险。西方女性主义分裂成两个明显的派别：反后现代主义的女性主义与后现代主义的女性主义。两方争论的焦点本质上仍是如何保留启蒙运动时期女权斗争的果实问题。启蒙运动时期女权斗争的果实总结起来无非两点：政治上夺权、进入理性领域。即是说：女性要在政治领域夺权，女性要摆脱非理性领域，进入理性领域。后现代主义消解了理性与非理性的二元对立，这从根本上阻碍了沿着启蒙运动所开辟的道路前进的方向。这个问题很复杂，因为它不但牵涉女性主义内部的斗争，还牵涉后现代主义本身与传统的关系问题：后现代主义全部否定传统吗？后现代主义内部是否有与传统相联系的一面？对这些是与否的回答，都将牵涉女性主义对于后现代女性主义的选择问题。其实那些为了维护女性主义理论从一开始就追求的真理，她们否定后现代主义女性主义者是真正的女性主义者也是有一定道理的，她们的理由是："女权主义者必须保持促生并支持一个真理的概念，才能在面对彼此冲突的看法时做出判断，并建立（某些）女权主义理论与运动理念的合法性。由于后现代主义相信真理并不存在，冲突的消减必须经由原始的权力行使（统治）。后现代主义在解构了主体性之后，也就否定或磨灭了世界上存在积极动因的可能性；如果不存在对历史和性别具有稳定的经验知识的单一主体，任何女权主义意识，进而是任何女权主义政治，都将沦为空谈。"[1]因此，针对后现代女性主义者的态度应当是："后现代主义者是非政治甚或泛政治的，他们是相对主义者，如果我们对此太认真，会无法维持或维护任何政治立场。"[2]

后现代主义对政治的否定是让许多人诟病的原因。而美国女性主义者简·弗拉克斯（Jane flachs）在女性如何在后现代时代保持与政治的关系有这样一个观点："我们一旦开始发表有关性别歧视的声明，就是义无反顾地进入政治的领域；因而必须学习发表关于不公平的声明的方法并采取

---

[1] [美]佩吉·麦克拉肯主编，艾晓明、柯倩婷副主编：《女权主义理论读本》，广西师范大学出版社2007年版，第592页。

[2] 同上。

行动，而不依赖于先验的保障或纯真的幻觉。关于正义或知识的先验理念的一大弊病在于它们使我们成为分离的个人，无法对自己行为负全责。"① 因而在后现代时代，政治仍然不可或缺，但政治需求的表达要依赖先验的知识（理性）是具有一定危险性的。理性的认知当中有一个先验的上帝存在，上帝会在冥冥之中实现人们对它的要求。但这种对未知的确定性的等待让人们自身的责任遁形。后现代主义否定人们对理性的垂直性的仰望，而将人们的关注点放置在平行的对人与人之间的责任的承诺上。不同的种族、性别、阶级之间，人们要互相倾听彼此的声音，正如简·弗拉克斯所说："我们需要学习为自己以及为他人发表声明，并倾听异于自我的声音，了解在每个人的欲望、需求、话语实践之外别无他物证明声明的合理性，这些声明正是在这些欲望、需求和话语实践中得到发展、嵌入与合法化的。每个人的福祉最终仰赖于话语共同体的形成，这一共同体造成了尊重差异、渴望差异、彼此共鸣，甚至漠然。如德国犹太人和美国（以及其他诸多国家之中）的有色人种所发现的，如果缺乏这些情感，文明能给予我们的所有法律和文化仍无法解救我们；而知识或真理能在发展这些情感以及共同体上做出什么贡献，仍没有一个清楚的答案。"② 女性主义与政治的关系不是依赖某种先验的知识或真理而存在的，是女性主义一旦发表任何有关性别歧视的声明都已经进入了政治范畴，而那些启蒙运动以来创造的先验知识作为女性主义思想的最先的基础不足以成为女性主义否定对他者负有责任的借口。在女性主义内部，对他者的责任最终会让女性主义保持对政治的敏感，并最终成为在现实政治中获得权力的根本。

波伏瓦的他者观在政治与伦理两方面的表述是波伏瓦之后的女性主义理论向性别理论转变的一个重要的参考坐标。波伏瓦他者观的政治性与伦理性的两个方面也是性别理论关注的两个方面，而且西方许多重要的后现代主义女性主义理论家同时也是性别理论的创建者。性别理论强调性别话语的政治性，关注性别文化的建构性，主张建构另一种有别于传统话语的人的理论。性别理论对传统思想的改造与对新型思想的建构离不开对作为女性主义理论鼻祖的波伏瓦理论的创造性阐释，也离不开对波伏瓦的他者理论的创造性运用。

---

① [美] 佩吉·麦克拉肯主编，艾晓明、柯倩婷副主编：《女权主义理论读本》，广西师范大学出版社2007年版，第611页。
② 同上。

第七章 他者与伦理

从波伏瓦对他者的思考中，我们可以发现波伏瓦对他者性的一个基本认识：首先，波伏瓦的他者性与萨特以及传统哲学家的他者性有所不同，波伏瓦的他者性不是主体性的对立面和威胁因素，他者性也不是完全地独立于主体性之外的客体性，而是他者性就蕴含在主体性之中；其次，在他者性与主体性不可分离的基础上，他者性被看作是自我与他者共有的一种属性，正如主体性是自我和他者共有的一种属性一样；最后，由于波伏瓦始终坚持他者是自我的一种处境，因此，实际上，他者性是自我与他者共有的一种处境。基于以上三层认识来理解波伏瓦的他者性，本章分三个部分：第一部分综合阐释波伏瓦的伦理观，在处理自我与他者的关系方面，波伏瓦的伦理观是否有其独特性？面对女性问题这样一个在伦理和政治两个领域以及整个社会、文明领域中都涉及的难题，波伏瓦是通过一种怎样的他者观勾连、阐释和解决的？在伦理和政治两个看似无法沟通的领域，波伏瓦又是如何过渡的？波伏瓦在其中找到了怎样的结合点？第二部分从波伏瓦对战后法国文化界发起的一场为二战期间帮助德国法西斯屠杀犹太人的文化人士争取宽大处理的请愿书上拒绝签字一事中，我们认识到波伏瓦伦理观的存在主义基础，在某种意义上，这个基础保障了波伏瓦的伦理观不至于沦落为毫无原则的宽容上。这个存在主义的基础就是自由和选择：每个人都是自由的并且自由地做出选择，因此，每个人也必须为他的选择所导致的后果负责。正是为了实现为他的伦理观，所以暴力是不可放弃的。第三部分，波伏瓦的重心在从伦理向政治转化的过程中，现实中的差异性就成了伦理哲学中的他者性的一个代名词，把对他者性的基本认识转移到对差异性的基本认识，波伏瓦得出的结论仍然没有超越伦理的维度：尊重他者，也就是尊重我们自己。

第一节　自我的他者性

　　波伏瓦的伦理是一种个体性的伦理，唯其他的个体性才能成就波伏瓦伦理的合理性和有效性，不论是对女性和老年人的关注，还是以眼还眼式的暴力坚持，波伏瓦都坚持了从个体的立场而非集体的立场出发去思考问题。波伏瓦伦理的个体性还体现在她对自我经验的重视，并以此出发，对他者性进行坚持不懈的思考。反过来说，波伏瓦的他者性正是建立在个体性之上的他者性，唯其个体性，关乎他者性的伦理才具有波伏瓦色彩。个体性的伦理贯穿了波伏瓦一生的思想，即使在她投身于政治运动的晚年，她仍然坚持每一个个体的存在大于集体的存在。无论是伦理上的他者性还是政治上的他者性，个体性始终是前提。

　　波伏瓦对他者性关注和思考的起点是自我，究其一生的经验，波伏瓦从自我中不断剥离出他者性，而不是从他者中剥离出他者性。对于波伏瓦的自我经验来说，在某种意义上，自我与他者没有本质的区别。如果换一种思考方式，自我其实就是他者。但他者不等于自我，自我中包含他者性，这就是自我的他者性，这体现了波伏瓦对他者的尊重，也是波伏瓦对西方哲学上关于自我与他者关系认知的贡献。他者性在波伏瓦思想中的这种独特性首先体现在她与萨特关于他者性认识上的不同。

　　萨特对他者性的认识与他坚持自由的绝对性和自我意识的优先性分不开。虽然存在主义在个体与集体之间选择个体的优先性，但同为存在主义者的萨特和波伏瓦却在自由和自我的观念上产生分歧：萨特认为自由是绝对的，自我是绝对的，自我的自由的绝对性必然与他者的自由和他者性产生不可调和的矛盾；波伏瓦认为自由是处境性的，自我也是处境性的，简单来说，处境性就是内在性与超越性、有限性与无限性、肉体与精神的相互作用的综合结果。处境性即模糊性。波伏瓦坚持自我的自由的模糊性使得她在自我与他者的关系上始终坚持相互作用的观点。他者不可能是自我实现的纯粹的、完全的阻碍，他者也不可能是自我实现的纯粹的、完全的推力；而自我既不可能是他者自我实现的纯粹的、完全的阻碍，也不可能是他者自我实现的纯粹的、完全的推力，自我与他者必须在这种模糊性中达成一种积极的伦理关系。这种关系的基础就是自我中的他者性，而自我中的他者性之所以能够实现的条件是首先要承认他者也是一种与自我在主体性上相同的主体性。在海德格尔的哲学中隐含了他者的主体性观点，而波伏瓦的哲学则明确体现了自我中具有他者性,从他者的主体性到自我的他者性不是一个简单的词语置换游戏,而是哲学观念上的重大转折。自我的他者性在最大意义上解构了自我的纯粹、完全的主体性,也解构了自笛卡尔以来的那个至高无上的自我。波伏瓦主张人类是"一个统治者和独一无二的主体"①,同时也是"一个为他者的客体"②,即人类既是主体也是客体,这种既是主体也是客体的模糊性"标志了表面上来看同时作为自由的主体和作为为他者的客体的对立的自我经验之间的张力"③。

波伏瓦认识到萨特对自由的绝对性的思考,她自己也充分认识到自由的重要性,自由是存在的实体,是所有行动和结果的前提。而如何利用这种处境中的、有限的自由,以及如何行动,这是一个政治问题。波伏瓦是否通过自己的行动给出了一种运用自由的模式?结合波伏瓦在"布帕查事件"上的表现,我们或许能得出:对于发生在周围的任何一件事情,我们都必须参与其中,使得事件向有利的方向发展,参与即是一种政治行动。

波伏瓦在萨特对自由的重要性强调的基础上,发挥了自己的观点,自由不仅是存在,它也是条件,如何运用自由这个条件,对不同的人来说是不同的,这就是自由的处境性。对于这个观点,波伏瓦在《第二性》中已经充分给予了证明:虽然作为一种存在,自由对于男性与女性来说是一样的,但作为一种条件,运用自由的权利、程度、手段和效果却差别很大。由于女性被长期禁锢在身体和家庭里,她们的内在性远远大于超越性,因此,对自由的利用也远远不如男性。波伏瓦充分发挥了她的自由的模糊性观点:对不同性别的人来说,甚至对不同的个体来说,虽然自由本身是一样的,但运用自由的能力、效果却是不同的。萨特强调自由是存在,而波伏瓦则强调自由是条件,自由在萨特那里是绝对的,在波伏瓦这里是相对的。在运用自由方面,自我与他者互为处境。波伏瓦认为黑人的问题其实是白人的问题,同样地,女性的问题也是男性的问题,因此在政治上的利益重新分配将变得十分重要。分配是必然的,但是如何分配?从自由是处境的观念出发,波伏瓦认为互为处境的两类性别如果要让他者为自我提供有利的处境,那么自我首先要让自我为他者提供一种有利的处

---

① Simone de Beauvoir, *The Ethics of Ambiguity*, trans. Bernard Frechtman, Secaucus, N. J.: Citadel Press, 1980, p. 7.
② Ibid..
③ Stacy Keltner, "Beauvoir's Idea of Ambiguity," in *The Philosophy of Simone De Beauvoir: Critical Essays*, eds. Margaret A. Simons, Bloomington and Indianapolis: Indiana University Press, 2006, p. 201.

境，因此政治上需要他/她们共同参与。

波伏瓦强调个人选择的重要性，虽然自由是必然的，对自由的运用也是必然的，但运用自由的方式却是有差别的，这种对运用自由的方式的强调是波伏瓦伦理观念的一个重要组成部分。波伏瓦把一种积极的因素用在人类对自由的运用方式上：选择所朝向的方向应该是超越性的。而对这种方向的保障则是对以眼还眼式的暴力的合理运用。以眼还眼式的暴力首先就是建立在人类的自由选择上的，人类必须对这种自由的选择独立地承担后果。不管后果是好还是坏，人类都不能逃脱对这种后果的承担。以眼还眼式的暴力就是指人们对这种独立承担不能采取姑息或容忍的方法，而必须让其去独立承担，暴力的不可避免说明了波伏瓦伦理的现实性。由于对选择的后果的承担（暴力的可能性存在）使得人们的选择朝向知识而不是无知、朝向健康而不是疾病、朝向繁荣而不是赤贫。暴力的不可避免又显露了波伏瓦伦理的灰色基调，这样的基调表明了波伏瓦伦理观的悲剧色彩。个人独立承担的伦理观使波伏瓦在政治上采取一种怎样的立场呢？波伏瓦拒绝在文艺界发起的救援纳粹帮凶罗伯特·布拉西拉克（Robert Brasillach）的请愿书上签字，显示了波伏瓦的参与意识里绝不包括无原则的宽容，这也表明了波伏瓦的伦理观并不总是可以在政治上找到解决的途径。就像审判纳粹帮凶，如果坚持政治上的和平而采取姑息的手段，虽然政治上宽宏大量了，那许多的被视为物的生命就将永远以物的方式消灭，这种隐埋的祸根会在将来的某一个时刻继续吞噬另外一些人的生命，而那些刽子手将不承担任何责任。因此，虽然波伏瓦在行动中实践着她的伦理观，但她并不是在任何时候任何情况下都能将两者调和在一起，往往为了坚持她的伦理观，波伏瓦必须在政治面前保持警惕，甚至与政治上的行为做斗争。

从以上三个方面的分析我们可以得出萨特和波伏瓦在他者性上的三点不同。

首先，由于萨特坚持自我自由的绝对性，他者性在他看来也是绝对的，因此他者与自我是绝对对立的，他者的存在让自我面临沦为他者性（即客体性）的危险性，萨特把这种危险性放在他者的注视上，他说："由于他人的注视，'处境'脱离了我，或者，用一种平常但很能表明我们的思想的表述：我不再是处境的主人。"[1] 波伏瓦坚持自由是一种条件

---

[1] [法] 萨特：《存在与虚无》，陈宣良等译，生活·读书·新知三联书店2007年版，第333页。——引文中的着重号为原文所有。

的观念也赋予他者性的存在以一定的条件，这样就限制了他者性作为绝对性的存在，使得他者性具有了转换的可能性。

其次，他者性可能性的转化方向就是主体性。萨特坚持他者性的绝对性切断了他者性向主体性转化的方向，而波伏瓦的哲学则为这种转化的实现铺设了道路。首要的一点是，波伏瓦给予这种转化以一定的条件：自由的有限性。正是由于对于每个个体来说运用自由的条件都是有限度的，每个人的存在都要受处境的限制，所以没有绝对的主体，也没有绝对的他者。

最后，强调个人自由选择的同时也强调独立承担是存在主义的重要原则之一，萨特坚持他者性的绝对性就是坚持自我对他者性排斥的同时坚持对自我超越性的责任。而波伏瓦则坚持他者性的处境性就是坚持自我与他者在他者性上的相互性的同时坚持对自我超越性的责任与对他者尊重的义务。波伏瓦不但强调自我的超越性，同时也强调对他者的自由和超越性的尊重，因为他者性与主体性是相互的，自我的主体性与自我的客体性是并存的，正如他者的主体性与他者的客体性也是并存的一样。

萨特与波伏瓦对黑格尔主—奴关系的阐释是不同的，这一方面证明萨特和波伏瓦虽然对相同的哲学家，比如对黑格尔都有学习和接受，但二者接受的角度不同导致了二者不同的哲学立场；另一方面也证明萨特和波伏瓦在他者问题上的差异与二者对黑格尔等的哲学家的接受和发挥的角度不同之间有很大的关系。

在自我意识与他人意识方面，黑格尔表达了三层意思：一、只有通过他人意识的承认，自我意识才能存在，反过来，同样成立："自我意识是自在自为的，这由于并且也就因为它是为另一个自在自为的自我意识而存在的；这就是说，它所以存在只是由于被对方承认。"[1] 二、他人意识同自我意识是一样的，都有为获得对方承认的要求和自由；"因为这个对方就是它本身"[2]，而且，"它们承认它们自己，因为它们彼此相互地承认着它们自己"[3]。三、在企图获得对方承认的过程中，两种意识存在竞争对立关系，对立的双方"彼此都以普通对象的姿态出现。它们都是独立的形态，是沉陷在生命的一般存在之中的意识形态"[4]，它们都没有超越自己的生命而是以个体的方式出现，这样两个沉陷生命中的个体的存在在要

---

[1] ［德］黑格尔：《精神现象学》（上），贺麟、王玖兴译，上海人民出版社2013年版，第181页。
[2] 同上书，第182页。
[3] 同上书，第183页。
[4] 同上书，第184页。

求相互承认的过程中会存在斗争,"一个双重的行动:双方的行动和通过自身的行动。就它是对方的行动而言,每一方都想要消灭对方,致对方于死命。但这里面又包含第二种行动,即通过自身的行动;因为前一种运动即包含着自己冒生命的危险。因此两个自我意识的关系就具有这样的特点,即它们自己和彼此间都通过生死的斗争来证明它们的存在"[1]。即是说,自我意识要获得认可必须经过一场你死我活的斗争,"它们必定要参加这一场生死的斗争,因为它们必定要把它们自身的确信,它们是自为存在的确信,不论对对方或对它们自己,都要提高到客观真理的地位,只有通过冒生命的危险才可以获得自由"[2]。

萨特认为不管我们对黑格尔主—奴关系如何解释,"事实上,人们很难设想主奴间激烈的殊死斗争下的唯一赌注只是认识一个像'我是我'一样贫乏,一样抽象的表述。此外,在这种斗争中,有一种骗局,因为最终达到的目的是普遍的自我意识'对自己存在着的自我的直观'"[3]。萨特认为黑格尔的普遍意识仍然是一种个体的意识,普遍意识的超越性仍然离不开对个体生命的直观,黑格尔的骗局就在于普遍意识的存在,而萨特揭示所谓的普遍的意识仍然是个体意识,因此超越性的、普遍的意识是一种谎言,而个体意识的存在才是真实,即黑格尔所谓的自我意识间的殊死斗争才是真实的,而那个所谓的纯粹的超越性是不存在的。这样萨特就把黑格尔的主—奴关系间的相互转化定格在相互斗争上,转化反而变得次要,"事实上,我们的经验只向我们表明了一些有意识有生命的个体;但是理论上必须指出,他人之所以是对我而言的对象,因为他是他人而不是因为他以一个身体—对象的方式显现;否则我们将重新落入我们前面说过的空间化幻觉中。这样,对作为他人的他人来说本质的东西是客观性而不是生命"[4]。说到底他人是客体,而不是生命,"就是我和他人的关系首先并从根本上来讲是存在与存在的关系,而不是认识与认识的关系"[5]。

波伏瓦没有否认超越意识的存在,但她认为超越是有限的超越,因此她给这种超越以具体的形式,那就是《第二性》中的超越女性意识的作

---

[1] [德] 黑格尔:《精神现象学》(上),贺麟、王玖兴译,上海人民出版社2013年版,第184页。
[2] 同上。
[3] [法] 萨特:《存在与虚无》,陈宣良等译,生活·读书·新知三联书店2007年版,第303页。
[4] 同上书,第305页。
[5] 同上书,第309页。

为人的意识,共同的人的意识是波伏瓦批判女性问题的出发点和支撑点。只不过这种意识因为具有男性意识的特征使得波伏瓦被批判为男权代言人。这种批判有失偏颇。黑格尔赋予超越意识以凌驾个体意识之上的地位,如果波伏瓦接受的是黑格尔的超越意识,而不是现实社会中对男性标准普遍化的认识,那么波伏瓦所谓的超越性应当不是男权的超越性,而是人类的超越性。

波伏瓦发展了黑格尔的意识只有获得他人的"承认"才能获得自我性的观点,并把"承认"发展为相互性,这是波伏瓦与萨特的分界点。萨特把一个意识对另一个意识的"承认"的要求看作是斗争的基础,而波伏瓦则从中看到了两个意识相互转化的可能性。波伏瓦接受了萨特对个体生命的强调,因此她所谓的相互性是一个具体的意识与另一个具体意识的相互承认。黑格尔认为一个意识需要获得另一个意识的承认,萨特和波伏瓦分别挪动了一下,萨特挪动的是"承认"这个行动是否可能,而波伏瓦挪动的则是承认这个行动是可能产生的,而且这个行动只有在相互(承认)的基础上才能实现。

波伏瓦在接受黑格尔"承认"的观点上使自己在自我与他人的关系上发展到了这样一步:自我与他人是相互承认的关系。黑格尔承认主—奴关系转化的可能,萨特看到了这种转化的斗争性,而波伏瓦则干脆肯定转化是存在的并推动这种转化以现实性,赋予他者性与主体性可以转化的事实。这是波伏瓦在他者性认识上的第一个进步:他者性中蕴含主体性。

在《碧吕斯与西涅阿斯》中,波伏瓦提出两个问题:人类存在的目的是什么?人类与世界和他者的关系是怎样的?在该文中,波伏瓦主张在主体性中蕴含了超越性,只是这种超越性首先是朝向他者的超越性,因为自我的超越要以他者的超越为前提,"因为自我的主体性不是固定的、排他的和孤立的,而是朝向他者的运用,自我与他者的差异不再存在,我可以称他者是自我的"[1]。"我可以称他者是自我的"需要的前提就是自我是一个超越的存在,"只有自我能够锻造联系着自我和他者的纽带,锻造的前提就是自我不是一个客观之物,而是一个自我计划,在做朝向他者的运动,简言之,一个超越的存在"[2]。不过,波伏瓦虽然不否定超越性存在的事实,但她同萨特一样,重视个体性的存在,因为她所谓的超越性仍然是个体的超越性,是自我和他者都具备的超越性。

---

[1] Simone de Beauvoir, *Pyrrhus et Cinéas*, Paris: Gallimard, 1971, p. 245.
[2] Ibid..

在自我与他者关系上,不仅仅是他者的存在需要自我的存在,他者的自由要依赖自我的自由,而且自我的存在也需要他者的存在,自我的自由也要依赖他者的自由,"意愿自己自由也就是意愿他人自由。这种意愿不是抽象公式。它为每一个人指出了必须完成的具体行动"[1]。自我依赖他者,他者构成了自我的处境,进一步说,只有他者的存在才有自我的存在,"一个人所揭示的世界是以他人所揭示的为基础的"[2]。从他者到自我,再从自我到他者,虽然只是词语的置换,但它却带来思想的创新:认识自我,首先要认识他者;不是从他者中确立一个主体的自我,而是一个主体的自我离不开他者,主体性中蕴含着他者性,只有蕴含他者性的主体性才能够称之为主体性。在《第二性》中,波伏瓦把模糊性阐释得更加清晰明了:女性的存在就是模糊性存在的最佳证明。女性拘囿于生育的肉体中,但是必须具备精神的超越性,只是这种超越性仍然不能完全摆脱肉体的局限。女性的存在体现了人类存在的模糊性:人类既是主体的又是客体的,既是肉体的又是精神的。在人类自身当中就存在主体与客体、肉体与精神的双重性。不仅自我与他者互为依存关系,每一个自我的行动都要依赖他人的行动。而且在人类自身当中,精神与肉体也是互为依存关系的,每一个行动都依赖二者的参与。说到底,他者性就在人类自身当中,它直接构成了人类的处境。

波伏瓦的他者观念的局限性在于他者的被抽离,具体地说,当波伏瓦抡起砍向文明之斧时,她与那些参与了这个文明的创造的人(主要是男性,确切地说是男性的哲学家)有着千丝万缕的联系,或者说,波伏瓦走近他们,又远离,每一次远离都带着走近而获得的东西。波伏瓦似乎很不情愿放弃这种联系,比如她始终把萨特的思想放在比自己高的位置上,还比如她总是不承认后来她与萨特之间情感中的不自然的部分,而总是试图遮掩、粉饰,这就使得波伏瓦所抡起的那柄大斧看上去总是带着温情、世俗气息,或谄媚之味。波伏瓦从一个类别到另一个类别中去撬出那些被文明视为他者之人,比如她批判了女性、老人和孩子被文明构建为他者,她似乎拯救了女性、老人和孩子于地狱之中。但如果从另一个角度来看,如果从一个类别到另一个类别的拯救来看,这实际上遮蔽了更多地被文明视为他者的类型,比如有劳动能力的、具有市场价值的男性当中是否也存在一个他者类型?按照波伏瓦的思路类推下去,有劳动能力的、具有市场

---

[1] Simone de Beauvoir, *Pyrrhus et Cinéas*, Paris: Gallimard, 1971, p.73.

[2] Ibid., p.102.

价值的男性当中当然也存在一个他者。如此一来，这个世界将会是一个由他者组成的世界，反过来说，这个世界上将没有他者。波伏瓦对他者的拯救在一定程度上其实是对他者的遮蔽。波伏瓦通过对那个视女性、老人和孩子为他者的文明的批判实际上是将他者从文明中抽离出来，如此一来，他者要么被视而不见，要么被视为无所不在。波伏瓦他者观念的局限性其实是波伏瓦他者观内在的特征，波伏瓦的他者观是一种实践的他者观，或者说是一种日常生活的他者观，它必然带有日常生活所具有的一切琐碎的和现象的东西。

第二节　维护他者性伦理的一种方式

从根本上说，波伏瓦是一个和平主义者，但这并不代表她是一个彻底的反暴力主义者。第二次世界大战之前，波伏瓦和萨特都是和平主义者，但残酷的战争事实让他们认识到了纵容、绥靖与战争是无法截然分开的。第二次世界大战是萨特，也是波伏瓦思想的转折点。

战后的法国开始肃清叛国者，国内对此也产生不同的意见，有的人认为应当放过那些在战争期间的投敌分子，有的人则坚决反对这么做，波伏瓦就是持反对意见者之一。波伏瓦在《事物的力量》中提到了一场对法国文化界叛国通敌者的审判。在占领期间，罗伯特·布拉西拉克主持的《我无处不在》的报刊帮助维希政权和德国法西斯对犹太人、爱国者和进步人士进行屠杀。1946年2月法国对罗伯特·布拉西亚克进行审判，文学界发起一场签名活动，目的是拯救他。波伏瓦拒绝签字，并且说："我拒绝签字只是表示一种态度而已，但是，即使是一种姿态，也同样要承担自己的责任。"[1] 波伏瓦拒绝签字，她始终选择站在受害者一方，与法西斯势不两立。布拉西拉克最后被判处死刑。波伏瓦在《现代》杂志上发表了《以眼还眼》一文阐明了自己拒绝签字的原因，表明了对布拉西拉克的审判是正当的。在该文中，波伏瓦申明了一种根本的恶，那就是"当有人蓄谋把他人贬低到物的位置上"[2] 时，这种恶就是根本之恶。把他人贬低到物的位置上的手段是什么？波伏瓦提到折磨、羞辱、奴役和暗杀。

---

[1] [法] 波伏瓦：《事物的力量》（一），陈筱卿译，作家出版社2013年版，第19页。
[2] Margaret A. Simons ed., *Simone de Beauvoir: Philosophical Writings*, Urbana and Chicago: University of Illinois Press, 2004, p.253.

主要的例子就是纳粹对犹太人的迫害，包括把他们投入集中营。罗伯特·布拉西拉克在他主持的报纸《我无处不在》上告发了许多犹太人的下落，他对他们的死负直接责任。波伏瓦把纳粹的恶与一般的恶区别开来，纳粹的恶之所以说是根本之恶是"因为他们的目的是否定受害者具有人性，纳粹罪犯和他们在法国的勾结者与一般的民事犯罪是不同的，后者是因为社会因素比如贫困而导致的"①，因此，我们也必须站在纳粹的恶而不是一般的恶上去理解波伏瓦对暴力的看法。

《以眼还眼》的开篇，波伏瓦饱含激情地宣告审判刽子手是大众的期望："自从1940年以来，我们知道了愤怒和仇恨。我们期待我们的敌人对我们卑躬屈膝，期待他们死亡。现在，特别法庭对战争犯、告密者、叛国者的每一次审判，我们都感觉对判决负有责任。因为我们渴望胜利，因为我们渴望制裁，是以我们大众的名义，他们在宣判，在制裁。我们的意见就是公众的意见，通过报纸、海报、会议，公众意见这个特殊的工具期待获得满意。我们对墨索里尼的死、对在哈尔科夫吊死纳粹刽子手、对达尔南德的眼泪很满意。通过这样的行为，我们参与了对他们的判罪。他们的罪行深深震撼了我们的心。他们的惩罚是我们生存的价值和理由。"②但是，波伏瓦并不以为用大众的渴望去宣判刽子手和叛国者的死刑是正当的："法律制裁对我们来说不要用简单的政治方法去保持对过去盲从的反应。我们或多或少都感觉到：需要去惩罚，去为我们复仇。我们也应该好好想想现在需要的对某个人代表了什么。根据充分吗？能够满足吗？"③波伏瓦指出以大众意见的名义审判某些人并不真正具有合理性。在这里，大众的意见代表了某种普遍的法则，这种普遍的法则类似康德所谓的普遍律令，相当于上帝的命令。面对这样的普遍法则，它是无处不在绝对有效的。这样就可能出现两方面的问题，一方面，如果一项活动通过煽动群众，并以大众的意见、通过具体的行政机构对犯人执行了惩罚，就比如战后世界各地的审判法庭普遍地以大众的名义对刽子手、通敌者和间谍实施惩罚，波伏瓦认为这是一种"不完全的失败"④，它虽然为受害者报了仇，用犹太教教义的说法就是以眼还眼、以牙还牙了，但这是政治的成功，不是伦理的胜利。另一方面，这种普遍的法则很容易被某个人或某些人利

---

① Kristana Arp, *The Bonds of Freedom: Simone de Beauvoir's Existentialist Ethics*, Chicago and La Salle, Illinois, 2001, p. 39.
② Ibid., p. 246.
③ Ibid., p. 247.
④ Ibid., p. 258.

用，他站在上帝的立场上对某个人或某些人实施死亡律令。比如罗伯特·布拉西拉克在主持《我无处不在》时出卖犹太人和爱国人士，当他叫嚣"有权'指出谁背叛了我们'，并随意使用这种'权利'"①时，他就是在假借上帝之名对他人执行死亡的命令。是谁赋予了他随意让某个人或某些人死亡的权力？"只有上帝可以衡量诱惑和错误。而且，错误也只面向他一个。只有他有权实施惩罚"②，那些以上帝的口吻执行对他人的死刑的人，他只能代表他自己，是他自己选择了对他人的杀戮，因此他也必须承担对他人杀戮的后果。波伏瓦说推翻统治者还意味着惩罚"那些为他服务的人，不管他们那样做是出于无知还是出于被逼迫"③。

在波伏瓦发表的战后的一些评论文章中我们认识到，波伏瓦对自我与他者的关系的看法发生了根本变化，他者不单是自我之外的另一个实体性的存在，而且他者性就蕴含在自我的主体性之中。他者性是他者属性的一种，但同时，他者性也是自我自身属性的一种。他者性不仅存在于他者之中，也存在于自我之中。他者性是自我与他者共有的属性。在这个意义上，我们对波伏瓦的暴力观念必须采取另外一种审视的方式。既然他者性既在他者中也在自我中，那么，自我与他者之间共存一种处境：他者性的处境。如果这种共存的他者性处境遭到破坏，比如二战期间法国的犹太人、爱国者甚至平民百姓遭到纳粹屠杀，那么，其他的法国人必然共同承担这种被践踏的处境。就如《他人的血》中海伦的德国男友从来没有把法国人（包括海伦）当作真正的朋友一样。来自犹太人、爱国者和平民百姓遭到纳粹屠杀的信息就是所有的法国人都是一群可以用来做屠宰的无意识之物。他者性存在于自我与他者中造成了自我与他者的共同处境，这种处境对于被压迫者与压迫者是同等的。纳粹把被压迫者看作是客体，那么反过来，纳粹同样可以在被压迫者那里被视为客体，对立的力量必然施加在对立的双方上，不可能仅仅握在一方手中。如果你把对方看作是客体，那么对方也会把你看作客体；如果你尊重对方的主体性，那么对方也有视你为主体性的可能性。但是，如果你的主体性在对方那里遭到践踏，那么，暴力的使用就显得有必要了，这里有一个不能动摇的前提，那就是个人的自由的神圣性。在波伏瓦那里，自由包括两方面的含义，一方面是

---

① [法]波伏瓦：《事物的力量》（一），陈筱卿译，作家出版社2013年版，第19页。
② Margaret A. Simons ed., *Simone de Beauvoir: Philosophical Writings*, Urbana and Chicago: University of Illinois Press, 2004, p. 256.
③ Simone de Beauvoir, *The Ethics of Ambiguity*, trans. Bernard Frechtman, Secaucus, N. J.: Citadel Press, 1980, p. 98.

永远存在的，它不以外界的人为的变化而变化，它永远在那里，这是抽象的自由；另一方面是具体的自由，每个人都有自由的权利，而且这种自由的权利在选择上是有某种方向性的。正是这种自由选择的方向性使得每个人都必须为自己的选择负责具有了必然性和必要性。如果一个人选择了暴力，而不是和平，那么，他就必须为这种暴力的后果负责，因为他是自由的，他对暴力的选择是一个自由人的自由选择。这是波伏瓦对暴力的基本看法，也为保持她的自我与他者互为他者性的伦理观提供了现实的保障。

波伏瓦的他者观正是在暴力这个问题上显示出它的伦理的一面的，"他者"不是一个哲学词汇，它是一个活生生的、具体的个人。他者与自我没有什么两样，他者也有主体性，正如自我的主体性是不容置疑的一样。审判罪犯，与其说是审判官在履行法律或大多数民众的意愿，不如说是在处理关于个体之间的事务。正是在个体之间，任何人都无权履行上帝的旨意去对他人执行死亡的命令，希特勒没有这个权利，墨索里尼没有这个权利，罗伯特·布拉西拉克也没有这个权利。"反抗自由的暴力是不正当的，但是反抗拒绝他人自由的暴力就是另外一回事"①，对他人执行死亡实际上就是在把自己看作绝对的主体，把他人看作同物体没什么两样的客体。而人的主体性在任何处境中都不能被否认，人的主体性一旦被否认，就意味着他没有了选择的自由。对一群没有选择自由的人执行死亡命令，对于执行者来说，他们也变成了客体，因为对于没有意识的东西来说，它已经死亡，所以就不再有对之执行死亡命令的必要。在这个意义上，那些刽子手和叛国者等其实也是一群客体，是一群早已死亡之人，如果对他们执行死刑，那么无异于又将产生一批新的客体；然而，在波伏瓦看来每一个人都是主体，这意味着他们是自由的、是有选择权利的主体，而这样的一群自由的、有选择权利的主体是必须为自己的行为负责的，因此他们必须被执行死刑。在自我与他人的关系上，波伏瓦坚持主体性同时存在于自我与他者身上，而且主体的人有权利自由地决定自己的选择，没有人能够逼迫他们，即使他们事后说自己是在被逼迫的情况下作出的选择，那么，他们仍然选择了做刽子手的角色，这仍然是他们的选择。

波伏瓦不否定暴力，但绝不主张所有暴力的正当性。她在《模糊性的道德》中继续探讨针对他人的暴力问题。波伏瓦否定抽象的、普遍的道德律令，也否定任何人具有对他人实施暴力的权利。她肯定他人的主体

---

① Joseph Mhon, *Existentialism, Feminism and Simone de Beauvoir*, New York: St. Martin's Press, 1997, p.60.

性，自我与他人之间具有一种互为主体的关系，如果这种关系顺利畅通，那么暴力在人与人之间是不可能存在的，因为尊重每个人的差异性是主导旋律。但是如果这种关系受到阻碍，有人否定他人的主体性，或者他人否定自我的主体性，那么，人与人之间必然出现误会甚至暴力。而后一种情况是完全存在的。波伏瓦还提出了另外一个观念，那就是，虽然自我与他人都具有主体性，但同时，自我与他人都具有他者性，即不但他人具有他者性，在自我的内部同样存在他者性，他者性是每一个人特有的属性。他者性，即差异性，就存在于人自身内部，因此对待他人和他者性的态度将影响到对待自身内部他者性的态度，因此波伏瓦主张民主社会应当做的是"努力让每个公民确切意识到作为个体的自己的价值；洗礼、结婚和殡葬的整个礼仪组织是集体在向个体致敬；正义的仪式是社会在向每一个个体表达尊重，每个个体都是独特的。暴力期间或过后，当人们被像物一样对待，在某种程度上，个体就会震惊甚至愤怒地看到人类的生命的不可冒犯的一面。当人类像牲口一样成千上万地死去，当那些人冷酷地判决屠杀他们，为什么法庭还在犹豫不决，为什么判决还在拖拖延延？原因是，在危机中，不管他们愿意与否，他们都对暴力视而不见，一旦危机过去，他们就意图重建个体权利，而不是必须归还每个人的尊严，让每个人尊严的感觉在每个人中间传递下去……"[1] 波伏瓦把伦理的基础建立在自觉自省的个体而非集体之上。如果不存在绝对的道德律令，任何人都无权以上帝的名义决定他人的生死。主体性和他者性是每个人的特性，在个人与个人之间，互相尊重彼此的差异性不仅是对他人的尊重，也是对自己的尊重。波伏瓦通过对普遍道德的否定和对个人主体性和他者性的肯定，限制了暴力的范围和属性。波伏瓦之所以同意对刽子手、叛国者和间谍犯进行惩罚，不是因为普遍的人性，也不是因为民众的呼声，而是因为作为个体的人来说，那些刽子手、叛国者和间谍犯曾否定了他人的主体性，消灭了他人的肉体，作为那些施害者来说，他们自由地选择了他人的死亡，因此他们也必须承担后果。

处境的模糊性在于人不仅是意识的、精神的存在，也是物质的、肉体的存在，死亡表明不是肉体依附意识，而是意识依附肉体。物理的存在是人的存在的第一基础，然后才是意识的、精神的存在。处境的模糊性还在于人不可能是绝对的主体，他人也不是绝对的客体，而是在自我与他人之

---

[1] Simone de Beauvoir, *The Ethics of Ambiguity*, trans. Bernard Frechtman, Secaucus, N. J.: Citadel Press, 1980, pp. 106 – 107.

间存在互为主体的关系，他人的自由是自我的处境，自我的自由也是他人的处境，这种互为处境的关系也是建立在互为主体的基础上。处境的模糊性还在于人本质上是不自由的。但人命定的是朝向自由的。在朝向自由的过程中，人必须对他人的朝向自由的过程给予充分的尊重，才有可能换回他人对自我朝向自由的过程的尊重。处境的模糊性还在于过去、现在和未来不是截然分开的，"未来这个词蕴含了与人类模糊的处境有关的两重含义，一重是存在的缺失（lack of being），一重是实存（existence）"①。存在的缺失朝向一个未知的未来，而实存则朝向命定的未来。"人类存在的模糊性是以人与人之间的相互性为基础的，波伏瓦始终坚持这一点。每个人都与他人分享人类存在的这个特征。相互性揭示了一种伦理义务，不要去否定他人存在的两重性。"② 暴力在模糊的人类处境中扮演的角色是破坏，它摧毁了人的意识，将人化作一具具肉体加以消灭；它表露了绝对的主体对客体的武力威胁，破坏了人与人之间的互惠、互相尊重的相互性关系；它把命定的未来强加在他人身上，斩断了他人的超越性。反过来，暴力也起到维护个人自由的作用，用来维护个人自由的暴力不是对他人大规模的杀戮，而是让那些曾经对他人的生命执行过死亡命令的人站出来承担他们对他人应该承担的责任。

波伏瓦认为失败是伦理所固有的："人类必须去行动，他必须有所作为。他只能是一个处于不断地超越自我的过程中的人。他只能在冒险、在失败中去行动。他必须承担起风险。通过把自身抛掷入不确定的未来中，他才确定了他的现在。但是，失败是不能被僭夺的。"③ 此意为失败是人类超越自我的过程中必须承担的风险，因此有学者认为"虽然波伏瓦不把暴力视为罪恶，但是她也没有把它视为伦理。暴力是我们失败的标志"④。波伏瓦所坚持的伦理不是上帝的旨意，也不是康德的普遍律令，"上帝不需要伦理；只有人类需要它，因为只有我们人类在伦理方面会失败"⑤。波伏瓦的伦理是处境中的伦理，它的基本原则是他人的自由与自

---

① Simone de Beauvoir, *The Ethics of Ambiguity*, trans. Bernard Frechtman, Secaucus, N. J.: Citadel Press, 1980, p. 115.
② Kristana Arp, *The Bonds of Freedom: Simone de Beauvoir's Existentialist Ethics*, Chicago and La Salle, Illinois, 2001, p. 39.
③ Simone de Beauvoir, *Pyrrhus et Cinéas*, Paris: Gallimard, 1971, p. 119.
④ Debra B. Bergoffen, *The Philosophy of Simone De Beauvoir: Gendered Phenomenologies, Erotic Generosities*, New York: State University of New York Press, 1997, p. 57.
⑤ Margaret A. Simons ed., *Simone de Beauvoir: Philosophical Writings*, Urbana and Chicago: University of Illinois Press, 2004, p. 285.

我的自由是相通的，在此基础上，人与人之间的关系是相互的，而非对立的。暴力的存在打破了这种互惠关系，以暴力对抗暴力仍然不会是对这种相互性关系的建立。波伏瓦没有把暴力纳入伦理范畴，但她却认为暴力不可缺少，因为失败是伦理的内在特征，即人与人之间关系的互惠、互相尊重的方式随时可能面临威胁。但暴力的存在恰好鲜明地揭示了伦理内部所蕴含的失败因子，波伏瓦的伦理摆脱不了这层失败的因子。其实，也只有包含这层失败的因子，波伏瓦的乐观的伦理观才不会被残暴的力量所利用。也正是在这个意义上，波伏瓦的伦理观不是乐观主义的，而是悲观主义的。虽然她强调人与人之间关系的相互性性质，但这种相互性关系仍然蕴藏着失败的因子，所以暴力也必须蕴含其中。波伏瓦说："犯罪阐释了人类处境的模糊性，他同时是自由的，也是一个物，既是统一在一起的，也是分散的，被主体性分开，然而又和他人共同生活在这世界上，每一个审判者和每一个被控告者的每一个目的都是为了补偿这个绝对的事件。这就是为什么所有的惩罚部分也都是失败。同样地，正如仇恨和报复，爱和行动也总是暗示了失败，但是，这种失败绝不能让我们远离爱和行动。因为我们不仅要建立自己的处境，我们也必须在模糊的中心选择我们的处境。我们现在已经充分地认识到我们必须停止把报复看作是对理性的和正义的秩序的宁静的恢复。然而，我们必须对真正的犯罪做出惩罚。因为惩罚就能认识到自由的人是恶的还是善的。利用人类自由的本质去区分恶与善。也就是去期待善。"①

谈到暴力，我们不得不提萨特对暴力的看法，萨特于1961年在为弗朗兹·法农（Frantz Fanon）《全世界受苦的人》一书所作的序言中提到了殖民者与被殖民者之间的暴力，这种暴力与波伏瓦所说的暴力同是针对根本之恶的惩罚性行动。萨特说："我想我们曾经知道这个事实，而我们却把它忘了：没有任何温柔会把这些暴力的标记抹去：只有暴力能把它们摧毁。被殖民者则在用武器驱逐殖民者时治愈了自己的神经官能症。当被殖民者发怒时，重又找到自己失去的明朗性格，就在形成自己的范围内认识自己；我们从远处把被殖民者的战争看作是野蛮行为的胜利；但战争通过它本身着手逐步解放战士，逐渐清除战争本身和战争以外的殖民的黑暗。"② 萨特认为被殖民者的暴力行动是被殖民者的第二代或第三代对他

---

① Margaret A. Simons ed., *Simone de Beauvoir: Philosophical Writings*, Urbana and Chicago: University of Illinois Press, 2004, p. 258.
② ［法］弗朗兹·法农：《全世界受苦的人》，万冰译，译林出版社 2005 年版，第 23—24 页。

们的"受过精神创伤的"[①]父辈和他们自己进行疗救的行动。对那些对殖民本身持默许甚至鼓励心态的殖民国家的民众,萨特说:"的确:你们不是移殖民,但你们并不更好些。你们把你们的开路先锋们派到海外去了,他们让你们发财;你们曾通知他们:如果他们让血流得太多,你们就矢口否认;同样,一个国家——不管是哪个国家——在外国豢养一伙煽动者、挑衅者和间谍,人家抓到他们时,这个国家就矢口否认。你们如此宽宏大量,如此人道,把对文化的爱一直推向矫揉造作,你们装作忘了你们有殖民地,并用你们的名义在那儿屠杀。"[②]萨特认为被殖民者对殖民者的武力杀戮是殖民者对被殖民者在之前发生的武力屠杀恣虐的衍生品,甚至是伴随着几百年来西方帝国主义海外殖民扩张所滋生的血债,因此被殖民者的暴力应当由殖民者承担。

从以上我们对存在主义者波伏瓦和萨特的关于暴力的论述中,可以得到以下几个要点。

首先,纳粹犯下的罪行与一般的罪行不同,波伏瓦所说的暴力是有必要的这一点是针对纳粹分子的暴行,我们决不能用上帝的仁慈或普遍的人性的律令让那些对无数的犹太人直接或间接地执行了死亡命令的法西斯分子逍遥于人世。如果我们选择了仁慈,那就是对死亡者的生命的不敬,也是对自己生命的不敬。

其次,暴力绝不是伦理,但伦理绝不代表弃绝一切暴力,暴力从根本上显示了伦理的失败,但爱同样能暗示伦理的失败。然而,走近爱,远离暴力,是伦理的要求,虽然伦理从根本上说都是失败的,但是没有失败,就没有伦理。

最后,存在主义者萨特和波伏瓦都坚持人类的自由体现了人类的尊严,波伏瓦还坚持由于人类模糊性的处境使得自由的获得必须通过人的自由去选择,不选择自由也是一种选择,选择是人的命定;模糊性的处境决定了每个人的自由是相连的而不是相排斥的。因此,对暴力的惩罚显示了人类处境的模糊性,也体现了对每个人自由的尊重。在暴力这一点上,萨特和波伏瓦难得地达到了一致。

但是如何制止根本之恶的发生呢?如何制止像纳粹那样的暴力、像布拉西拉克们的罪恶(随意审判他人的死亡之罪)的发生呢?也就是说,制止根本之恶发生的最初力量来自哪里?是来自法律吗?还是来自国家机

---

① [法]弗朗兹·法农:《全世界受苦的人》,万冰译,译林出版社2005年版,第20页。
② 同上书,第17页。

器？这两者显然都不是，因为在人类文明出现以来，法律逐步健全以来以及国家机器的根基逐渐牢固以来，战争之恶从来没有消失过，法律、国家机器甚至根本上就是根本之恶的推动力。那么那种最初的力量来自道德吗？与法律和国家机器相比，个人的道德和个体共同遵守的伦理秩序或许是制止根本之恶的力量。可是，道德又来自哪里呢？它来自个人，源自每个人心中的良知，它始终坚持血缘至上的理想，而不管外界的法律如何规范行为。安提戈涅不顾国王克瑞翁的反对将反叛城邦的哥哥波吕涅克斯安葬，安提戈涅代表了伦理的力量，克瑞翁代表了法律的力量，克瑞翁从维护城邦安全、惩罚反叛者的角度出发宣布禁止任何人安葬反叛者波吕涅克斯，安提戈涅坚持血缘亲情间的伦理义务而勇敢地安葬了自己的哥哥波吕涅克斯，伦理和法律常常是势不两立的两个对子。在坚持伦理道德还是坚持政治义务方面，如果伦理与政治发生了不可协调的矛盾，波伏瓦始终站在伦理一边。在对根本之恶还之以报复的行动的合理性的阐释上，波伏瓦也是站在伦理的角度对政治上的姑息进行批判的。波伏瓦认为个体的道德是制止根本之恶的一个较法律和国家机器更为有效的手段，个体道德的约束比事后进行惩罚的法律更能制止恶的发生。但是如果把全部的筹码都压在每个人对道德的坚持上，那么这也非常天真，因此波伏瓦才坚持不放弃对根本之恶的暴力惩罚。暴力是波伏瓦伦理观的底线，也是波伏瓦保障个人选择至上的伦理观得以成立的最后一道屏障。

第三节　他者性与差异性

波伏瓦的他者性其实是客体性，也是差异性。如果我们把波伏瓦的伦理观看作是纯粹的文字表述那显然是不合理的。在波伏瓦对他者性的每一次认识上都有重大的社会发现与之交汇，比如第二次世界大战结束之后的法国与国际社会的大动荡；殖民战争仍然在继续等，这一时段正是波伏瓦的伦理观成熟的阶段。《模糊性的道德》体现了她思想的成熟，而《第二性》在某种意义上则直接从实际经验中获得。《第二性》从它诞生开始就没有被当作纯粹的文字表述，而更多地与社会运动联系起来。这个特点越到后来体现得越明显，比如它对20世纪60年代的法国女性主义运动与80年代的美国女性主义运动都有直接或间接的描写就是证明。

从伦理到政治是波伏瓦思想发展的走向，也是她一生行动的走向，而她的根本立足点始终没变，那就是在《模糊性的道德》和《第二性》中奠定的伦理观点：主体性与他者性同为人的共有属性。波伏瓦的政治实践体现了她的伦理观念：如何看待他者的他者性，如何对待在自我内部的差异性。从思考女性问题到反对殖民战争，从访问中国到关注古巴、越南的反侵略战争，从参与法国1968年五月学潮到组织女性斗争，波伏瓦都在实践着她对他者的承诺、对他者性的伦理思考。如果我们把波伏瓦的政治实践与她的伦理观念结合起来看会发现一条相通的脉络，我们不妨把波伏瓦的政治实践看作是对她的伦理观念的体现或补充。

阿尔及利亚女孩贾米拉·布帕查事件体现了波伏瓦在殖民问题上的看法。在她看来，布帕查的遭遇是殖民地全体人民遭遇的一次体现，对待布帕查事件的法国人民的态度体现了殖民统治国家的全体人民对殖民地全体人民的普遍态度，而这种普遍态度绝不仅仅是表述，而是具体的、针对每个个体的身体的残害，比如布帕查就是这种态度的牺牲品。身为法国人的波伏瓦深为自己的法国人身份而不可避免地参与了这场集体的屠杀而内疚，她用行动表明了个体超越的可能性。从对待"布帕查事件"的人们的行动中可以看出一个主体的自我对他者所持的态度的不同决定了行动的差异。如果坚持自我与他者的对立，他者威胁了自我的主体性；如果坚持这种传统的自我与他者的关系，那么，殖民统治就变得可以理解，正如黑格尔的主—奴关系一样，殖民者是承认者，被殖民者是被承认者，被殖民者要承认殖民者的统治，而殖民者则认定被殖民者是劣等的、注定要被统治的。在殖民者看来，只有统治了被殖民者，他们的客体性才不会威胁到自己的主体性。如果用波伏瓦的伦理观来审视"布帕查事件"，将会带来截然不同的行动：既然他者性既在自我之中也在他者之中，正如主体性既在自我之中也在他者之中一样，那么自我与他者身上这种摆脱不掉的共同分享的他者性也将共同分担所有的恩惠或暴力。波伏瓦模糊性伦理在她对待"布帕查事件"上表现得相当清晰。"布帕查事件"不是一起间谍案，也不是一起普通的施暴案，更不是一件简单的性别歧视事件，"布帕查事件"是人类认识上的局限，是人类文明的局限，是人类处理自我与他者和世界关系上的错误所导致的无数暴力事件之一。如果把"布帕查事件"看作是人身体中的恶性肿瘤之一，那么透过它，将揭示整个身体器官运行的错乱和整个神经系统的萎缩；正是整个身体器官运行的错乱和整个神经系统的萎缩所导致的癌变，如果不加以阻止，它还会在另外的个体身上出现。正如弗雷德里克·史克斯（Fredrika Scarth）所说"波伏瓦对战争的干预可以看作是她对伦理主体及其与他者性的关系之分析的呈现"[1]，波伏瓦在《模糊性的道德》中说："所有的压迫机制都是通过贬低被压迫者而变得强大起来。在阿尔及利亚我看到许多殖民者昧着良心蔑视和控制那些处于苦难中的阿拉伯人：他们越是痛苦，就越被轻视。"[2] 在《第二性》中波伏瓦揭示女性之所以为女性的奥秘：女性是后天形成的。在布帕查事件上，波伏瓦仍然坚持后天形成的观点：殖民地人民的苦难不是因为他们是被殖民者（被殖民不是他们天生的命运），而是因为殖民者；殖民地人民被描述为低贱一列不是因为他们天生低贱，而是因为殖民者需要通过建立殖民地人民的低贱性来确认他们的高贵性。

"布帕查事件"也显示了波伏瓦伦理的局限性。首先表现在个体的超越性方面，波伏瓦所谓的超越性不是纯粹的、完全的超越性。而是模糊的、处境中的超越性。身为法国人的波伏瓦如何超越她的法国人的身份而走向他者（阿尔及利亚和布帕查），这是一个不可解的问题，因为波伏瓦永远不可能放弃自己的身份，因为那是她著书立说之根本，在她与美国情人纳尔逊·阿尔格雷的交往中这一点已经表露得十分明显：她不可能抛弃自己在法国已经建立起来的一切而与阿尔格雷在美国生活。民族身份在某种意义上是不可能被超越的，这是贾米拉·布帕查事件表露的问题之一。但波伏瓦的建设性也蕴含其中——虽然身体上不可消除，但精神上是可以超越，这是人类处境模糊性的又一种表现：虽然身体与精神是不可分割的，但二者是互为处境的关系，因此超越性不是命定的，而是人类必须选择的方向。正是这种既不可为之又必须为之的模糊性成就了波伏瓦在政治问题上的坚定立场。透过"布帕查事件"，波伏瓦伦理的局限性还表现在女性解放的局限上。波伏瓦在《第二性》中把女性解放的命运放在社会主义革命上，即女性解放不是个别的解放，而是要与社会革命联系起来。在"布帕查事件"上表露的却正是社会革命的有限性，殖民统治加诸殖民地女性身上的遭遇具有某种隐喻性，而加诸殖民地女性身上的具有隐喻性的暴力在殖民地人民那里并没有引起相应的抗议，或者说，因为布帕查的女性身份，她所遭受的暴力的意义已经远远被低估了，是法国的波伏瓦和律师哈里米为布帕查的遭遇奔走呼号，是公众主要是女性的抗议带给政治部门的压力才让"布帕查事件"因为受到公众关注而获得较为公正的

---

[1] Fredrika Scarth, *The Other Within: Ethics, Politics, and the Body in Simone de Beauvoir*, Lanham, Md: Rowman & Littlefield, 2004, p.168.

[2] Simone de Beauvoir, *The Ethics of Ambiguity*, trans. Bernard Frechtman, Secaucus, N.J.: Philosophical Library, 1980, p.101.

处理。在这里如果要计较波伏瓦和哈里米的民族身份问题是没有意义的。"布帕查事件"不仅是个殖民事件,也是个女性主义事件,它让波伏瓦和法国大多数女性获得这样一个强烈的暗示:女性团结在一起为女性争取解放的重大意义。这个暗示如此之强烈以至于它直接联系着波伏瓦晚年的女性主义实践,并最终改变了她对女性解放前景的预示:女性解放要比一场社会革命来得更艰难,它的路途也更长。

第八章　他者与他者文化

波伏瓦与中国的接触从20世纪50年代中期开始。1955年9月，波伏瓦与萨特一行来到中国进行了为期近两个月的考察。此番考察，对于波伏瓦和中国来说，是一次互惠的行动。对波伏瓦来说，中国社会主义革命取得的不可思议的成就让她对社会主义国家和无产阶级革命在情感上产生了共鸣，波伏瓦回国后即下定决心与萨特一道为社会主义、为工人阶级、为自由而呐喊和行动；对刚刚成立不久的新中国来说，它被封闭在西方帝国主义与苏联社会主义两大冷战敌对阵营所张开的铁幕后，它的面容对于西方所谓自由世界的人们来说是陌生的，甚至是神秘的、被妖魔化的，而来自西方自由世界的左翼知识分子波伏瓦和萨特对社会主义国家一开始所抱有的同情和好感，在经过一番实地考察后，他们的所见所闻所感通过各种方式散播到西方世界，这将打开西方民众的视野，中国——被西方妖魔化的神秘东方——展现在他们面前。波伏瓦展现的中国，不是遍地黄金的国度，也不是千疮百孔的废墟，而是世界上不发达国家中唯一消除了饥饿、瘟疫的国家，是全体民众正满腔热情地投入建设社会主义新中国的伟大事业中去的充满希望的国家。这里发生的不仅是政治的革命，也是经济的革命，同时也是文化的革命。所有这一切通过波伏瓦的《长征》撕裂了厚重的铁幕传到了那些想了解真相的西方人的眼中。波伏瓦在考察中国一年后即出版了《长征》，该书于次年被翻译成英文，在英语世界传播开去。波伏瓦和萨特与新中国的接触不仅连起了中国与世界之线，而且连通了中西方知识分子的精神之脉。比如波伏瓦在鲁迅身上发现了与萨特一致的精神：同情、参与无产阶级的事业，同时保持自由。半个多世纪以来，波伏瓦和萨特在中国学术、思想界始终占有一席重要的地位，随着他们的思想逐渐被重新发掘、重新认知，他们的精神力量和人格魅力也在被重新定义和阐释。对中国学界来说，波伏瓦的意义更有待进一步发掘，不仅是她女性主义的思想和政治实践需要我们去重视，她的哲学思想、她的参与意识、她的生活态度和她的人格魅力都需要我们去重新认识。

第一节 国际文化政治与他者视角

第二次世界大战的结束并没有给世界人民带来期盼已久的永久和平，而是形成了以苏联为首的社会主义阵营和以美国为首的资本主义阵营两大敌对势力的拉锯冷战，意识形态对抗绵延不绝，第三次世界大战似乎一触即发。法国在第二次世界大战中的表现使得它的国际影响力和民众的自信心下滑，作为它的"救世主"的美国则领导了包括英国在内的欧洲绝大部分国家。在东方，中国共产党领导的人民革命力量建立了继苏联社会主义国家之后的第二大社会主义国家。印度是两大阵营明争暗斗的焦点，印度长期以来是欧洲殖民地，如果它争取独立，将会给西方资产阶级阵营以莫大的打击。二战后，殖民地人民的独立解放战争已势在必行。朝鲜战争在蔓延，越南战争也在肆虐，古巴人民也在为民族的解放而斗争。意识形态的敌对让两大阵营在它们各自的边缘地带展开无尽的争夺。原子弹、氢弹的威慑力让整个世界都处在无边的恐惧中。要战争还是要和平，这个问题不可能不纠缠已经饱受战争之苦的人们的神经。作为知识分子的萨特和波伏瓦，他们不可能不考虑这样一个问题：法国该向何处去？自己的责任又是什么？

萨特参加过第二次世界大战，当时他是一名气象观测员。被德军俘虏后，因眼疾而被释放。战争深刻地改变了萨特。战争前的萨特还只是一名中学的哲学教师，虽然他梦想当一名大作家，并从小有一种英雄情结。但战前他只是享受着与情人的约会和在课堂上实践他的堂吉诃德的梦。战争的实际状态粉碎了他的英雄梦，法国政府向希特勒呈上了投降书，维希政府用投降换取可耻的和平，法国共产党和左翼组织的反抗行动用生命和鲜血为法国争取最后一点尊严。萨特恨透了不抵抗的代表大资产阶级利益的伪政权，对不惜一切代价进行抵抗的法国共产党和左翼组织抱有很大的同情，并决心回到巴黎组织反抗运动。面对战争、面对生与死，每个人都必须做出选择，不选择也是一种选择。是选择抵抗还是选择沉默，抵抗意味着尊严，意味着生命的付出，选择就要自己承担选择的后果；对于那些选择沉默或选择投降的人来说，他们也必须承担沉默或投降的后果。萨特的自由选择、自由承担的存在主义哲学在非常时期萌芽、成熟，他的思想深刻影响了战后人们的观念和行动，他的社会实践也让他在法国以及整个国际左翼舞台上发挥了一个知识分子应有的责任和使命。萨特用自己的实际行动来说明他的立场：他创办了《现代》杂志，一开始是周刊，后改为月刊。该杂志成员是当时在文学界或知识界已经或开始崭露头角的人物——雷蒙·阿隆、阿尔贝·加缪、米歇尔·莱里斯、莫里斯·梅洛-庞蒂、阿贝尔·奥里维、让·波朗，还有西蒙娜·德·波伏瓦等。该杂志的性质是"左"倾的，但它并非无条件赞同左翼组织下的一切观念，它秉持的正义、公正和自由的原则让它在两大阵营对垒的历史时刻始终坚持了秉笔直书的精神。它揭露二战时期德军集中营，也揭露苏联大清洗期间的劳改营，它支持殖民地独立战争，它对国内日渐壮大的右翼势力保持高度的警惕，对代表大资产阶利益的戴高乐政府抱有很大的不满，对国内共产党组织的言论保持自己的看法。

事实上，《现代》既非右也非左，正如萨特既痛恨自己的资产阶级身份，但也绝对加入不了无产阶级的队伍中一样，《现代》是萨特试图在以美国为首的资产阶级阵营和以苏联为首的社会主义阵营之外找到第三条道路的尝试，既非投靠美国又不投靠苏联。但就苏联与美国相比，它更体现了萨特的一种理想，不是因为苏联的社会主义国家有多么公平、正义，而是因为萨特痛恨资产阶级。正如法国历史学家米歇尔·维诺克所界定的："萨特还没能为自己找到一个可以调和这种矛盾的药方，一个出于自我需要而行动的资产阶级出身的冒险家，和一个在自己热爱的事业面前没有自我的共产主义战士之间的这种矛盾。不过，他决心与资产阶级和资产阶级孕育的'孤独文化'——他正是在这种文化教育下成长起来的——决裂，法共仍然是这种决裂的唯一的试金石。可是，这个时候，法共的影响力已经开始慢慢地减弱，它不能接受对苏联、对审判、对古拉格等问题的批评，从而渐渐失去了一部分已经开始持怀疑态度的知识分子。"[1] 萨特还组织了"民主与革命联盟"大会，驳斥国内以胡塞尔和阿尔特曼为代表的托洛茨基分子亲美反苏的言论。后来，萨特与他的盟友、《现代》的重要成员梅洛-庞蒂和加缪因政见分歧而决裂，萨特的"民主与革命联盟"也宣告破产，但《现代》却一直坚持下来，一并坚持下来的还有萨特的亲苏立场。第二次世界大战之前，萨特还是一个远离政治的文学青年，战后，他在各种政治宣传和意识形态论辩中成为一个积极行动的人。他始终没有放弃自己带有目的的选择，他选择亲苏，是因为他所梦想的第三世界的道路应该在一定程度上具有苏联的模式。后来，朋友、盟友、同事的背

---

[1] [法] 米歇尔·维诺克：《法国知识分子的世纪：萨特时代》，孙桂荣、逸风译，江苏教育出版社2006年版，第119页。

叛和分离，使得萨特第三条道路的理想事实上已经宣告破产。

在国内外局势胶着对峙的状况下，即使坚持独立、自由的思想如萨特和波伏瓦者也必须做出选择，因为第三条道路在现实中是行不通的。萨特和波伏瓦选择了社会主义阵营。"社会主义"在萨特和波伏瓦那里是一种理想和信念，而且这种理想和信念在苏联社会主义国家中存有缺陷，那么在社会主义的中国会是如何呢？1955年波伏瓦陪同萨特参加了在芬兰首都赫尔辛基召开的"和平运动"大会，会上来自亚非拉国家和美国、苏联两个超级大国的爱好和平的人士济济一堂，共诉一个没有铁幕、没有流亡的世界和社会主义社会。波伏瓦很早就向往中国，1955年9月，她终于如愿以偿。

从波伏瓦回忆录和中国学者的回忆中，我们看到当年萨特和波伏瓦一行在中国不是学术交流，中国文化界也没有做出什么反应，用柳鸣九的话说，他们一行来到中国是"当时中国在国际活动中的一个'统战对象'，并不意味着在意识形态的层面上、哲学和文学的领域里得到了接受和肯定，即使他与西蒙娜·德·波伏瓦回国后发表了对华友好的言论和文章，但在中国为数甚少的有关他的学术文化出版物中，他仍然是被否定、被批判的，这种情况一直持续到中国改革开放之初的70年代末和80年代初"。① 当时在家里接待过波伏瓦和萨特的丁玲对他们的作品也非常陌生。丁玲当时的处境十分微妙，1955年年底被打成右派，波伏瓦和萨特对丁玲当时的处境显然也并不知道，双方的陌生感可以说是非常强烈的。波伏瓦和萨特当时是否觉察到了中国社会正在悄悄刮起一股风暴，这不得而知。从萨特当时发表在11月2日《人民日报》上的《我对新中国的观感》一文可以看出，萨特对新中国所发生的一切都持肯定的态度，他把自己的身份也定义为一个从资产阶级社会中走出来的左翼知识分子。他对共产党领导下的社会主义社会建设的褒扬，肯定了新中国建设的成就，并认为法国人民对这样一个伟大的社会主义国家只能抱以友谊。波伏瓦的《长征》在某种程度上可以说是对这个新生国家的好奇探索和震惊发现。萨特和波伏瓦的文章中透露出一股明显的自我批判的味道，即借由中国的变化批判西方资产阶级社会的腐败和堕落。从这个角度来说，我们就不会奇怪，为什么两个如此陌生的对象的碰撞，也会在萨特和波伏瓦那一方的思想上产生如此深刻的激荡。事实上，这种碰撞是在各取所需的情况下实现的：对中国来说，需要西方人来了解自己，但并不一定要接受他们的观

---

① 柳鸣九：《自我选择至上——柳鸣九谈萨特》，东方出版社2008年版，第208页。

点，尤其像萨特这样在铁幕的另一边，而又同情共产党和社会主义国家的学者，他们对西方社会的舆论影响是不能被低估的，而萨特又是资产阶级国家的知识分子，是资产阶级出身的左翼人士，所以他的思想与当时中国主流思想有些格格不入；对萨特来说，萨特需要一个朝气蓬勃的社会主义国家发展的实例去同国内的右翼势力相抗衡，增强自己同国内右翼势力抗衡的信心。因此，双方的选择有着很大的必然性。最后所取得的结果也是令人满意的。这样说不是由于中国对萨特有了多大的了解和认识，而是萨特和波伏瓦对中国的看法影响了西方很大一批人。法国1968年的五月风暴，法国学生对毛泽东的崇拜达到前所未有的程度，很难说这不是受到了萨特和波伏瓦对中国看法的影响。

　　跟随萨特和波伏瓦做翻译的是作家陈学昭。陈学昭是中国现代历史上第一批留学法国获得博士学位的女性，她在自己的文集中有照片记录下当时波伏瓦和萨特一行。1955年及之前，陈学昭经历了很多政治风波，她对萨特一行到后来也没有形成文字。虽然陈学昭后来写过许多回忆录式的文章，但对萨特和波伏瓦一行都没有叙述过，或许她认为这没有什么可记载的，或许更是因为政治环境严酷所致。在《陈学昭文集》第5卷散文卷中我们发现有陈学昭与萨特和波伏瓦在杭州西湖边的合影。另一位对波伏瓦和萨特来中国有过提及的是罗大冈。罗大冈应该是中国最早介绍萨特的人，在20世纪40年代他就对存在主义做过介绍，1948年2月8日天津《大公报·星期文艺》周刊上发表了罗大冈的《存在主义札记》一文。罗大冈在此文中对存在主义的源头，二战中和二战后崛起的政治背景，代表人物和思想实质做了详细阐释，着重介绍了存在主义代表人物萨特的思想。存在主义曾在1947年和1948年在中国出现过被翻译和介绍的小高峰，罗大冈当时也参与了存在主义的翻译介绍工作。1955年《译文》的第11期上发表了罗大冈翻译的萨特名剧《丽瑟》（后来也翻译为《恭顺的妓女》）和他对《涅克拉索夫》的评论，这是新中国成立以后翻译介绍萨特作品比较早的一篇。罗大冈后来对萨特和波伏瓦一行也没有付诸文字，即使在后来的文集中，也没有见到他对当时萨特和波伏瓦一行有些什么文字叙述，我们只能在《罗大冈文集》第1卷开头几页的照片中看到罗大冈夫妇与萨特和波伏瓦的合影。罗大冈和陈学昭个人文集的照片记录了萨特和波伏瓦在中国的某几个瞬间，但却不能从中告诉我们更多。

　　或许只有从少许的文字和几幅照片中我们才能追忆起当时在西方社会已经名气不小的萨特在对他非常陌生的国度里所思索的了。我们或许可以从萨特回法国后接受了《新政治家与民族》杂志记者加罗尔的采访录中发现萨特到底对中国是怎样观察的。当记者加罗尔"带着怀疑口气问他中国人民是否比欧洲人更容易使自己动员起来,萨特听后明显地生气了"①,萨特质疑他说"你一直都在向我提一些消极的问题",并指出,"对每一话题你都试图与欧洲做比较,你一直想证实你的怀疑"②。萨特的话或许可以这样解读:中国,不能与欧洲做比较,因为比较必然带来质疑,而对社会主义国家的质疑是萨特不愿看到的。他想告诉西方一个存在着的中国,那里发生的一切都是必然发生的,并且是朝向好的方面发生的,这是萨特努力想让西方世界接受的,也是他愿意看到的社会主义中国在西方是如此被接受的。

改革开放后,随着萨特和波伏瓦在中国知名度越来越高,他们当年来中国的情况又被重新提起。但毕竟当年国内留下的资料很少,只有几张照片反映过他们的痕迹,萨特的一篇文章(《我对新中国的观感》)诉说着他们的惊奇,除此之外,关于当年的情况我们并不可能知道更多。就连后来波伏瓦发表的《长征》一文,国内也并没有关注。直到20世纪90年代该书才陆续被翻译进来,但并非全部翻译完毕,而且汉译文的发表距法文版的初次发表已时隔半个世纪了。对于20世纪的中国来说,虽然萨特是左翼人士,同情共产党,但他的思想并不被新中国接受,所以了解他的人也不多。对于波伏瓦来说,了解她的人少之又少。无论从哪方面讲,波伏瓦的《长征》是一部重要著作,尤其对中国来说,认识《长征》不但是认识萨特和波伏瓦本身,同时也是一次了解我们是如何被西方接受而我们又是如何接受西方的过程。

第二节 《长征》中的红色中国形象

波伏瓦回国后用一年多时间写完了《长征》。在该书中,波伏瓦详细地描写了新中国正在发生的巨变。社会主义中国蓬勃的气象也给了她莫大的信心,用她自己的话说就是"当我从中国回来的时候,我相信了历史"③。或许可以理解为,这是波伏瓦回国后参与政治的精神动力之一。

---

① 沈益洪编:《萨特和波娃谈中国》,浙江文艺出版社2001年版,第48页。
② 同上。
③ [法]波伏瓦:《事物的力量》(二),陈筱卿译,作家出版社2013年版,第55页。

一　北京的过去与现在

当时新中国的消息被资本主义阵营阻塞在法国之外，对于波伏瓦来说，她想象中的中国是法国文学中描述的古代的中国，是法国外交家、传教士描述的封建的中国，也是画家、摄影家眼中的残缺凋敝的中国，更是被西方右翼舆论丑化的社会主义中国，也或许是从苏联朋友那里听来的有关社会主义中国的片段。总之，社会主义的新中国吸引着她去考察。

波伏瓦眼中的北京主要由三部分组成：西方话语、中国报刊书籍和她亲眼所见的。西方话语是指自马可·波罗以来在欧洲出现过的对中国的叙述，波伏瓦在《长征》中除了马可·波罗还提到过东方学家雷奈·格鲁塞（Rene Grousset，1885—1952）、法国记者罗伯特·纪兰（Robert Gullain）和美国作家赛珍珠（Pearl S. Buck，1892—1973）、美籍英裔作家罗伯特·佩恩（Robert Payne，1911—1983）等。西方关于中国的叙述构成了波伏瓦看中国的先在经验，波伏瓦把欧洲、美国看作中国的对立面，在与欧洲和美国的比较中，一个东方的、社会主义的、刚刚建立的国家的叙述话语也由此形成。中国报刊书籍是波伏瓦解决身体的、时间的有限性的工具，《人民日报》《光明日报》和中国共产党内的一些刊物，还有画册、音乐、京剧和文学作品等，大大增加了波伏瓦对中国的认识面，而最形象直观的认识则是波伏瓦的亲眼所见。而北京作为几百年来的中国古代封建帝国的古都一直是外国游人极感兴趣的地方。波伏瓦利用以上三种资源——西方话语、中国报刊书籍和亲眼所见——重新组织叙述了一个北京。因为以上三种资源在许多方面都不兼容，这导致了波伏瓦所发现的北京总是带有某种程度的分裂性。

波伏瓦亲眼所见的北京是新旧杂糅的北京，人力车和汽车、个体经营和联合经营、现代的管理和旧有的生产方式、低矮的房子和正在建设的高楼，几百年的集贸市场还在运行，此时的北京正处在新旧交替的时期："把旧北京拆掉，完全建一个新的，这可能是一个根本的解决办法。但即使政府有这想法，现在也没条件。……中国现在还太穷，无法完全改变过去的状况，还必须使用以前的设施。其态度独特之处，在于在保留过去的同时，对它加以改造。"①

与纪兰等一些西方人士留恋旧中国那些落后的、破败的和腐烂的东西不同，波伏瓦对眼前的新天地、新人貌有着更大的兴趣；她对北京人的礼

---

① ［法］波伏瓦：《长征：中国纪行》，胡小跃译，作家出版社2012年版，第11页。

貌、对北京正在日益改变的外貌、对中国人知足常乐的心态极其赞赏。反而对巴黎社会上普遍存在的不满的情绪和氛围表示不满，这种自我批评的方式是自清末鸦片战争以来，在法国乃至整个西方人看中国的历史上极少有过的。

波伏瓦是于冷战期间穿越西方封锁线进入中国的西方左翼人士，对比她在中国的所见所闻，她发现了西方社会的弊端和西方人情绪上的消极面。在以波伏瓦和萨特为代表的西方左翼人士看来，新中国的发展势头振奋人心，新中国人民的精神鼓舞人心，新中国可以树立为西方社会的榜样，中国人的新精神值得西方人学习。在诸多对清末中国反面书写的著作中，波伏瓦对新中国的叙述在很大程度上颠覆了西方以前的猎奇的、否定的甚至是侮辱性的话语，而代之以肯定的和欣赏性的话语。比如，波伏瓦这样看待法国人对中国的一个偏见：西方人，尤其法国人，抱怨说在北京从来遇不到恋人。如果偶然看到两个人亲密地搂着肩膀，那总是两个男同志或两个女同志。姑娘和小伙子之间不会碰一个手指，公开接吻是一种下流行为。这种严肃的生活态度不是政府的错，而是因为几个世纪以来，儒家思想在男女之间设立了一系列严格的禁忌。①

二 合作社与个体自由

农业自古以来就是中国传统社会的根基，农民自古以来就是整个社会最底层的人群。在中国古代封建社会，土地政策和针对农民的措施很多，波伏瓦从秦始皇、王莽、王安石论述到国民党统治时期的土地政策，但这些土地政策大都失效，并没有建立起一套稳固的、真正有利于社会发展的体系。

中国农民的特殊状况是西方社会所没有遇到的，因此，在中国，关于农民的一切政策都将与西方的完全不同，中国革命所走的道路也与西方的革命所走的道路完全不同。在这里，波伏瓦从中国几千年封建地主阶级统治的实际出发，介绍了中国社会的特殊状况，这是西方社会了解和理解中国社会的前提。农民走合作化的道路是中国历史的必然选择，她引用毛泽东的观点：农民摆脱贫穷的一个方法就是逐步地联合起来；根据列宁提出的方法联合就要经由互助合作。互助合作是农业合作社的目的，而且农业合作社是逐步实现的，农民是自愿加入的，而非一步到位和强制实行的："合作化既是国家的需要，也对农民有好处。这不是通过附加税来剥夺他

---

① ［法］波伏瓦：《长征：中国纪行》，胡小跃译，作家出版社2012年版，第19页。

们的剩余财富,而是增强他们的购买力,以提高他们的生活水平。"① 波伏瓦认为互助合作体现了自由、公平原则,她用数字展示出来:"合作社的数量从1954年春的1.4万家发展到了9.5万家,到1955年9月,更是达到了65家。合作社团结了1500万个家庭,也就是说,13%的人口组织了合作社。"②

这些数字在中国官方报纸资料上都会出现。波伏瓦引用这些资料是要说明农业合作社的成功。不但运用数字,她还通过实地考察杭州茶农的生产情况,说明互助合作的农民获得了很大的收益。合作社既给予了农民充分的个人自由,也促进了生产更好地发展。

波伏瓦看到的中国工业还是处在刚刚起步的阶段,她考察了中国重要的工业区抚顺、鞍山,她还考察了中国治理黄河、长江水患的情况,还有城市建设与工业建设一同起步。她还发现工人们学习技术的热情十分高涨。但她也丝毫不隐瞒新中国蓬勃的气象后面仍然很低的生活水平,正如波伏瓦自己评论道:工业的落后不是因为它地下资源贫乏,而是历史条件所造成的:缺乏民族资本主义,被强行沦落为半殖民地。中国只有掌握自己的命运,才能拥有重工业。反过来说,只有工业水平发展到一定的程度,中国才能达到真正的独立。要懂得他们现在所作努力的意义和方式,首先要考察新中国成立之前的状况③

三 中国文化与中国知识分子

波伏瓦在《长征》中用一章的篇幅讲述了中国文化和文学,还有中国知识分子对政治、民族解放和社会主义建设的态度和作用。继发现一个其面貌正在发生根本变化的北京,考察了农民和工人在新政权中的状况之后,波伏瓦考察了知识分子这样一个在每个国家每个国度都是一群特殊的人。确切地说,波伏瓦所讲述的中国文化更多的是指新中国的文化政策,比如宗教政策是她非常关注的,因此她的分析也格外细致。她提到中国自古以来就是一个对各种宗教十分宽容的国家,并认为佛和道与民间的迷信结合起来,通常成为一股阻碍社会前进的反动势力:"它捆绑着社会的身和脚,把它囚禁在过去里。"④

波伏瓦从佛教和道教在中国的实际身份出发对新中国的宗教政策给予

---

① [法]波伏瓦:《长征:中国纪行》,胡小跃译,作家出版社2012年版,第74页。
② 同上书,第64—65页。
③ 同上书,第119页。
④ 沈益洪编:《萨特和波娃谈中国》,浙江文艺出版社2001年版,第48页。

了充分的理解，她说："'破除迷信'是正式写入政府计划中的座右铭。然而，宪法中却有一款'宗教自由'。由于中国古代的宗教有迷信的色彩，这个摆在领导人面前的问题就显得十分复杂了。为准确地理解这个事实，判断为此采取的解决方法是否得当，我们必须先了解中国的宗教是怎么回事。"①

佛教在中国传播的过程中出现了许多误解，为了能在基层百姓中流传，佛教不得不与民间的迷信联系起来，这就导致了在中国农村出现的被当地百姓接受的一些宗教仪式和宗教思想大都与作为宗教的佛教是有很大差别的，甚至是根本的差别，波伏瓦说：

> 总的说来，佛教正是由于降低自己的地位才得以幸存的；同道教一样，农村对鬼神的崇拜污染了佛教。观音菩萨变成了女观世音，成为全中国最受欢迎的女神；她不仅能拯救灵魂，人们还可以向她求子求孙。因此，互相矛盾的是，当佛陀宣扬放弃此生时，在中国他却担当起保佑家庭香火不断的角色。禁欲的和神秘的印度教被转成保障人们今生和来世幸福的宗教。众僧——至少绝大多数都无心思考教义：他们只求谋生；他们与道士几乎没什么不同，而农民们则是同时请和尚和道士。和尚的主要专长是葬礼仪式：为死者祈祷，主持安葬场面。占卜、魔法和招魂则更多地为道教所关心。②

波伏瓦看到了中国民间宗教的迷信性，从而得出新中国抵制宗教思想中迷信的那一部分是必要的结论。

波伏瓦在接下来对中国知识分子鲁迅的介绍更加体现了她对中国特殊国情的理解。鲁迅是左翼人士，是进步事业的支持者，是民族独立、民主、自由的坚决支持者，他通过文学支持了革命。波伏瓦认为中国的鲁迅与法国的萨特有着相似之处，都是左翼人士，都支持进步、自由、正义的事业，都坚持文学与社会革命的联系，他们都不是党员和政治人士，但他们都有一股投身现实的热情："他憎恨自己的阶级，对于他们的可悲和沮丧，却没有丝毫怜悯。他同情穷苦人，尤其是农民，统治集团几经更迭，他们的命运却没有丝毫改变。"③

---

① 沈益洪编：《萨特和波娃谈中国》，浙江文艺出版社2001年版，第41页。
② 同上书，第46页。
③ 同上书，第79页。

波伏瓦对1954年出现的那场关于《红楼梦》研究的大讨论也进行了介绍和评论。她指出："对中国的艺术家指指点点，指责中国在文化方面的努力，然后说他的西方同样自由，更加自由，这样的做法是很不诚实的。我们的准自由主义也暗示鄙视人民大众，民众任由那些印书页的奸商宰割处置。值得注意的是，绝大多数中国知识分子团结聚集在了政权下，许多人还非常积极活跃。"① 她还认为西方应当正确看待这场大讨论：

  无论我们怎样厌恶这一事件中所显示出的重压，我们不应该误解这个政权对过去的文学所采取的立场和姿态。政权极珍视它的文学宝藏，这是事关中国文化的未来的重要事实。必须指出的是，中国的贾宝玉与法国的于连·索莱尔一样，是人们激烈讨论的话题。拯救过去无疑会导致牵强的解释；批评家不能抵制住诱惑，窜改作品的原意，找出证据以符合现在的期望。②

总之，波伏瓦发现了一个被西方视为洪水猛兽的国度的另外若干个方面，并给它肯定的评价，对于新中国成立五六年的新社会而言，波伏瓦所作评价意义重大。她考察完中国回国后对社会主义充满了期待，也给了她以后参与社会事务的信心和勇气。波伏瓦在《长征》结尾用她独特的思维方式对中国现状和未来进行了一番恰切的评论：

  中国不是乐园。很显然，她必须变得更富裕，她必须变得更自由。但是，如果人们把偏见搁置一旁，想想她从何而来，又向何方走去，那么，你也许会同我一样感到，这个新的中国体现了历史最令人激动的一刻。在这一刻，长时期以来一直梦想着人性的人们，终于开始变成人。种田是为了填饱肚子，填饱肚子是为了种田，用自己的粪便给喂养自己的那一小块种小米的土地施肥，中国农民那苦如动物般求生存的绝望的循环，苦苦地折磨着他们。革命使这循环的圆圈裂开，解放出一星点儿能量，尽管微小，但毕竟已开始了连锁反应。中国人的生活仍然很艰苦，根都露出来了：如果它们不抱紧，如果枯萎了，那么所有的会跟着一块死去。但是，在今晨的曙光中，前途已经

---

① 沈益洪编：《萨特和波娃谈中国》，浙江文艺出版社2001年版，第103页。
② 同上书，第93页。

隐约可见，而且前途是无限的。①

第三节 《长征》的跨文化视域

跨文化书写，比较是一种自然而然和必然选择的方式，波伏瓦对新中国的描写和评论使用的正是比较的方法。而红色新中国的形象也在波伏瓦的比较描写和评论中得以凸显。

首先，中国古今比较的方法。来中国之前，波伏瓦阅读了一些关于中国的书，请教了一些到过中国的旅行者。她阅读了亨利·卡蒂埃-布勒松的画册。在亨利·卡蒂埃-布勒松的画册里记录了中国末代皇宫里的太监，国民党统治末期社会的混乱和人民的疾苦。波伏瓦从该画册中发现了一个凋敝破败的北京。然而，波伏瓦来到北京之后，在老舍的《龙须沟》里却发现了一个全新的北京，通过对北京古今的比较突出赞扬了北京的新貌。

其次，中外比较的方法。波伏瓦眼中的北京人的生活在她看来是一种理想型的群体生活。波伏瓦说："北京人的印象是一个没有阶级的社会，很难把知识分子和工人、贫穷的家庭主妇和资本家区分开来。这部分是因为大家穿的衣服都差不多，这是众所周知的，但吉兰先生对此很遗憾。"②波伏瓦在北京人的生活中发现了一种没有阶级之分的个体生活，虽然个人与个人之间没有阶级区分，但是可以根据脸、表情把中国人区分开来。波伏瓦在这里表达了两层意思，一层在政治方面，在中国人与人之间是有差别的，他们都是平等的个人；另一层在身体方面，人们可以通过身体看到他们的区别。相较于政治差别，身体的差别不是外在强力的结果，这实际上是对中国政治的肯定和褒扬。然而，与北京人的生活相比，波伏瓦说巴黎的生活却完全不一样："我来自法国，不久之前，我去过西班牙。在那里，白天工作的那些人，到了晚上便一脸疲惫、紧张和忧郁。"③ 与中国人在政治上的平等和安静相比，法国人却在政治上有着颇多的不满，因此，在巴黎，波伏瓦看到的是悲号和不满，既是对政治的不满，也是对日常生活的不满。波伏瓦说："在中国的道路两旁，不但下班回城的人，连

---

① 沈益洪编：《萨特和波娃谈中国》，浙江文艺出版社2001年版，第144—145页。
② [法]波伏瓦：《长征：中国纪行》，胡小跃译，作家出版社2012年版，第18页。
③ 同上。

耕田者和搬运工人都满脸笑容。这个第一印象让人难忘。在北京,连空气中都洋溢着幸福。"① 通过中外比较,波伏瓦批判了西方人的生活方式,肯定了中国人的生活态度,这实际上也是对中西方政治的比较,通过这种日常生活的比较间接批判了西方的政治。

最后,观念比较的方法。波伏瓦直接批评某些西方人曾持有的贬低中国的观念,从而突出她对新中国的赞美。波伏瓦说:"有些喜欢旧中国的美学家十分怀念苍蝇和破布烂衫:'再也没有乞丐了,这哪还像北京!'他们当中有个人当着我的面这样责备道。他们也喜欢当地人吵架,这给北京染上了一层地方色彩,如同弗兰德尔地区的斗鸡一样。吉兰抱怨说,现行制度让他再也享受不到那种快乐了,他觉得中国的大街太乏味了。"② 然而,波伏瓦自己所发现的北京却是完全另外一个样子,它是崭新的,那里的人们是有礼貌的,这些都是积极而有意义的事情,不应当被那些迷恋中国腐朽传统的西方人士所误导。并且波伏瓦进一步说,与北京和北京人的新面貌相比,反而是西方社会的某些景象让人感觉很消极和无趣。她对北京人的礼貌、对北京正在日益改变的外貌、对中国人知足常乐的心态极其赞赏,反而对西方社会普遍不满的情绪和氛围表示不满。这种自我批评的方式是自清末鸦片战争以来,在法国乃至整个西方人看中国的历史上极少有的。

以上比较研究了波伏瓦对新中国的三种欣赏方法,我们从中可以发现波伏瓦对中国的认识存在以下几种倾向。

首先,波伏瓦对中国的评论中充满了宽容和理解。这种宽容和理解的原因一方面是波伏瓦对左派政治一贯抱有同情和热情,另一方面是波伏瓦对中国官方文件的过度依赖、访问期的短暂,更重要的是与中国文化界接触非常少,让波伏瓦和萨特没有机会亲眼目睹红色新中国的方方面面,更不要说做出合理的评价了。这一点,从波伏瓦对北京人和巴黎人的对比评价中可窥见一斑。众所周知,20 世纪 50 年代的中国召唤的是集体主义而非个人主义。即使是传统的中国社会,也没有出现过像西方那样的个人主义。中国的个体是一种自然的个体,而非政治的个体。波伏瓦在这里强调中国重视个体和个体主义的意义是与法国强调阶级差别或对立的个体不同的。波伏瓦以为中国没有阶级的个体正是法国所缺乏的,但她没有看到,中国的个体之间虽然没有阶级对立,但中国的个体是集体中的个体,是社

---

① [法]波伏瓦:《长征:中国纪行》,胡小跃译,作家出版社 2012 年版,第 18 页。
② 同上书,第 17—18 页。

会整体中的个体，首先是集体，然后才是个体。因此，波伏瓦所看到的无阶级差别的个体并非西方的个体主义的个体。中国社会中的集体主义主张消灭个人主义，而西方则是崇尚个人主义，但法国人波伏瓦却从中国的集体主义中发现了一种让她着迷的个体生存，这不能不说是波伏瓦的一种想象。她把中国看成了她观念政治的一种乌托邦，在中国乌托邦里，波伏瓦释放了她的政治理想。中国成了波伏瓦与萨特对社会建构的一种想象的投射物，其中的偏差和误读想必也是有意为之的。从这个意义上说，抛开波伏瓦对北京新貌的描写，她对中国所下的判断到底有几分符合事实不得而知。

其次，波伏瓦对中国的评论体现了一种新的眼光和思维方式。波伏瓦在《长征》中提到法国汉学家雷奈·格鲁塞（Rene Grousset），但是，波伏瓦看中国的眼光与格鲁塞有着隐秘而幽微的不同。比如，两者在看待中国文化方面，格鲁塞认为中国文化可以融合进西方文化之中，而波伏瓦则恰恰相反。格鲁塞在《从希腊到中国》一书中提到了三种人文主义，分别是希腊文明、印度文明和中国文明。它们围绕着佛教的传播而发展起来。格鲁塞认为印度的佛教向西与希腊文明融合，向东与中国文明融合。格鲁塞说："人类的奇遇中最为引人入胜的时刻之一很可能就是这三种人类文明互相接触的时候。此种融合将会产生什么结果呢？这就是使希腊发现了印度……印度又随着本国的佛教而把希腊文化中的某些内容传到了中国……霎时间这三种有教化的人类终于发现了他们原来居住在同一个星球之上；虽然这种融合还是有点出人意料，但透过其表面的多样性，他们也终于发现人类的思想基本是一个整体，甚至正如德日进[①]所希望的那样，这种思想越来越趋向于统一……"[②] 中国文明是否因为佛教而能与印度文明和希腊文明融合这个问题，显然不是格鲁塞所言那么简单。希腊文明这一西方文明之源和中国文明这一古老的文明相遇的方式并非仅仅是融合，也有对立和冲突。比如新中国对佛教和道教的宗教政策就引起了西方舆论的抵制，而波伏瓦对中国的宗教文化却有自己的一番认识，她说："'破除迷信'是正式写入政府计划中的座右铭。然而，宪法中却有一款'宗教自由'。由于中国古代的宗教有迷信的色彩，这个摆在领导人面前的问

---

① 皮埃尔·德日进（Teilhard de Chardin, Pierre），法国哲学家、神学家、古生物学家、地质学家，本名叫泰亚尔·德·夏尔丹，德日进系其中文名字，代表作是《人的现象》《人的未来》和《神的氛围》等。
② [法]雷奈·格鲁塞：《从希腊到中国》，常书鸿译，浙江人民美术出版社1985年版，第6—7页。

题就显得十分复杂了。为准确地理解这个事实，判断为此采取的解决方法是否得当，我们必须先了解中国的宗教是怎么回事。"① 在这里，波伏瓦反驳格鲁塞的观点时引用的是中国宪法里的文字。进一步说，波伏瓦是在用新中国建构的理念反驳西方汉学家。如果说，西方汉学家在深入研究文献资料的基础上得出的结论有失公允，那么，只凭引用宪法里的只言片语就能获得全面的认识，那误读也是在所难免的。波伏瓦在《长征》中还提到马可·波罗、法国记者罗伯特·纪兰和美国作家赛珍珠、美籍英裔作家罗伯特·佩恩等。西方关于中国的叙述构成了波伏瓦看中国的先在经验，波伏瓦把欧洲、美国看作中国的对立面，在与欧洲和美国的比较中，一个东方的、社会主义的、刚刚建立的国家的叙述话语也由此形成。中国报刊书籍，比如《人民日报》《光明日报》和中国共产党内的一些刊物，还有画册、音乐、京剧和文学作品等，大大增加了波伏瓦对新中国的认识面，而最形象直观的认识则是波伏瓦的亲眼所见，但是，这种直观性知识的获得是非常有限的，因为毕竟波伏瓦一行在中国停留的时间非常短暂。不能不说波伏瓦在为新中国辩护当中使用了太多中国官方提供的文字和数据，这其实阻碍了波伏瓦对新中国判断上的独立性。

最后，波伏瓦在对新中国认识和评价的宽容、理解中不自觉地陷入悖论和困境之中。悖论的是，波伏瓦的判断与现实实际的距离存在不可调和的矛盾，这一点从波伏瓦对中国访问的短短两个月期限中已经暴露出来，判断的仓促使得评价的宽容只能以幻想和不切实际的方式进行。比如，波伏瓦认为北京人的生活方式充满了个体性和个人主义，而巴黎人则恰恰相反，这种结论的得出有点匪夷所思。作为西方资产阶级和知识分子中的一分子，波伏瓦和萨特如何能摆脱政治上的幼稚而公正客观地评价新中国的过去、现在，波伏瓦早就预料这是不可能实现的。波伏瓦在评论萨特和自己政治上失败的原因时曾说："知识分子们，无论是右派还是左派，都有一个共同的资产阶级的背景。正是这个背景在此时此地强加在我身上，好像成了我的本质，所以，我在此时此地经受着一种被火灼的失落感。"② 波伏瓦深刻和尖锐的剖析同样也可以用来说明她在看待红色新中国的过程中所陷入的悖论和困境。处于悖论和困境中的写作让《长征》看上去更加神秘莫测，同时其中雕琢的成分也更加明显，这就让我们一直处于中国

---

① 沈益洪编：《萨特和波娃谈中国》，浙江文艺出版社2001年版，第41页。
② 李清安、金德全选编：《西蒙娜·德·波伏瓦研究》，中国社会科学出版社1992年版，第219页。

文化之中的中国评论人有了更多猜测和阐述的余地。然而，波伏瓦向西方世界发出了关于红色新中国的第一个信息，不管她所描述的和评论的新中国对西方读者来说有多大的接受度，《长征》所体现的新中国对于西方世界的意义不言而喻。

如果说《长征》对于新中国的意义在于它是新中国成立以后经由西方人向西方世界传达中国信息的第一声音，那么中国对于波伏瓦的意义又在哪里？如果说关于中国的评论和描写中，波伏瓦的判断更多基于的是愿望和热情，对新中国的种种状况的宽容和理解，以及误读或辩护更多是波伏瓦出于对左派政治怀抱的美好想象所致，那么，红色新中国说到底是波伏瓦政治理念和思想观念的投射对象，是一种神话。在这场神话建构的过程中，参与者不仅是波伏瓦一个人，还有萨特和中国自己，是波伏瓦、萨特与中国这三方合构的红色神话，它铺散在长达五百多页的文字中，却凝聚成一种新的东方神话。这种新的东方神话迥异于马可·波罗的遍地黄金的东方神话，也迥异于民国时期西方汉学家大厦颓倾之东方帝国神话。它不狂喜也不悲悯，不急躁也不消极，它是一种存在，是一种在历史积淀与未来期待中有着许多可能性的存在。波伏瓦理解宽容的态度成就的是关于红色中国的另一种看似公允的神话，但同时也让《长征》陷入一种貌似激情的书写，其实《长征》恰恰不是激情的产物，在某种意义上，它是一相情愿的表达。而一相情愿的表达正是神话建构所不可或缺的，正如马可·波罗遍地黄金的描写以及纪兰等汉学家的贸然判断一样。中国就是中国，无论物质富裕还是精神颓败，它内中涌动的暗流所预示的不可知的未来，任何判断在某种意义上都只能是误读。

那么，波伏瓦对中国的误读是如何形成的？或者说，波伏瓦对中国的另一种神秘是怎样建构的？我们需要提到以下两种情形：第一种，萨特对西方记者的生硬回应。对中国的看法，波伏瓦与萨特的观点是一致的，因此萨特对西方记者的回应代表了波伏瓦的观点；第二种，中国对波伏瓦与萨特一行的冷淡回应，这与波伏瓦与萨特对中国的热情期待以及所怀抱的同情大相径庭。

萨特回到法国后对中国的行程似乎并不太满意，不满意的原因不是时间短暂没有欣赏到新中国建设的景象，而是他对自己的判断有些犹豫。我们或许可以从萨特回法国后接受了《新政治家与民族》杂志记者加罗尔的采访录中发现萨特到底对中国持什么样的态度。当记者加罗尔"带着怀疑口气问他中国人民是否比欧洲人更容易使自己动员起来，萨特听后明显地生气了"[1]，萨特质疑他说"你一直都在向我提一些消极的问题"[2]，并指出，"对每一话题你都试图与欧洲做比较，你一直想证实你的怀疑"[3]。萨特的话或许可以这样解读：中国，不能与欧洲做比较，因为比较必然带来质疑，而对社会主义国家的质疑是萨特不愿看到的，他想告诉西方一个存在着的中国，那里发生的一切都是必然发生的，并且是朝向好的方面发生的，这是萨特努力想让西方世界接受的，也是他愿意看到的社会主义中国在西方是被如此接受的。在萨特这一方面，一相情愿的主要原因是他的政治理想需要一种理想的政治实践佐证，这是萨特回应本国右派政治的有力武器。所以，与其说访问中国是为了获得一种政治理想的佐证，倒不如说是萨特政治理想在寻找理想政治实践中发现了红色新中国。而萨特的发现之旅恰巧暗合了新中国对作为传递者角色的西方人士的寻找。

中国对波伏瓦一行并没有表现出多大的热情，至少还有些谨慎甚至是不信任，再加上当时中国许多知名作家其实之前并不了解甚至没有听说过波伏瓦和萨特，所以波伏瓦和萨特当时与中国文化界的接触机会寥寥无几。当时在家里接待过波伏瓦和萨特的丁玲对他们的作品也非常陌生。丁玲当时的处境十分微妙，1955年年底被打成右派，波伏瓦和萨特对丁玲当时的处境显然也并不知晓，双方的陌生感可以说是非常强烈的。跟随萨特和波伏瓦做翻译的陈学昭，她在自己的文集中有照片记录下当时波伏瓦和萨特一行。但也仅限于他们一行在杭州西湖边的合影。

从以上叙述中，我们可以认识到波伏瓦对中国的描写也必然是一种神话的建构，其中的误读和想象的成分很大，但是我们也应当对这种误读和想象给予理解和包容，因为一方面波伏瓦与萨特从自己的左派思想和实践出发对中国的误读和想象是有意为之的；另一方面是中国自身的原因，当年的中国现状和文化界人士对波伏瓦和萨特有意或无意地保持着一定的距离。以上两方面决定了波伏瓦在长达五百多页的巨著中在很大程度上是一种神话建构。

自我真能够抛弃自我原有的知识和思维方式去认识和拥抱一个与自我完全陌生的他者吗？这是一个乌托邦式的问题，是自我认识他者的一个理想的极致。如果不能，那么在自我与他者之间沟通过程中，需要一种怎样

---

[1] 沈益洪编：《萨特和波娃谈中国》，浙江文艺出版社2001年版，第48页。
[2] 同上。
[3] 同上。

的行动？波伏瓦做到了认识中国的现状不能与欧洲的现状做比较，而只能与中国的过去做比较，这是一种怎样的行动？认识他者，应当把他者放置在它自身的纵轴线上去认识，而不能与自我做横向的比较，即是说，对他者的认识过程只能把他者放置在他者本身的历史上，而不能嫁接在自我的历史上。这是一个由他者认识他者的过程，而不是通由自我而达致对他者的理解。这样的认识行动需要通过大量的文字材料和切身体验进行，文字材料的获得和切身体验的时空局限都将影响到对他者的理解，因此，这一行动的关键仍然是在自我这一方。获得材料的途径、手段以及对材料获得的倾向性认识对每个人来说差异很大，这也将决定对他者认识的差异。因此，对他者的理解无论是从理想的还是现实的角度都将与自我自身的知识和经验密不可分。选择一个什么样的他者，如何理解他者（即使是把他者放置在它本身的历史纵轴线上去认识，有的人看到的是旧北京的美，如纪兰；有的人看到的是旧北京的丑，比如波伏瓦）的变数很大。因此，自我仍然是决定对他者认识的根本因素。在这个意义上，经由自我所看到的他者的客观性是不可想象的，有接近客观性的可能，但不可能是绝对客观的。因此，对异国文化的书写或多或少总会存在一定的乌托邦想象，这不仅是从自我文化走向他者文化的必经路途，更是对自我文化重新认识的一面想象之镜。

结　　语

　　本书关注的焦点是研究波伏瓦他者理论在西方哲学中的位置，以及它的伦理意义和实践价值。波伏瓦对他者的认识没有局限于为了他者而表述他者，而是把他者这一萦绕在西方哲学边缘的概念放置在西方哲学的中心概念——自我的周围，从而形成了一个关于他者与自我、自我与世界的关系。在这三种因素的相互关系中，波伏瓦围绕着他者这一中心调整自我对他者的认知与自我对世界的认知，从而，波伏瓦的他者观念是围绕着一系列关系的调整展开的。本书跟踪波伏瓦对这一系列关系的调整之路线，诊断波伏瓦在每一阶段针对他者所坚持的立场，考察这些立场的变与不变。

　　波伏瓦他者思想来源于对现代理论的创造性阐释，包括对黑格尔、海德格尔、莫里斯·梅洛-庞蒂和萨特的思想的接受和批判。波伏瓦他者观的立场经历了黑格尔和海德格尔而转向了梅洛-庞蒂，但最终波伏瓦仍然是站在存在主义的针对个人的自由和选择的立场上，只是这个立场综合了黑格尔的意识压迫、海德格尔的共在和马克思主义的阶级斗争。波伏瓦晚年积极参与政治活动，尤其是女性主义运动。波伏瓦的他者观对西方女性主义理论的意义，以及波伏瓦的他者观与后现代理论的他者观之间存在诸多对话关系，这些都表明波伏瓦的他者观在某种意义上揭示了某种普遍性，并且对20世纪的他者理论来说是一种重要的理论资源。

　　波伏瓦的他者思想实际上是波伏瓦对他者与自我关系的认识，他者在波伏瓦那里不仅是一个哲学概念，它更具有现实指向的意义。波伏瓦的他者具有一些共同的特征：受主体排斥和压制。这里的排斥和压制不仅指性别上的男权压制，也指年龄上的权力排斥、地域上的文化压制、政治上的殖民统治、家庭中的辈分控制等；这里的他者与自我的关系就不仅指人与人之间的，也包括政治与政治之间的、文化与文化之间的、地域与地域之间的；这里的主体就不仅指人，也指文化、政治、地域等。也正是由于波伏瓦的他者是在不同性别、年龄、地域、文化、政治等力量的对比中产生的，所以，波伏瓦的他者更多是一个伦理的和政治的概念。这也决定了波伏瓦他者思想的独特性。

首先,波伏瓦的自我与他者的关系的基本原则:自我与他者是相互性的关系。这种相互性的关系具体体现在自我与他者共处于一种相同与相似的处境当中。自我的处境与他者的处境紧密联想,当他者不自由时,自我不可能是自由的;当自我不自由时,他者也不可能是自由的。在女性主义方面,波伏瓦的自我与他者互为处境的关系具有重要的意义,其意在表明女性的不自由的处境将会给他者带去不自由,反之则会给他者带去自由,这为女性主义运动赋予了重要意义。

其次,自我不等于绝对主体,他者不等于绝对客体,两者是同为主体、同为客体的相互关系。自我本身具有主体性和他者性,正如他者身上也同时具有主体性和他者性,自我与他者是互为主体与互为他者的关系。因此,了解和认知他者,就要同时认识自我与他者的这两重性,而不能把自我的东西强加于他者身上。波伏瓦对中国的认识就体现了她的此种他者观。

再次,波伏瓦的他者与自我只是概念表述上的不同,但本质上没有差别,他者与自我共同分享主体性与他者性这两种属性。与波伏瓦独特的他者概念相对的自我也具有了自己独特的个性:自我不再是笛卡尔意义上的绝对的、排他的、精神性的存在,而是一个兼具主体性与他者性、精神与肉体、有限与无限的多元性的存在。他者与自我不再是对立的两极,而是可以相互转化的两个对子:他者与自我是相互依存、互为主体与互为他者的关系。他者身上反映了自我的他者性,而自我身上也反映了他者的主体性,反过来同样成立。

最后,他者不再特指女性或奴隶,也不再是外界的某个客体。他者的他者性是自我内部的固有属性,是人类自身内部固有的差异性因子。这样,波伏瓦的他者思想分别从日常生活和西方哲学两条脉络出发,找到了伦理的落脚点,并始终用伦理的他者观对抗那种压制、摧毁他者的政治。在20世纪的他者理论走向中,波伏瓦走的是一条通由他者走向自我之路。在波伏瓦的观念中,他者与自我同时分享了主体性与客体性,因此从他者走向自我,实质上也是一条个体走向自由选择、独立承担的存在主义哲学命题之下的真正的人的路。

波伏瓦的他者观不仅是一次理论上的突破,更是一种实践上的更新:波伏瓦的他者观具有实践性的特点。在实践性方面,波伏瓦的他者观不主张从社会革命方面改变整个社会,而是试图从人与人的关系方面改变整个社会,在社会性别关系上、在家庭成员关系上以及在跨文化交流上,波伏瓦都在这些看似很小但实际上却最受传统和文化束缚的地方实践她的他者观。在社会性别关系上改善两性之间的传统关系，波伏瓦不遗余力，她亲身实践的两性关系不以结婚为手段和目的，也能在知识方面最终也在情感方面维系一生。她与萨特的关系是两性关系上的一个偶然，也是一个奇迹，但波伏瓦显然认为她与萨特的关系是偶然中的必然、必然中的偶然，一切都是由她与萨特的自由选择决定的，而不取决于外界。显然波伏瓦一生实践的这种两性关系改变了人们对传统两性关系的看法，这种偶然性的必然、必然性的偶然的两性关系未必不会成为将来两性关系的基本，前提是女性真正做到了从一个他者成为一个主体。在家庭成员关系上，波伏瓦的几部小说都围绕着家庭关系展开，家庭成员之间往往又是以父母与孩子的关系为主，波伏瓦就在父母与孩子关系的叙述上阐释一种新型的家庭成员关系，其应当是父母对子女的充分理解而不是家长权威式的压制。作为不对等的关系，父母对于孩子有一种先天权力上的优势。如果用自我与他者的关系来界定父母与孩子的关系，那么父母是自我，是主体，孩子是他者，是客体。传统的家庭成员关系是父母过于自我，往往忽略了孩子情感上的脆弱。波伏瓦小说传达的一种新型的家庭成员关系应当是这样的：父母真正站在孩子一边，用孩子的思维、眼光去看这个世界，同时用孩子的情感去理解这个世界。在跨文化交流方面，波伏瓦用她自己的著述表达了一种真正的跨文化交流不是一种评判，而是一种理解。波伏瓦对刚刚成立不久的新中国的考察以及考察结束之后撰写的长篇叙述，无论对西方国家方面还是中国来说，这种跨文化交流的实践都具有划时代的意义。波伏瓦考察中国，她看到了中国的工厂车间、田间地头、城市新貌，但她同时也看到了一个满目疮痍、百废待兴，还处于起步阶段的新国家。波伏瓦没有从一个主体的、自我的角度来看新中国不尽如人意的一面，而是从中国发展的历史来看新中国短短六年的发展历程。换言之，波伏瓦看新中国不是站在西方的角度上，而是站在中国的角度上。这样一种从自我的角度转换到他者的角度，然后再从他者转换到自我的角度，从自我到他者，再从他者到自我，这种转换的结果是：被看的他者成了主体，而自我也在作为主体的他者面前建立起了真正的主体性。这种主体性不以压制他者为手段和目的，而是同他者共同分享处境、分担责任和重建世界中的人与人之间的关系。从波伏瓦对新中国的描写和评价来看，这是一次平等的对话关系，而不是自上而下的评判关系。在全球化交流互动频繁的当代，跨文化交流是一种必然，如何在不可回避的文化碰撞面前，让不同的文化之间平等地互视，让充满差异性的互视真正成为以理解为前提、以互为尊重为条件、以平等对话为目的的交流，波伏瓦对新中国的描写和评价可以成为一次有意义的尝试，也值得将之作为当下的跨文化交流的一次具有全新价值的模式加以推广。

参考文献

中文著作

［法］雷奈·格鲁塞：《从希腊到中国》，常书鸿译，浙江人民美术出版社1985年版。

［法］萨特：《存在与虚无》，陈宣良等译，生活·读书·新知三联书店1987年版。

李清安、金德全选编：《西蒙娜·德·波伏瓦研究》，中国社会科学出版社1992年版。

［法］埃玛纽埃尔·列维纳斯：《上帝·死亡和时间》，余中先译，生活·读书·新知三联书店1997年版。

［法］米歇尔·福柯：《知识考古学》，谢强、马月译，生活·读书·新知三联书店1998年版。

陈默：《终身的情侣·波娃与萨特》，东方出版社1998年版。

罗长江编著：《西蒙·波娃》，辽海出版社1998年版。

［法］雅克·德里达：《声音与现象》，杜小真译，商务印书馆1999年版。

［法］雷奈·格鲁塞：《东方的文明》，常任侠、袁音译，中华书局1999年版。

［法］米歇尔·福柯：《词与物：人文科学考古学》，莫伟民译，上海三联书店2001年版。

［法］莫里斯·梅洛－庞蒂：《知觉现象学》，姜志辉译，商务印书馆2001年版。

［法］米歇尔·福柯：《性经验史》，佘碧平译，上海人民出版社2002年版。

［法］皮埃尔·布尔迪厄：《男性统治》，刘晖译，海天出版社2002年版。

吴康茹：《追求卓越的自由心灵——西蒙娜·德·波伏瓦传》，中国文联出版社2002年版。

黄忠晶：《第三性：萨特与波伏瓦》，青岛出版社 2003 年版。
江民安、陈永国编：《后身体：文化、权力与生命政治学》，吉林人民出版社 2003 年版。
孟悦、戴锦华：《浮出历史地表》，中国人民大学出版社 2004 年版。
[德] 马丁·海德格尔：《演讲与论文集》，孙周兴译，生活·读书·新知三联书店 2005 年版。
[法] 让－保罗·萨特：《寄语海狸》，沈志明等译，人民文学出版社 2005 年版。
李亚凡：《波伏瓦——一位追求自由的女性》，人民文学出版社 2005 年版。
钱秀中：《波伏娃画传》，东方出版社 2005 年版。
[法] 埃玛纽埃尔·列维纳斯：《从存在到存在者》，吴惠仪译，江苏教育出版社 2006 年版。
[德] 海德格尔：《存在与时间》，陈嘉映、王庆节译，生活·读书·新知三联书店 2006 年版。
[法] 米歇尔·维诺克：《法国知识分子的世纪：萨特时代》，孙桂荣、逸风译，江苏教育出版社 2006 年版。
[法] 米歇尔·福柯：《规训与惩罚》，刘北成、杨远婴译，生活·读书·新知三联书店 2007 年版。
[法] 于丽娅·克里斯特娃：《反抗的未来》，黄曦耘译，广西师范大学出版社 2007 年版。
[德] 尼采：《论道德的谱系》，谢地坤、宋祖良、程志民译，漓江出版社 2007 年版。
[德] 黑格尔：《精神现象学》，王诚、曾琼译，中国社会科学出版社 2007 年版。
[美] 爱德华·W. 萨义德：《东方学》，王宇根译，生活·读书·新知三联书店 2007 年版。
[英] 特雷·伊格尔顿《二十世纪西方文学理论》，伍晓明译，北京大学出版社 2007 年版。
黄忠晶：《超越第二性——百年波伏瓦》，中共中央党校出版社 2007 年版。
汪民安：《尼采与身体》，北京大学出版社 2008 年版。
[法] 莫里斯·梅洛－庞蒂：《可见的与不可见的》，罗国祥译，商务印书馆 2008 年版。
[法] 让－保罗·萨特：《存在主义是一种人道主义》，周煦良、汤永宽译，上海译文出版社 2008 年版。

刘禾：《跨语际实践：文学、民族文化与被译介的现代性》，宋伟杰译，生活·读书·新知三联书店 2008 年版。

［英］玛丽·沃斯通克拉夫特：《女权辩护：妇女的屈从地位》，王蓁译，商务印书馆 2009 年版。

［法］柏格森：《时间与自由意志》，吴士栋译，商务印书馆 2009 年版。

［美］朱迪斯·巴特勒：《性别麻烦：女性主义与身份的颠覆》，宋素凤译，上海三联书店 2009 年版。

［美］朱迪斯·巴特勒：《消解性别》，郭劼译，上海三联书店 2009 年版。

［美］朱迪斯·巴特勒：《权力的精神生活》，张生译，江苏人民出版社 2009 年版。

［法］让-保罗·萨特：《自我的超越性》，杜小真译，商务印书馆 2010 年版。

［美］朱迪斯·巴特勒：《身体之重：论"性别"的话语界限》，李钧鹏译，上海三联书店 2011 年版。

［美］伊芙·塞吉维克：《男人之间：英国文学与男性同性社会性欲望》，上海三联书店 2011 年版。

［法］波伏瓦：《第二性》，郑克鲁译，上海译文出版社 2011 年版。

［法］波伏瓦：《端方淑女》，罗国林译，作家出版社 2011 年版。

屈明珍：《波伏瓦女性主义伦理思想研究》，湖南人民出版社 2011 年版。

［法］罗兰·巴尔特：《中国行日记》，怀宇译，中国人民大学出版社 2012 年版。

［法］波伏瓦：《岁月的力量》，黄荭、罗国林译，作家出版社 2012 年版。

［法］波伏瓦：《长征》，胡小跃译，作家出版社 2012 年版。

［法］波伏瓦：《要焚毁萨德吗》，周莽译，上海译文出版社 2012 年版。

［法］波伏瓦：《模糊性的道德》，张新木译，上海译文出版社 2013 年版。

刘传霞：《中国当代文学身体政治研究》，中国社会科学出版社 2014 年版。

外文著作

Jacques Derrida, *L'écriture et la différence*, Paris：Éditions du Seuil, 1979.

Simone de Beauvoir, *Oeuvres De Simone De Beauvoir*, Paris：Gallimard et Club de L'Honnête Homme, 1979.

Introduction to the Reading of Hegel：Iectures on the " Phenomenology of Spirit ", Assembled by Raymond Queneau, ed. Allan Bloom, trans. James

H. Nichols, Jr, New York: Cornell University Press, 1980.

Alice Schwarzer, *After the Second Sex: Conversation with Simone De Beauvoir*, trans. Marianne Howarth. New York: Pantheon Books, 1984.

Alice Schwarzer, *Gesprekken Met Simone de Beauvoir*, Amsterdam: Maarten Muntinga, 1986.

Hélène Vivienne Wenzel, *Simone de Beauvoir: Witness to a Century*, New Haven: Yale University Press, 1986.

Jean-Paul Sartre, Simone de Beauvoir, *Jean-Paul Sartre, Simone de Beauvoir: Une Expérience Commune, Deux écritures*, Paris: Librairie Nizel, 1986.

Critical Essays on Simone de Beauvoir, ed. E. Marks, Boston, G. K. Hall, 1987.

Elizabeth Fallaize, *The Novels of Simone de Beauvoir*, London and New York: Routledge, 1988.

Daughters of de Beauvoir, eds. Penny Forster and Imogen Sutton, London: The Women's Press, 1989.

Deirdre Bair, *Simone de Beauvoir: A Biography*, New York: Summit Books, c1990.

Hypatia Reborn: Essays in Feminist Philosphy, eds. Azizah Y. Al-Hibri and Margaret A. Simons, Bloomington and Indianaplis: Indiana University Press, 1990.

M. Le Doeuff, *Hipparchia's Choice: An Essay Concerning Women, Philosophy*, etc., Blackwell, 1991.

Kate Fullbrook and Edward Fullbrook, *Simone de Beauvoir: The Remaking of a Twentieth Century Legend*, New York: Basic Books, 1993.

Leslie Paul Thiele, *Timely Meditations: Martin Heidegger and Post-modern Politics*, Princeton, N. J.: Princeton University Press, 1995.

Eva Lundgre-Gothlin, *Sex and Existence: Simone de Beauvoir's "The Second Sex"*, by Linda Schenck, Hanover N. H.: Unversity Press of New England, 1996.

Karen Vintges, *Philosophy as Passion: The Thinking of Simone de Beauvoir*, by Anne Lavelle, Bloomington, I. N.: Indiana University Press, 1996.

Debra Bergoffen, *The Philosophy of Simone de Beauvoir: Gendered Phenomenologies, Erotic Generosities*, Albany, N. Y.: State Universty of New York Press, 1997.

Joseph Mahon, *Existentialism, Feminism and Simone de Beauvoir*, New York: St. Martin's Press, 1997.
Simone de Beauvoir, *A Transatlantic Love Affair: Letters to Nelson Algren*, New York: New Press, 1998.
Simone De Beauvoir: A Critical Reader, ed. Elizabeth Fallaize, London and New York: Routledge, 1998.
Amy Allen, *The Power of Feminist Theory: Domination, Resistance, Solidarity*, Boulder, Colo. : Westview Press, 1999.
Mariam Fraser, *Identity without Selfhood: Simone de Beauvoir and Bisexuality*, Cambridge: Cambridge University Press, 1999.
Ursula Tidd, *Simone De Beauvoir: Gender and Testimony*, Cambridge: Cambridge University Press, 1999.
French Feminist: Critical Evaluations in Cultural Theory, (Volume I), eds. Ann J. Cahill and Jennifer L. Hansen, Cambridge, U. K. ; Cambridge University Press, 1999.
Feminism Interpretations of Jean-Paul Sartre, ed. Julien S. Murply, The Pennsylvania State Press, 1999.
Resistance, Flight, Creation: Feminist Enactments of French Philosophy, ed. Dorothea Olkowski, Ithaca and London: Cornell University Press, 2000.
Sylvie Chaperon, *Les Années Beauvoir (1945 – 1970)*, Paris: Fayard, 2000.
Kristana Arp, *The Bonds of Freedom: Simone de Beauvoir's Existentialist Ethics*, Chicago: Open Court, 2001.
Nancy Bauer, *Simone De Beauvoir: Philosophy and Feminism*, New York: Columbia University Press, 2001.
Sonia Kruks, *Retrieving Experience: Subjectivity and Recognition in Feminism Politics*, Ithaca and London: Cornell University Press, 2001.
The Existential Phenomenology of Simone De Beauvoir, eds. Wendy O' Brien and Lester Embree, Dordrecht / Boston / London: Kluwer Academic Publishers, 2001.
Eleanore Holveck, *Simone de Beauvoir's Philosophy of Lived Experience: Literature and Metaphysics*, Lanham · Boulder · New York · Oxford: Roman and Littlefield Publishers, Inc. , c2002.
Toril Moi, *Sexual / Textual Politics*, London; New York: Routledge, 2002.
Mar Deutscher, *Genre and Void: Looking Back at Sartre and Beauvoir*, Aus-

tralia: Macquarie University, 2003.

Susan Ingram, *Zarathustra's Sisters: Women's Autobiography and the Shaping of Cultural History*, Toronto Buffalo London: University of Toronto Press Incorporated, 2003.

The Cambridge Company to Simone De Beauvoir, ed. Claudia Card, Cambridge, U. K. ; New York: Cambridge University Press, 2003.

Emily R. Grosholz, *The Legacy of Simone de Beauvoir*, New York: Oxford University Press Inc. , 2004.

Fredrika Scarth, *The Other Within: Ethics, Politics, and the Body in Simone de Beauvoir*, Lanham, Md: Rowman & Littlefield, 2004.

Ursula Tidd, *Simone de Beauvoir*, London and New York: Routledge, 2004.

Simone de Beauvoir: Philosophical Writings, ed. Margaret A. Simons, Urbana and Chicago: University of Illinois Press, 2004.

Simone de Beauvoir's Political Thinking, eds. Lori Jo Marso and Patricia Moynagh, Urbana, LLL: Unversity of Illinois Press, 2006.

The Philosophy of Simone de Beauvoir: Critical Essays, ed. Margaret A. Simons Bloomington, I. N. : Indiana University Press, c2006.

Geneviève Fraisse, *Le Privilège de Simone de Beauvoir: Suivi de Une More Douce*, Arles: Actes Sud, c2008.

Edward Fullbrook and Kate Fullbrook, *Sex and Philosophy: Rethinking de Beauvoir and Sartre*, London; New York: Continuum, c2008.

Eliane Lecarme-Tabone, *Commente Le Deuxième Sexe De Simone de Beauvoir*, Paris: Gallimard, 2008.

Penelope Deutscher, *The Philosophy of Simone de Beauvoir: Ambiguity, Conversion, Resistance*, Cambridge: Cambridge University Press, 2008.

Susanne Moser, *Freedom and Recognition in the Work of Simone de Beauvoir*, Frankfurt; New York: Peter Lang, 2008.

French Feminists: Critical Evaluations in Cultural Theory, eds. Ann J. Cahill and Jennifer L. Hansen, Volume I Simone de Beauvoir, London and New York: Routledge, 2008.

Existentialism and Contemporary Cinema: a Beauvoirian Perspective, eds. Jean-Pierre Boulé, Ursula Tidd, New York: Berghahn Books, 2012.

Alison E. Jasper, *Because of Beauvoir: Christianity and the Cultivation of Female Genius*, Waco, TX : Baylor University Press, c2012.

Sonia Kruks, *Simone de Beauvoir and the Politics of Ambiguity*, New York: Oxford University Press, c2012.

Beauvoir and Western Thought from Plato to Butler, eds. Shannon M. Mussett and William S. Wilerson, Albany: State University of New York Press, c2012.

Carole Pateman and Elizabeth Gross eds., *Feminist Challenges: Social and Political Theory*, Abingdon, UK: Routledge, 2013.

Silvia Stoller ed., *Simone de Beauvoir's Philosophy of Age: Gender, Ethics, and Time*, Boston: De Gruyter, 2014.

Sarah LaChance Adams, *Mad Mother, Bad Mother, and What a "Good" Mother Would Do: the Ethics of Ambibalence*, New York: Columbia University Press, 2014.

外文期刊

Michele Le Doeuff, "Simone de Beauvoir and Existentialism," in *Feminist Studies*, 1980, 2

Sandra Dijkstra, "Simone de Beauvoir and Betty Friedan: The Politics of Omission," in *Feminist Studies*, 1980, 2.

Kathryn Pauly Morgan, "Romantic Love, Altruism, and Self-Respect: An Analysis of Simone de Beauvoir," in *Hypatia*, 1986, 1.

Jayati Ghosh, "Simone de Beauvoir: In Search of Freedom and Honesty," in *Social Scientist*, 1986, 4.

Sonia Kruks, "Simone de Beauvoir and the Limits to Freedom," in *Social Text*, 1987, 17.

Doris Y. Kadish, "Simone de Beauvoir's Une Mort très douce: Existential and Feminist Perspectives on Old Age," in *The French Review*, 1989, 4.

Simone de Beauvoir, Margaret A. Simons, Jane Marie Todd, "Two Interviews with Simone de Beauvoir," in *Hypatia*, 1989, 3.

Margaret A. Simons, "Sexism and the Philosophical Canon: On Reading Beauvoir's The Second Sex," in *Journal of the History of Ideas*, 1990, 3.

Linda M. G. Zerilli, "A Process without a Subject: Simone de Beauvoir and Julia Kristeva on Maternity," in *Signs*, 1992, 3.

Margaret A. Simons, "Lesbian Connections: Simone de Beauvoir and Feminism," in *Signs*, 1992, 1.

Mary G. Dietz, "Introduction: Debating Simone de Beauvoir," in *Signs*, 1992, 1.

Sonia Kruks, "Gender and Subjectivity: Simone de Beauvoir and Contemporary Feminism," in *Signs*, 1992, 1.

Alex Hughes and Anne Witz, "Feminism and the Matter of Bodies: From de Beauvoir to Butler," in *Body Society*, 1997, 3.

Ofelia Schutte, "A Critique of Normative Heterosexuality: Identity, Embodiment, and Sexual Difference in Beauvoir and Irigary," in *Hypatia*, 1997, 1.

Sara Heinamaa, "What Is a Woman? Butler and Beauvoir on the Foundations of the Sexual Difference," in *Hypatia*, 1997, 1.

Terry Keefe, "Commitment, Re-commitment and Puzzlement: Aspects of the Cold War in the Fiction of Simone de Beauvoir," in *French Cultural Studies*, 1997, 8.

Edward Fullbrook, "She Came to Stay and Being and Nothingness," in *Hypatia*, 1999, 4, pp. 50 - 69.

Elaine Stavro, "The Use and Abuse of Simone de Beauvoir: Re-Evaluating the French Poststructuralist Critique," in *The European Journal of Women's Studies*, 1999, 6.

Eleanore Holveck, "The Blood of Others: A Novel Approach to The Ethics of Ambiguity," in *Hypatia*, 1999, 4.

Eva Gothlin, "Simone de Beauvoir's Notions of Appeal, Desire, and Ambiguity and their Relationship to Jean-Paul Sartre's Notions of Appeal and Desire," in *Hypatia*, 1999, 4.

Karen Vintges, "Simone de Beauvoir: A Feminist Thinker for Our Times," in *Hypatia*, 1999, 4.

Julie K. Ward, "Reciprocity and Friendship in Beauvoir's Thought," in *Hypatia*, 1999, 4.

Sara Heinamaa, "Simone de Beauvoir's Phenomenology of Sexual Difference," in *Hypatia*, 1999, 4.

Ursula Tidd, "The Self-Other Relation in Beauvoir's Ethics and Autobiography," in *Hypatia*, 1999, 4.

Ann Curthoys, "Adventures of Feminism: Simone de Beauvoir's Autobiographies, Women's Liberation, and Self-Fashioning," in *Feminist Review*,

2000, 64.

Alison T. Holland, "Identity in Crisis: The Gothic Textual Space in Beauvoir's 'L'Invitée'," in *The Modern Language Review*, 2003, 2.

Anne Morgan, "Simone de Beauvoir's Ethics of Freedom and Absolute Evil," in *Hypatia*, 2008, 4.

Nadine Changfoot, "Transcendence in Simone de Beauvoir's The Second Sex: Revisiting Masculinist Ontology," in *Philosophy & Social Criticism*, May 2009.

Lori J. Marso, "Simone de Beauvoir and Hannah Arendt: Judgments in Dark Times," in *Political Theory*, April 2012.

附录一 波伏瓦一生的作品

1. 评论文、论著

1944 年　*Pyrrhus et Cinéas*, Paris：Gallimard.
1945 年　"La Phénoménologie de la Perception de Maurice Merleau-Ponty," *Les Temps Modernes* 2：363 – 367.
1947 年　*Pour une Morale de L'ambiguïté*, paris：Gallimard.
1948 年　*L'Existentialisme et la Sagesse des Nations*, Paris：Nagel.
1949 年　*Le Deuxième Sexe*, Paris：Gallimard.
1955 年　*Privilèges* ("Faut-il brûler Sade?", "La Pensée de Droite Aujourd'hui", "Merleau-Ponty et le Pseudo-sartrisme"), Paris：Gallimard.
1962 年　*Djamila Boupacha*, with Gisèle Halimi, Paris：Gallimard.
1970 年　*La Vieillesse*, Paris：Gallimard.
1979 年　"Brigitte Bardot et le Syndrome de Lolita", "Situation de la Femme Aujourd'hui", "Solidaire d'Israël：un Soutien Critique," in *Les Ecrits de Simone de Beauvoir*, eds. C. Francis and F. Gontier, Paris：Gallimard.
2004 年　*Simone de Beauvoir：Philosophical Writings*, eds. Margaret A. Simons with Marybeth Timmermann and Mary Beth Mader, Urbana and Chicago：University of Illinois Press.

2. 游记

1948 年　*L'Amérique au Jour le Jour*, Paris：Gallimard.
1957 年　*La Lonque Marche：Essai sur la Chine*, Paris：Gallimard.

3. 小说

1943 年　*L'Invitée*, Paris：Gallimard.

1945 年　*Le Sang des Autres*, Paris：Gallimard.
1946 年　*Tous les Homes Sont Mortels*, Paris：Gallimard.
1954 年　*Les Mandarins*, Paris：Gallimard.
1966 年　*Les Belles Images*, Paris：Gallimard.
1967 年　*La Femme Rompue*, Paris：Gallimard.
1979 年　*Quand Prime le Spirituel*, Paris：Gallimard.

4. 剧本

1945 年　*Les Bouches Inutiles*, Paris：Gallimard.

5. 回忆录

1958 年　*Mémoires d'une Jeune Fille Rangée*, Paris：Gallimard.
1960 年　*La Fore de L'âge*, Paris：Gallimard.
1963 年　*La Force des Choses*, I et II, Paris：Gallimard.
1964 年　*Une Mort Très Douce*, Paris：Gallimard.
1972 年　*Tout Compte Fait*, trans. P. O'Brian, Paris：Gallimard.
1981 年　*La Cérémonie des Adieux, suivi de Entretiens avec Jean-Paul Sartre*, Paris：Gallimard.
1990 年　*Journal de Guerre*, Paris：Gallimard.

6. 访谈

1966 年　"Entretiens avec Simone de Beauvoir," in F. Jeanson, *Simone de Beauvoir ou L'entreprise de Vivre*, Paris：Seuil, pp. 258 – 291.
1976 年　"The Second Sex：25 years later," *Society* 13（2）：79 – 85.
1979 年　"Entretiens avec Simone de Beauvoir," in C. Francis and F. Gontier (eds.) *Les Ecrits de Simone de Beauvoir*, Paris：Gallimard, pp. 583 – 592.
　　　　"Interview with Simone de Beauvoir," *Signs：Journal of Women in Culture and Society* 5：224 – 236.

7. 电影剧本

1979 年　*Simone de Beauvoir*, un film de JoséeDayan et Malka Ribowska, Réalisé par Josée Dayan.

8. 日记

1990 年   *Journal De Guerre: Septembre 1939 – Janvier 1941*, établie par Sylvie Le Bon de Beauvoir, Paris: Gallimard.

2006 年   *Diary of A Philosophy Student: Volume1, 1926 – 27*, eds. Barbara Klaw, Sylvie Le Bon de Beauvoir, and Margaret A. Simons, with Marybeth Timmermann, Urbana and Chicago: University of Ilinois Press.

9. 书信

1990 年   *Lettres à Sartre* I, *1930 – 1939*; II, *1940 – 1963*, Paris: Gallimard.

1997 年   *Lettres à Nelson Algren*, Paris: Gallimard.

附录二　波伏瓦著作的汉译本

波伏瓦著作的汉译本

［法］波娃：《第二性：女人（第三卷：正当的主张与迈向解放）》，桑竹影译，晨钟出版社1973年版。

［法］波伏瓦：《人都是要死的》，马振骋译，外国文学出版社1985年版。

［法］波娃：《西蒙·波娃回忆录》，杨翠屏译，志文出版社1985年版。

［法］波娃：《第二性——女人》，桑竹影、南珊译，湖南文艺出版社1986年版。

［法］波伏娃：《他人的血》，葛雷、齐彦芬译，外国文学出版社1987年版。

［法］波娃：《西蒙·波娃回忆录》，杨翠屏译，上海书店1987年版。

［法］波伏瓦：《女人是什么》，王友琴等译，中国文联出版社1988年版。

［法］波伏瓦：《女性的秘密》，晓宜、张亚莉等译，中国国际广播出版社1988年版。

［法］波娃：《现代女性》，郝马、雨文译，长江文艺出版社1988年版。

［法］波夫娃：《少女的心：我与萨特》，黄延龄、金铃译，湖南人民出版社1988年版。

［法］波伏瓦：《他人的血》，葛雷、齐彦芬译，允晨文化实业股份有限公司1989年版。

［法］波伏瓦：《女宾》，陈淇等译译，陕西人民出版社1990年版。

［法］波伏瓦：《名士风流》，许钧译，漓江出版社1991年版。

［法］波伏瓦：《告别式》，赖建诚译，联经出版事业公司1991年版。

［法］波伏瓦：《西蒙·波娃回忆录》（四部），谭健等译，江苏文艺出版社1992年版。

［法］波娃：《第二性（第三卷：正当的主张与迈向解放）》，杨翠屏译，志文出版社1992年版。

［法］波娃：《第二性（第二卷：处境）》，杨美惠译，志文出版社1992年版。

［法］波伏娃：《女客》，周以光译，安徽文艺出版社1994年版。

［法］波娃：《回忆少女时代》，何三雅、江振霄、沈素华译，海南出版社1995年版。

［法］波伏娃：《名士风流》，许钧译，北京师范大学出版社1996年版。

［法］波伏娃：《萨特传》，黄忠晶译，百花洲文艺出版社1996年版。

［法］波娃：《西蒙·波娃传》，郝马、雨文译，长江文艺出版社1996年版。

［法］波伏娃：《人都是要死的》，马振骋译，译林出版社1997年版。

［法］波伏娃：《美丽的形象》，范荣译，安徽文艺出版社1997年版。

［法］波伏娃：《第二性》（全译本），陶铁柱译，中国书籍出版社1998年版。

［法］波娃：《西蒙·波娃传》，郝马、雨果译，生智文化事业公司1998年版。

［法］波娃等：《为男为女：外国智者坦言情与爱》，思文编，兰州大学出版社1998年版。

［法］波娃：《我与沙特的爱情故事：西蒙·波娃回忆录》，郝马、雨果译，内蒙古出版社1998年版。

［法］波伏娃：《人都是要死的》，马振骋译，译林出版社1999年版。

［法］波伏娃：《越洋情书》，楼小燕、高凌瀚译，中国书籍出版社1999年版。

［法］波伏娃：《他人的血》，葛雷、齐彦芬译，中国书籍出版社1999年版。

［法］波伏娃：《女宾》，周以光译，中国书籍出版社1999年版。

［法］波伏娃：《名士风流》，许钧译，中国书籍出版社2000年版。

沈益洪编：《萨特和波娃谈中国》，浙江文艺出版社2001年版。

［法］《女宾》，臧长风译，吉林摄影出版社2001年版。

［法］波伏娃：《女宾》，尤德译，印刷工业出版社2001年版。

［法］波伏娃：《他人的血》，宗慧译，印刷工业出版社2001年版。

［法］波伏娃：《他人的血》，周知明译，远方出版社2001年版。

［法］波伏瓦：《波伏瓦美国纪行》，何颖怡译，海南出版社2004年版。

［法］波伏娃：《第二性》，李强选译，西苑出版社2004年版。

［法］波娃：《再见，沙特！》，赖建诚译，左岸文化2006年版。

［法］波娃：《与沙特的对话》，赖建诚译，左岸文化 2006 年版。

［法］波伏瓦：《一个与他人相当的人》，黄忠晶译，光明日报出版社 2007 年版。

［法］波伏瓦：《第二性》，郑克鲁译，上海译文出版社 2011 年版。

［法］波伏瓦：《端方淑女》，罗国林译，作家出版社 2011 年版。

［法］波伏瓦：《岁月的力量》，黄荭、罗国林译，作家出版社 2012 年版。

［法］波伏瓦：《要焚毁萨德吗》，周莽译，上海译文出版社 2012 年版。

［法］波伏瓦：《独白》，张香筠译，上海译文出版社 2012 年版。

［法］波伏瓦：《长征》，胡小跃译，作家出版社 2012 年版。

［法］波伏瓦：《模糊性的道德》，张新木译，上海译文出版社 2013 年版。

西方研究波伏瓦著作的汉译本

［德］A. 史瓦兹：《拒绝做第二性的女人：西蒙·波娃访问录》，顾燕翎等译，中国友谊出版公司 1989 年版。

［法］克劳德·弗朗西斯、［法］费尔南德·龚蒂埃：《西蒙娜·德·波伏瓦传》，刘美兰、石孔顺译，中国妇女出版社 1989 年版。

［法］克劳德·弗朗西斯、［法］费尔南德·龚蒂埃：《西蒙娜·德·波伏瓦传》，全小虎、林青、老高放、余乔乔等译，中国社会科学出版社 1990 年版。

［法］比安卡·朗布兰：《萨特、波伏瓦和我》，吴岳添译，中国三峡出版社 1998 年版。

［德］瓦尔特·范·洛索姆：《波伏瓦与萨特》，朱刘华译，春风文艺出版社 2000 年版。

［德］娜塔莉·希尔曼、［德］汤姆·列文：《芭铎与波伏瓦》，陈瑛译、王薇、李蕴华译，中央编译出版社 2001 年版。

［法］克洛迪娜·蒙泰伊：《自由情侣：萨特和波伏瓦轶事》，边芹译，译林出版社 2001 年版。

［德］A. 史瓦兹：《拒绝做第二性的女人：西蒙·波娃访问录》，妇女新知编译组译，女书文化事业公司 2001 年版。

［美］萨莉·J. 肖尔茨：《波伏瓦》，龚晓京译，中华书局 2002 年版。

［英］玛丽亚姆·弗雷泽：《波伏瓦与双性气质》，崔树义译，中华书局 2004 年版。

［美］黑兹尔·罗利：《面对面——让-保罗·萨特与西蒙娜·德·波伏瓦》，时娜译，中信出版社 2006 年版。

［法］克罗蒂娜·蒙泰伊：《第二性波伏瓦》，胡小跃译，作家出版社 2006 年版。

［法］克罗迪娜·蒙泰伊：《波伏瓦姐妹》，王晓峰译，人民文学出版社 2007 年版。

［英］迈尔森：《波伏瓦与〈第二性〉》，丁琳译，大连理工大学出版社 2008 年版。

［法］达妮埃尔·萨乐娜芙：《战斗的海狸：西蒙·德·波伏瓦评传》，黄荭等译，作家出版社 2009 年版。

［法］克劳德·弗朗西斯、［法］费尔南德·贡蒂埃：《波伏娃：激荡的一生》，唐恬恬译，广西师范大学出版社 2009 年版。

［法］Eliane Lecarme-Tabone：《波伏瓦论著与自传的互动》，苏小北译，《粤海风》2009 年第 1 期。

后　记

其实，一直有种感觉，好似这部书永远也写不完。它是在我博士毕业论文基础上修改而成的。若从开始孕育算起，到这年的仲夏，时间不多也不少，正好八年。八年，是许多历史大事件从开始到结束的时间，也可能是许多人的人生从此改变的时间。这八年，对这部著作来说，它的面貌也经历了诸多的改变。或许唯一始终没变的，是我对它的热情。

波伏瓦在中国被很多人熟知，也被很多人研究过，因此我在做博士毕业论文选题的时候一开始并没有考虑波伏瓦，实在是因为研究她，要出新，很难。一来，研究的人很多；二来，波伏瓦对中国女性的女性意识的觉醒具有启蒙的意义，几乎是中国当代女性在这个男权、父权至上的世界里一面争取一切的旗帜。说波伏瓦是中国具有女权思想的知识女性的偶像，一点不为过。但八年前，当我自不量力试图从中国的女性主义批评史中耕犁出一块波伏瓦与中国的女性主义批评密切相关的领域时，我才清晰地发现，原来，这尊被我们似乎抬得太高的偶像真的只是一个"偶像"：因为我们对她思想和理论的研究还甚少，对她小说的批评也局限于对她的女性意识等问题的认识。我们更多的是一开始就将自己放置在一个"粉丝"的位置上，而忘记了思想的探索和理论的批判是需要审慎、冷静的距离。但这也瞬间给了我一个直觉，波伏瓦在中国的研究在某种意义上可以说才刚刚进入成熟阶段。幸而，我找到了几位比我先觉"春江水暖"的同行者，几篇开拓性的论文为我揭开了波伏瓦他者理论研究的一角。国外的波伏瓦他者理论研究成果比中国要多一些，但也只是在21世纪才开始。因此，无论国内国外，波伏瓦的他者理论都是一块崭新的领域，值得为之付出心血。可幸的是，最近几年，中国学者对波伏瓦的研究悄然发生质的转变，能成为这一转变的参与者，于我，是非常荣幸的。

这篇著作能够完成，得益于我的博士导师车槿山先生的悉心指点，要是没有车先生的点拨，我博士毕业论文的选题也就不会选作波伏瓦，也就没有今天这部著作。车先生博览群书、治学严谨，却慎于下笔，但每有文章出现，学生们都争相传阅，先睹为快；车先生为人洒脱，颇有庄子逍遥世外之风范，却有一腔悲悯人间的情怀。先生的为人为文之品质，永远是我追随的榜样，却每每发现自己只是邯郸学步，惭愧不已，反省自身之余，只能更加仰慕先生的高山流水之内蕴。也由此感慨，为人为文之大事，非一时之修可以为之的，更不可能凭一时之功就能达成。好在至今为学热情未减，加之有先生榜样在先，于是觉得能走向学术这条路于我是甚幸之事。

此外，我还要真诚地感谢北大中文系比较文学与世界文学专业的教授们：严绍璗先生、戴锦华先生、孟华先生、陈跃红先生、张辉教授、张沛教授还有秦立彦副教授。戴先生是中国新时期以来女性主义思想领域中的开辟者和引领者，而且先生是中国新时期以来第一位介绍波伏瓦的学者，先生独到的批判性思维和对女性主义问题的睿智洞察，是我一直以来做女性主义研究所汲汲学习的，而且至今仍然在汲汲追随先生的学问。陈先生、张辉教授与张沛教授是我博士学习期间的预答辩和答辩的指导教授，他们的点滴教诲，都铭记在心。严先生与孟先生在比较文学领域以毕生精力治学，两位先生的治学方法与态度给后辈们树立了学习的榜样。秦老师是我答辩的指导老师，她严谨的治学态度令我印象深刻，她为我修改的论文样稿，至今仍然收藏在我书架里，每每看到它，心中都有一股暖意和敬意。

另外，我还要感谢我的师妹，现为中国社会科学院助理研究员郑海娟，没有海娟女士的热情相助，本课题的完成很可能还遥遥无期。我还要感谢中国社会科学出版社责任编辑赵丽老师，赵老师对我写作进展缓慢的状况不但不从旁催促，而且还从中鼓励我慢慢来，这点让我倍感关怀；在写作后期和最后定稿时，赵老师反复与我讨论文中的疑点之处，给我提出了很多有建设性的意见和建议，帮我修改文中的字词和格式等方面的错误，赵老师对学术严谨负责的态度，让我受益匪浅，在此致以诚挚的谢意。最后，我还要感谢我的家人，我家的老白和小白两位男士，丈夫老白经常询问写作进展情况，从旁督促我加快进程。儿子小白的到来，给我孤寂的写作生活带来了许多意外和惊喜。另外，还要感谢我的父亲大人，因孩子的到来，打乱了生活秩序，导致家中荒于整理。在此紧急关头，父亲大人伸出援手，帮助我们照看小白。有时无意中听到祖孙二人对话，不免感慨良多：儿子从咿呀学语到现在玩耍似的教外祖父识英文字母，时间改变了很多东西。只是我对波伏瓦的书写，八年时间过去，反而忐忑之感愈增,不知这种书写是否量轻了波伏瓦思想的重量。

由于个人能力有限,文中不足之处在所难免,恳请学者专家不吝赐教。文中出现的所有的错误,由本人一人负责。

成红舞

2015 年 7 月 28 日于河狸书斋